列国汉学史书系
Sinological History Series

瓦西里耶夫与中国

赵春梅 著

學苑出版社

图书在版编目(CIP)数据

瓦西里耶夫与中国/赵春梅著.—北京:学苑出版社,
2007.8

(列国汉学史书系)

ISBN 978-7-5077-2906-1

Ⅰ.瓦… Ⅱ.赵… Ⅲ.瓦西里耶夫—汉学—研究
Ⅳ.K835.125.81 K207.8

中国版本图书馆CIP数据核字(2007)第113427号

责任编辑: 杨 雷
封面设计: 徐道会
出版发行: 学苑出版社
社 址: 北京市丰台区南方庄2号院1号楼 100079
网 址: www.book001.com
电子信箱: xueyuanyg@sina.com
xueyuan@public.bta.net.cn
销售电话: 010-67674055、67675512、67678944
印 刷 厂: 河北金鑫印刷有限公司
开 本: 705×960 16
印 张: 15.5
字 数: 280千字
版 次: 2007年8月北京第1版
印 次: 2007年8月北京第1次印刷
印 数: 0001—2500册
定 价: 35.00元

本书系之出版获霍英东基金会资助

序

经过近30年多位学者的辛劳努力,现在我们可以说,国际汉学研究确实已经成长为一门具有特色的学科了。

“汉学”一词本义是对中国语言、历史、文化等的研究,而在国内习惯上专指外国人的这种研究,所以特称“国际汉学”,也有时作“世界汉学”、“国际中国学”,以区别于中国人自己的研究。至于“国际汉学研究”,则是对国际汉学的研究。中外都有学者从事国际汉学研究,但我们在这里讲的,是中国学术界的国际汉学研究。

自从“改革开放”以来,国际汉学研究改变了禁区的地位,逐渐开拓和发展。其进程我想不妨划分为三个阶段:一开始仅限于对国际汉学界状况的了解和介绍,中心工作是编纂有关的工具书,这是第一个阶段。到了20世纪90年代,出现国际汉学研究的专门机构,大量翻译和评述汉学论著,应作为第二阶段。在这两个阶段里,学者们为深入研究国际汉学打好了基础,准备了条件。新世纪到来之后,进入全面系统地研究国际汉学的可能性应该说业已具备。

今后国际汉学研究应当如何发展,有待大家磋商讨论。以我个人的浅见,历史的研究与现实的考察应当并重。国际汉学研究不是和现实脱离的,认识国际汉学的现状,与外国汉学家交流沟通,对于我国学术文化的发展以至多方面的工作都是必要的。我曾经提议,编写一部中等规模的《当代国际汉学手册》,使我们的学者便于使用;如果有条件的话,还要组织出版《国际汉学年鉴》。这样,大家在接触外国汉学界时,不会感到隔膜,阅读外国汉学作品,也就更容易体味了。必须指出的是,国际汉学有着长久的历史,因此现实和历史是分不开的,不了解各国汉学的历史传统,终究无法认识汉学的现状。

我们已经有了不少国际汉学史的著作及论文。实际上,公推为中国最早的汉学史专书,是 1949 年出版的莫东寅《汉学发达史》,尽管是通史体裁,也包含了分国的篇章。这本书最近已有经过校勘的新版,大家容易看到,尽管只是概述性的,却使读者能够看到各国汉学互相间的关系。由此可见,有组织有系统地考察各国汉学的演进和成果,将之放在国际汉学整体的背景中来考察,实在是更为理想的。

这正是我在这里向大家推荐阎纯德教授、吴志良博士主编的这套"列国汉学史书系"的原因。

阎纯德教授在北京语言大学主持汉学研究所工作多年,是我在这方面的同行和老友,曾给我以许多帮助。他为推进国际汉学研究,可谓不遗余力,所做出的重要贡献是学术界周知的。在他的引导之下,《中国文化研究》季刊成为这一学科的园地,随之又主编了《汉学研究》,列为《中国文化研究汉学书系》,有非常广泛的影响。其锲而不舍的精神,我一直敬服无地。特别要说的是,阎纯德教授这几年为了编著这套"列国汉学史书系"所投入的心血精力,可称出人意想。

在《汉学研究》第八集的《卷前絮语》中,阎纯德教授慨叹:"《汉学研究》很像同人刊物,究其原因是因为从事这个领域研究的学者太少,尤其是专门的研究者更是少之又少,所以每一集多是读者相熟的面孔。"现在看"列国汉学史书系",作者已形成不小的专业队伍,这是学科进步的表现,更不必说这套书涉及的范围比以前大为扩充了。希望"列国汉学史书系"的问世成为国际汉学研究这个学科在新世纪蓬勃发展的一个界标,让我们在此对阎纯德教授、这套书的各位作者,还有出版社各位所做出的劳绩表示感谢。

李学勤

2007 年 4 月 8 日

于清华大学国际汉学研究所

序　二
汉学历史和学术形态

历史是既抽象又具体的存在，是浩瀚无边的过去、现在和未来。历史会让我们兴奋，也会使我们悲哀，有时会令人觉得它又仿佛是一个梦。但是，当我们梦醒而理智的时候，便会发现——自然史、时间史、太阳史、地球史、人类社会史，一切的一切，不管是曾经存在过的恐龙，还是至今还在生生不息的蚂蚁社群，天上的，地下的，看得见的，看不见的，一切都有自己的历史。一切都有过发生，一切都还在发展，一切都还会灭亡。

任何事物的发生都有一个有形或无形的孕育过程，“汉学”（Sinology）也是这样，其孕育和成长，就是中国文化与异质文化相互交媾浸淫的历史。这个历史，始于公元1世纪前后汉代所开通的丝绸之路，接下来是7～8世纪的大唐帝国、14～15世纪的明代、清末的鸦片战争和“五四”新文化运动，这种文化的碰撞和交流之潮时起时伏直到今天。这是历史，是汉学的昨天和今天，孕育、发生和成长的过程显现出的文化精神。但是，昨天有远有近，我们可以循蛛丝马迹探讨，找回其真；而今天，只是一个过渡，一俟走过，便成为昨天的陈迹。写作汉学史是一件艰难的劳作，尤其对象是遥远的昨天，尤其是“遗失”在异国他乡的昨天，更非一件易事。时至今日，朦胧面纱下的汉学还不为一些学人所认识，因此有必要取下面纱，让人们看个究竟。

从20世纪70年代中期之后，尤其90年代以降，“汉学”（Sinology）便逐渐成为学术界耳熟能详的学术名词。中国大陆重提“汉学”（Sinology）至今，汉学就像隐藏在深山里的小溪，经过30年的艰辛跋涉之后，才终于形成一条奔腾的水流，并成为中国文化水系不可或缺的组成部分。这个变化是时代和历史变迁带来的结果，也是文化自己发展的规律。

那么，究竟什么是汉学（Sinology）呢？首先，这里的汉学非指汉代研究经学注重名物、训诂——后世称“研究经、史、名物、训诂考据之学”的“汉学”，而是指外国人研究中国历史、语言、哲学、文学、艺术、宗教、考古及社会、经济、法律、科技等人文和社会科学领域的那种学问，这起码已是200多年来世界上的习惯学术称谓。李学勤教授多次谈到这个问题：“‘汉学’，英语是Sinology，意思是对中国历史文化和语言文学等方面的研究。在国内学术界，‘汉学’一词主要是指外国人对中国历史文化等的研究。有的学者主张把它改译为‘中国学’，不过‘汉学’沿用已久，在国外普遍流行，谈外国人这方面的研究，用‘汉学’比较方便。”① Sinology一词来自外国，它不是汉代的“汉”，也不是汉族的“汉”，不指一代一族，其词根sino源于秦朝的“秦”（Sin），所指是中国。

在历史长河里，汉学由胚胎逐渐发育成长。虽然在1814年12月11日，法国法兰西学院才有第一个被称为西方汉学起点的汉学讲座；但指代汉学的“Sinologie”（英文“Sinology”）一词则出现在18世纪末，早于由雷慕沙（Jean Pierre Abel Remusat）主持第一个汉学讲座的时间，更不会晚于1838年。从此之后，“Sinology”便成为主导汉学世界的图腾，约定俗成的学术“域名”。在世界文化史和汉学史上，外国人把研究中国的学问称为“汉学”，研究中国学问的造诣深厚的学者称为“汉学家”。因此，我认为，我们不必要标新立异，根据西方大部分汉学家的习惯看法，“Sinology”发展到如今，这一历史已久的学术概念有着最广阔的内涵，绝不是什么“汉族文化之学”，更不是什么汉代独有的“汉学”，它涵盖中国的一切学问，既有以儒释道为核心的传统文化，也包含“敦煌学”、“满学”、“西夏学”、“突厥学”以及“藏学”和“蒙古学”等领域。但是一直以来人们对汉学的理解和解释相左，因此便有了“中国学”、“海外汉学”、“海外中国学”、“域外汉学”、“国际汉学”、“世界汉学”等不同的叫法；如果咬文嚼字，推演下来，一定还会有“国内汉学”、“国内中国学”，甚至“北京汉学”、“河南汉学”等。由于汉学的发展、演进，以法国为首的“传统汉学”和以美国为首的“现代汉学”，到了20世纪中叶之后，研究内容、理念和方法，已经出现相互兼容并包状态，就是说Sinology可以准确地包含Chinese Studies的内容和理念；

① 李学勤：《国际汉学漫步·序》，河北教育出版社，1997年。

从历史上看,尽管 Sinology 和 Chinese Studies 所负载的传统和内容有所不同,但现在却可以互为表达同一个学术概念了。话再说回来,对于这样一个负载着深刻而丰富的历史内涵的学术"域名",我以为还是 Sinology 最好,因为,Sinology 不仅承继了汉学的传统,而且也容纳了 Chinese Studies 较为广阔的内容。另外,中国人对中国文化的研究应该称为国学,而外国学者研究中国文化的那种学问则称为汉学。这样,汉学既符合中国文化的学术规范,又符合世界上的历史认同与学术发展实际。

汉学的历史是中国文化与异质文化交流的历史,是外国学者阅读、认识、理解、研究、诠释中国文明的结晶。汉学作为外国人认识中国及其文化的桥梁,是中国文化和外国文化撞击后派生出来的学问,实际上也是中国文化另一种形式的自然延伸。但是,汉学不是纯粹的中国文化,它与中国文化有着密不可分的血缘关系,既是中外文化的"混血儿",又是可以照见"中国文化"的镜子,是可以攻玉的"他山之石"。"'Sinology'是一门在国际文化中涉及双边或多边文化关系的近代边缘性的学术,它以'中国文化'作为研究的'客体',以研究者各自的'本土文化语境'作为观察'客体'的基点,在'跨文化'的层面上各自表述其研究的结果,它具有'泛比较文化研究'的性质。"① 以上两种表述虽有不同,但学理一致,基本可以厘清我们对于 Sinology(汉学)的基本学术定位。

法国汉学家马伯乐(Henri Maspero)说过:"中国是欧洲以外仅有的这样的一个国家:自远古起,其古老的本土文化传统一直流传至今。"法国哲学家弗朗索瓦·于连(François Jullien)也说:"中国文明是在与欧洲没有实际的借鉴或影响关系之下独自发展的、时间最长的文明……中国是从外部审视我们的思想——由此使之脱离传统成见——的理想形象。"② 他在《为什么我们西方人研究哲学不能绕过中国》中提出:"我们选择出发,也就是选择离开,以创造远景思维的空间。人们这样穿越中国也是为了更好地阅读希腊。"为了获得一个"外在的视点",他才从遥远的视点出发,并借此视点去"解放"自己。这便是一个未曾断流、在世界上仅存的几种古老文化之一的中国文明的意义。中国文明是一道奔流不息的活水,活水流出

---

① 严绍璗:《我对 Sinology 的理解和思考》,载 2006 年《世界汉学》第四期。

② [法]于连(François Jullien):《迂回与进入》,香港三联书店,1998 年。

去,以自己生命的光辉影响世界;流出的“活水”吸纳异国文化的智慧之后,形成既有中国文化的因子,又有外国文化思维的一种文化,这就是“汉学”。就是说,汉学是以中国文化为原料,经过另一种文化精神的智慧加工而形成的一种文化。从某种意义上说,汉学既是外国化了的中国文化,又是中国化了的外国文化;抑或说是一种亦中亦西、不中不西有着独立个性的文化。汉学作为一门独立的具有跨文化性质的学科,是外国文化对中国文化借鉴的结果。汉学对外国人来说是他们的“中学”,对中国人来说又是西学,它的思想和理论体系仍属“西学”。

汉学研究系指对外国汉学家及其对中国文化研究成果的再研究,是中国学者对外国学者研究中国文化的反馈,也是对外国文化借鉴的一个方面。凡是对历史或异质文化进行研究,都有一个价值判断和公正褒贬的问题。因此,对于外国汉学家对于我们中国文化的研究,必得有我们自己的判断,然后做出公正的褒贬。我们说汉学是可以攻玉的“他山之石”,但是这句箴言并非只是适用于中国人,对外国人也是一样。汉学也像外国的本体文化一样,对我们来说有借鉴作用,对西方来说有启迪作用——西方学者以汉学为媒介来了解中国,汲取中国文化的精华,完善自己的文明。人类由于文化背景差异和文化语境的不同,思维方向和方式也会不同,因而就会得出不同的结论,讲出不同的道理。“西方学者接受近现代科学方法的训练,又由于他们置身局外,在庐山以外看庐山,有些问题国内学者司空见惯,习而不察,外国学者往往探骊得珠。如语言学、民俗学、考古学、人类学、社会学诸多领域,时时迸发出耀眼的火花。”① 汉学的学术价值往往不被国人重视,并利用汉学家对于中国文化的一些误读贬低汉学的价值。其实,这并不公平,有些汉学家对于中国文化确实有其独到的见解,能发中国人未发之音。法国汉学家马伯乐(Henri Maspero,1883 ~ 1945)对中国上古文化和上古宗教的研究就有独到的贡献,被称对中国宗教研究有“先河”之功。他研究中国宗教的宗教社会学的方法,促进和推动了中国学者采用宗教社会学来研究中国宗教,被称为“中国宗教社会学研究的真正创始人”。瑞典汉学家高本汉(Bernhard Karlgren,1889 ~ 1978),他终生的最高成就是根据研究古代韵书、韵图和现代汉语方言、日朝越诸语言中汉语借

① 季羡林:《汉学研究·序》第七集,中华书局,2003 年。

词译音构拟汉语中古音和根据中古音和《诗经》用韵、谐声字构拟古音，写出了著名的学术专著《中国音韵学研究》、《汉语中古音与古音概要》、《古汉语字典重订本》、《中日汉字形声论》、《论汉语》、《诗经注释》、《尚书注释》和《汉朝以前文献中的假借字》等，他对汉语音韵训诂的研究是不少中国学者所不及的，并深刻影响了对于中国音韵训诂的研究。20世纪著名的日本学者津田左右吉关于中国文化的研究著述甚丰，他认为中国文化是一种"认识本位文化"，其核心是"帝王文化"，其他认识上尽管有偏颇，但也有其独异性和深刻之处。这就是"他山之石"的意义和价值。当然，不可否认，汉学家对于中国文化的误读或歪曲也是常见的，诸如瑞典考古学家安特生(John Gunnar Andersson)于1921年10月对河南仰韶文化遗址发掘之后，便说中国彩陶制作技术源于西方，并在他的《甘肃考古记》和《黄土儿女》著作中反复强调他的这一错误观点。这一观点亦为"西方文化东移造成中国文化之说"提供了说辞。日本学者石田幹之助也推波助澜，闭门造车地推测出西方文化东渐的路线；甚至连我们的国学大师章太炎、刘师培也被"忽悠"得认可了"中国文化西来说"。[1] 美国现代汉学(中国学)的奠基人费正清，他对中国历史尤其近代史的研究独具风采，为美国人民认识中国搭建了一座桥梁；但他在研究上的所谓"冲击—回应"模式，却近乎荒谬，认为是西方给中国带来了文明，是西方的侵略拯救了中国。综上所述，对于汉学成果的研究，只有冷静、公正、客观、全面，才能在沙中掏得真金，拥抱"他山之石"。

在中国，汉学的接受与命运，诚实地说，在20世纪80年代初期之前，本质上是无视它的学术价值，更没人把它看做是中国文化的延伸。此外，由于民族心理上的历史"障碍"，我们还曾视汉学为洪水猛兽，甚至觉得它是仇视中国、侮辱中国的一个境外的文化"孽种"。这种"观点"，虽嫌偏颇，但也不是空穴来风。因为自19世纪"鸦片战争"前后，直至20世纪40年代，偌大的中国曾经惨遭蹂躏，整个历史写满了炮火压迫和宗教怀柔，其间也不乏为列强殖民政策服务的传教士、"旅行家"和"学者"深入中国腹地，以旅行、探险、考古之名而实行搜集社会情报、盗窃和骗取中国大批

---

① 《章太炎全集·〈訄书·序〉·〈种姓篇〉》上海古籍出版社，1985年；刘师培《刘申叔先生遗书·〈思念祖国〉·〈华夏篇〉·〈国土原始论〉》。

文物。

人类思想的飞翔,是受社会和历史禁锢的,山高水远的阻隔也使得人类互相寻找的岁月特别漫长。交流是人类文化选择的自然形态,汉学就发生在这种物质交流和文化交流之中。

公元前后,中国人被称为赛里斯(Seres),中国叫赛里加(Serice),这是陆路交往关于中国最初的叫法,时间较早;另一种叫法,把中国人称为秦尼(Sinai),中国叫秦(Sin),这是海路交往关于中国的叫法,时间较晚。由商人输往西方的中国丝绸绢绘是当时帝王贵族倾慕的奢侈珍品,Seres 和 Serice 两字系由阿尔泰语所转化,是希腊罗马称谓中国绢绘的 Serikon、Sericum 两字简化而来。西方人当时称中国为“秦”(Sin),称中国人为“秦尼”(Sinai),则是源于秦朝。[①]

人类在互相寻找的初级阶段,中国和西方试探性的商业交往还很原始,那时的人类,不同的国家、民族和族群处于相对落后和封闭的状态,人类各个角落的不同文化还处于相对不自觉或是相对蒙昧的历史时期。在人类最早的沟通中,中国人走在最前边。公元前 139 年,张骞奉汉武帝之命,越过葱岭,亲历大宛、康居、大月氏、大夏、乌孙、安息等地,直达地中海东岸,先后两次出使中亚各国,历时 10 多年,开创了古代和中世纪贯通欧亚非的陆路“丝绸之路”,为人类交往开创了先河,也为汉学的萌发洒下最初的雨露。

在文化史上,以孔孟儒家学说为核心的中国文化最先影响朝鲜半岛,然后才是日本和越南等周边国家。这些周边国家与中国的关系复杂,甚至被说成同种同文,因此可以说它们的文化与中国文化有着很深的“血缘”关系。公元 522 年,中国佛教渡海东传日本,从那时开始,中国典籍便大量传入日本,但这只是一种“输入”,只是日本创建自己文化的借鉴,并没有形成对于中国文化的深层研究。及至唐代,由于文化上承接了汉朝的开放潮流,那时与异质文化的交流相对更加频繁,商贸往来和文化沟通有了发展,西方和中国周边国家或地域的人士通过陆路和水路进入中国腹地,长安、洛阳、扬州、广州、泉州等城市,都是中外贸易和文化交汇的重要都会,尤其是前者,更是当时世界最大的商业文化之都;而后者,由于东南沿海经

---

① 莫东寅:《汉学发达史》第三页,文化出版社,中华民国三十八年版。

济崛起，人口增多，手工业发达，农田水利的改善，为海外贸易发展创造了条件，再由于唐代中期"安史之乱"切断了陆路"丝绸之路"的缘故，曾称为"鲤城"、"温陵"、"刺桐城"的泉州，便成为联结亚洲、欧洲和非洲的海上丝绸之路的"东方第一大港"，是那时以丝绸、金银、铜器、铁器、瓷器为主的国际贸易之都。通过频繁的往来和交流，外国人对中国文化的认识越来越多、越来越深，汉学也便在这种交流中不知不觉慢慢衍生。

但是，源远流长的汉学，人们习惯地认为其洪流和网络在西方，西方是汉学的形象代表。这一看法一是源自近代以来西方强势文化和中国人的崇洋心理，二是西方汉学的某些特征也确实有别于朝鲜半岛、日本和越南的汉学。其实，如果我们从世界汉学历史发展的角度看，日本、朝鲜半岛和越南的汉学要早于西方的汉学，比如日本在十四五世纪已经初步形成了汉学，而那时西方的传教士还没有进入中国。因此，对于汉学的研究，无论是西方还是东方（朝鲜半岛、日本和越南），我们都不能顾此失彼，要以同样的关注和努力探讨其历史。当然，汉学的历史藏在文献里，而隐性源头却在文献之外。

文化往往伴随经济流动，其交流也会在不自觉或无意识状态下发生。到了明代初年，郑和率舰队出使西洋，前后 7 次，历经 28 年，到过 30 多个国家，最远抵达非洲东岸和红海口，真正拓展了海上"丝绸之路"。

在公元八九世纪至十六七八世纪期间，关于中国，多见于西方商人、外交使节、旅行家、探险家、传教士、文化人所写的游记、日记、札记、通信、报告之中，这些文字包含着重要的汉学资源，因此有人把这些文献称为"旅游汉学"。这些人的东来源于文艺复兴，因为思潮的开放影响了欧洲人的思想和生活，他们或通商，或传教，或猎奇，但了解和研究中国文化却是一致的，于是汉学便在葡萄牙、西班牙、意大利、法国、荷兰、英国、德国、俄罗斯等主要的西方国家逐步发展起来。

这类游记和著作较早的有约在公元 851 年成书的描述大唐帝国繁荣富强的阿拉伯佚名作者的《中国与印度游记》、吕布吕基斯的《远东游记》（1254）、意大利的雅各—德安克纳的《光明城》、贝尔西奥的《中华王国的风俗与法律》（1554）、《利玛窦中国札记》、亚历山大—德—罗德的《在中国的数次旅行》（1666）、南怀仁的《中国皇帝出游西鞑靼行记》（1684）、费尔南—门德斯—托平的《游记》、李明的《关于中国现状的新回忆录》（1696）

和《中华帝国全志》(《中国通志》)等,以及罗明坚、金尼阁、汤若望、卫匡国等名士的著作,还有大量名不见经传的传教士、商人、旅行家、探险家的各种记述,都成为日后汉学兴旺发达的必然因素。这类著作主要涉及中国的物质文明,较多描述、介绍中国的山川、城池、气候,以及生活起居、饮食、服饰、音乐、舞蹈,也涉及到一些中国的观念文化。这些"旅游汉学"著作中,影响最大的是《马可·波罗纪行》(《东方见闻录》)。马可·波罗(Marco Polo)于1275年随父亲和叔父来中国,觐见过元世祖忽必烈,1295年回国后出版了这本书,它以美丽的语言和无穷的魅力翔实地记述了中国元朝的财富、人口、政治、物产、文化、社会与生活,第一次向西方细腻地展示了"唯一的文明国家"——"神秘中国"——的方方面面。在此后的许多世纪里,西方人对于中国的神秘感就从那时开始。

这些包罗万象的文献,不仅记录了不同时代的中国,还以自己的文化视角开始了中西文化最初的碰撞。作为文献,这些游记、日记、札记、通信和报告,有赞美,有误读,也有批评,但因为其中包含大量中国物质文化及政治、经济、历史、地理、宗教、科举等多方面的文化记载,而成为汉学的重要组成部分,在学术史上有重要价值。

汉学的发生、发展与经济、政治、交通以及资讯分不开。有学者把汉学的历史分为"萌芽"、"初创"、"成熟"、"发展"、"繁荣"几个时期,也有的分为"游记汉学时期"、"传教士汉学时期"和"专业汉学时期"三个阶段。但汉学的真正形成是在明末兴起的"西学东渐"和"中学西传"的互动之中。

从16世纪到十八九世纪,在数以千计的散布在中国各地的传教士中,有不少人成为名载史册的汉学先驱,他们为汉学的发展做出了重大贡献。自1540年罗耀拉(S. Ignatins de Loyola)、圣方济各·沙勿略(Francisco Xavier)等人来华,开始了以意大利、西班牙传教士为主的第一时期的耶稣会的传教活动。接着,意大利的范礼安(Alexandre Valignani)、罗明坚(Michel Ruggieri)等著名传教士来华。1583年,即明朝万历十一年,罗明坚将利玛窦神甫(Matteo Ricci)带到中国,从此,耶稣会士在中国的宗教活动无论是对于西方或是东方,都开始了一个新的历史时期。西班牙的胡安·冈萨雷斯·德·门多萨(Juan Gonzalez de Mendoza)的《中华大帝国史》于1588年问世,这部世界汉学史上的第一部汉学著作,名副其实地对中国的政治、历史、地理、文字、教育、科学、军事、矿产、物产、衣食住行、风俗习惯等做了百科全书式的介绍，具有相当的学术价值，以七种文字印行，风靡欧洲。以利玛窦为核心的耶稣会士的历史意义在于他们开始了对中国文化的全面“开垦”，不仅著书立说，还把《四书》等中国文化经典译成西文，不仅开西学东渐之先河，也推动了中学西传，使中国文化对西方科学与哲学产生重要影响，因此这位思想家当仁不让地被视为西方汉学的鼻祖。与其先后到达中国的著名的传教士，都著书立说、传播中国文化，对推动西学东渐和中学西传做出了贡献。在世界汉学史上，除了以上提及的，还有许多汉学家的名字十分响亮，诸如曾德照、柏应理、卫匡国、殷铎泽、南怀仁、汤若望、龙华民、金尼阁、罗如望、熊三拔、李明、张诚、白晋、马若瑟、宋君荣、钱德明、翟理斯、安特生、雷慕沙、儒莲、德理文、安东尼·巴赞、蒙田、冯秉正、尼·雅·比丘林、巴拉第·卡法罗夫、瓦西里耶夫、沙畹、伯希和、马伯乐、葛兰言、斯文赫定、马礼逊、斯坦因、理雅各、翟里斯、李约瑟、韦利、霍克斯、卫礼贤、福兰阁、孔拉迪、高本汉、卫三畏、费正清、戴密微、石泰安、谢和耐、欧文等和东方日本、朝鲜半岛的富有建树的汉学家等，以及当今散布在各国的汉学家，他们对中国文化的独特理解，铸造成汉学史上的思想学术之碑，开垦了汉学成长的沃土。

“西方的汉学是由法国人创立的。”但是，在欧洲全面研究中国文明的问题上，“法国的先驱是葡萄牙、西班牙和意大利”。① 戴密微把以上三个国家誉为汉学的先锋，“他们于16世纪末叶，为法国的汉学家开辟了道路，而法国的汉学家稍后又在汉学中取代了他们”，真正建立起作为学术的汉学传统。就传统汉学而言，法国是汉学家最多的国家之一，有许多汉学界的学术巨擘，不断为汉学的崇高而添砖加瓦。

中外文化交流的结果不仅意味着中国文化“外化”的传播，也意味着异质文化对中国文化“内化”的接受。汉学家作为中外文化交流的桥梁和使者，在异质文化的交流中，也是人类和谐与进步的推动者。

汉学诞生在与异质文化碰撞、交流和相互浸淫之中。这个结果无异于一枚果子的成熟，只有“风调雨顺”才生长得好。和谐、宽容、理解与尊重，是异质文化彼此借鉴的保证。作为文化形态的汉学，其成长和生存离不开

① 戴密微：《法国汉学研究史》，载耿昇译《法国当代中国学》，中国社会科学出版社，1998年。

良好的国际语境。就中国而言,历史上凡是开放的时代,文化交流多,汉学就发展;反之,汉学就停滞,这似乎成为一种规律。

作为学术公器的汉学,文化上有其自己的成长过程。汉学是发展的,这一植根于中国文化土壤,生存于异国他乡的文化,同样深受不同时代语境的极大影响。这里所说的语境,既包括中国的历史演变,也包括异国和世界的历史变化。就是说,不同的历史时期,不同的社会、政治、经济、文化背景,在很大程度上左右着汉学的发展方向和内容;换句话说,汉学的形成和发展,不仅受制于中国历史的更迭,也受制于他者社会的变化。这就是以历史悠久的中国文化为研究对象的汉学发展的基本轨迹。

汉学作为一种学术形态,总体上可以分为"传统汉学"和"现代汉学"。传统汉学以法国为中心,而现代汉学兴显于美国,20 世纪中期以来,在西方其他国家葆有传统汉学的同时,现代汉学也很繁荣。随着中国与世界政治关系的变化,随着中国文化与世界文化交流的拓展,现代汉学在世界有了显著的发展。

虽然 20 世纪的后 50 多年,中国文化与世界各国文化接触开始多了起来,但就整体而言,1949 年后约有 30 多年是一个相对"闭关锁国"的时期。公正地讲,这道意识形态的"长城"也并非就是中国的政策,是那时期以美国为首的国家在政治、经济、军事、文化上对我国全面封锁的结果。这个时期的"汉学"涂满了政治色彩,以法国为代表的汉学较多地保持着传统汉学的学术精神,而美国的"中国学"却成了充满政治意识的现代汉学的代表。美国的"中国学"所关心的不是中国文化,更不是中国的传统文化,而是中国的政治、经济、军事、教育和社会生活各个层面的问题。这种政治特征,是那个时期美国汉学的基础,这一特征也影响了其他国家汉学的研究方向和内容。

由于中国与世界的隔离,由于西方与中国少有交流,因此汉学家不了解中国最新的文化进展(比如新的考古发现),致使汉学处于断炊或"无米之炊"的状态,没有中国文化的支持,西方汉学要想取得研究上的突破也很困难。陌生感和神秘感困扰着汉学家,这不仅是文化的尴尬,也是汉学家的难堪。

人类文化包含了物质文化和观念文化等。物质文化表现在衣食住行生活方面,是一种看得见摸得着又极易变化的"具象"文化,即如饮食、服饰、住房、音乐、舞蹈等；观念文化是一个民族的核心，表现在人的价值观、道德观、家庭观、宗教观等诸多方面，以及关于自由、平等、民主的理解，观念文化是一个民族的思维经过高度抽象后形成的思想、观念和精神，它通过文化灵魂——哲学、文学、语言、宗教、历史等来表达。[①] 观念文化，一俟进入外国汉学家的研究视野，他们的研究也就进入了对中国文化核心的深层研究。

汉学家从对中国物质文化到观念文化的研究，其领域越来越广越来越深。现在，汉学不仅包括对中国的哲学、文学、宗教、历史领域的研究，还包括社会学、政治学和自然科学。Sinology（汉学）和 Chinese Studies（中国学），它们已经发展到可以“异名共体”的地步。

时至今日，传统汉学和现代汉学这两种汉学形态不仅同时存在着、共荣着，而且还互相浸透着。

19 世纪末至 20 世纪初，美国汉学悄然嬗变为中国学，并以自己独有的个性特点和极强的生命力出现在世人面前。美国汉学始自 1830 年东方学会（American Oriental Society）的建立，这个学会虽然代表了欧洲那种对东方学文学的兴趣，但这个学会“从一开始就有一种与众不同的使命感”——“为美国国家利益服务，为美国对东方的扩张政策服务”。[②] 这个特点也与“美国海外传教工作理事会”向中国派出基督教传教士的宗旨相一致。可见，美国汉学一开始就和美国的国际战略和对华政策联系在一起。卫三畏（Samuel Wells Williams）1848 年出版的百科全书式的《中国总论：中华帝国的地理、政府、教育、社会、生活、艺术、宗教及其居民观》就带有较为浓厚的社会科学特点，与欧洲具有人文科学特征的汉学颇有差异，但它依然属于 Sinology 的范畴。

美国从南北战争后的统一中走向强大，加入强国之列。八国联军对中国的侵略行径，是列强联合的第一次尝试。从那时起，承担着相当“政治”角色的传教士进入中国。真正美国式“汉学”——中国学，就从那时开始，而奠基人和开拓者是之后的费正清（John King Fairbank）。作为美国首席中国问题专家的费正清，他的中国学研究不仅影响了美国，也对其他国家

---

① 任继愈：《汉学发展前景无限》，载《中华读书报》2001 年 9 月 19 日。

② 侯且岸：《费正清与中国学》，载李学勤主编《国际汉学漫步》（上），河北教育出版社，1997 年。

的汉学研究或中国学研究都有强烈的影响。

在西方,费正清的魅力在于,没有谁能像他那样以更清晰、更富于洞察力的笔触来表述中国。“在使美国人了解中国,了解中国的传统、中国纷扰不安的近代史,以及中国神秘莫测的现状等方面,谁的贡献也没有像他那样大。”费正清等一批知名的美国中国学家都参与过战时情报工作,在战后作为美国政府的智囊而直接为制定对华政策服务。费正清的研究虽然充满了实用和功利色彩,立场和观点也有偏见,但这并不妨碍他在历史上作为一个贡献巨大的汉学家和中国人民的朋友的光辉。美国学者从事研究的根本出发点是“使命感”、“学术个性”和“反唯理智论倾向”,“蔑视学问,更为强调实用性知识”,“更为明显同自己以外的社会,即政治家、实业家及其实践家始终保持紧密的联系”。[①] 这就是美国中国学家的基本心态,他们讲究功利和实用,不理会学术上的理智倾向,这与法国汉学家的学术心态、学术个性与学术传统几乎大相径庭。

传统汉学(Sinology)和现代汉学(Chinese Studies)的差异在于前者是以文献研究和古典研究为中心,它们包括哲学、宗教、历史、文学、语言等;而以美国为中心的现代汉学(中国学)则以现实为中心,以实用为原则,其兴趣根本不在那些负载着古典文化资源的“古典文献”,而重视正在演进、发展着的信息资源。但是,汉学发展到21世纪,其研究内容和方式已经出现了融通这两种形态的特点。这种状况既出现在欧洲的汉学世界,也出现在美国的中国学研究之中,可以说世界各国汉学家的研究中,都兼有以上两种汉学形态。

汉学(Sinology)对中国研究者来说,被尘封得太久,所以它的空白很多,浩如烟海的资源还有待于深入开掘。这种开掘,不仅可以收获汉学,还可以无意中发现被历史“放逐”和“遗失”在异国他乡的中国文化。编撰“列国汉学史书系”的目的和宗旨,不仅是为了梳理已有的汉学资源,在世界范围内追踪中国文化的外传历史状况、经验及影响,同时探究汉学的产生、成长、发展与繁荣,还要尽可能厘清这块“他山之石”对于中国文化的作用。当然,“列国汉学史书系”还期望对推动中国文化与世界文化的交流有所裨益。

① [美]赖肖尔:《近代日本新观》,北京三联书店,1992年。

“列国汉学史书系”作为一个文化工程，其撰写的难度非一般学术著作所能比拟。严绍璗教授谈到 Sinology 的研究者的学识素养时提出四个“必须”：一、必须具有本国的文化素养（尤其是相关的历史、哲学素养），二、必须具有特定对象国的文化素养（同样包括历史、哲学素养），三、必须具有关于文化史学的基本学理素养（特别是关于“文化本体”理论的修养），四、必须具有两种以上语文的素养（很好的中文素养和对象国的语文素养）。这几点确实都是汉学研究者必须具备的文化和语文素养，否则很难进入汉学研究的学术境界。

写作“列国汉学史”艰难，而出版可谓难上加难。1995 年曾经“落实”的出版经费，因故而一风吹。人间的事好像天上的云地上的风，飘忽不定没有根，铁板钉钉是没有的，因为钉子可以用“权力”拔出来，一切承诺和协议，都可以化为乌有。虽然“列国汉学史书系”的生长不断受到寒风的袭击，但它终没有自毙于摇篮之中，冬天之后是春天，接着便是收获的季节。这套富有创意和价值的书系，将对中外文化交流和汉学的发展及其比较研究产生深远影响。说到这里，“书系”编辑委员会同仁和作者，要感谢学苑出版社所给与的支持，尤其要感谢社长兼总编孟白先生和不久前病逝的总编辑助理郭强副编审，由于他们慧眼识金才使这一书系得以面世。

有人认为“汉学史中国人写不了”，当然这是一个很奇怪的“立论”。日本人石田幹之助写了《欧人的中国研究》（1932），莫东寅写了《汉学发达史》（1949），接下来又有严绍璗的《日本中国学史》（1991），张国刚的《德国的汉学研究》（1994），张静河的《瑞典汉学史》（1995），何寅、许光华主编的《国外汉学史》（2002），刘正的《图说汉学史》（2005）和李庆的《日本汉学史》（2005）相继面世。在人类的文化长廊里，无论是中国还是外国，各种史书琳琅满目，这其中有外国人写中国的各类历史，也有中国人写外国的各类历史。历史，是往事，是记录，是选择，并有相对独立的评论和褒贬。但是，事实上任何一部历史都不是最后的历史，历史随着时光的流逝而演进，修史很难一步到位，它需要一代代学者“积跬步”才能“至千里”，只有“积土成山，积水成渊”，方能“风雨兴”、“蛟龙生”。学问之事非一夕之功，非得有前赴后继者敢于赴汤蹈火“流血牺牲”，才会达至光明顶峰。

开拓者也许会在某个时候将自己的真诚劳作化为欢乐，因为在以后的岁月里，定会有人踏着自己的肩膀或是踩着自己的鼻子和头顶攀上高峰，以鸟瞰美丽风光。21世纪是经济的大空间，对汉学来说也是一个“大空间”。但是，要探索这个“大空间”，需要有个和谐的“太空站”，需要大家联袂共建；当然世界上需要多元文化和谐相处的历史语境，共同创造彼此接近、认识、理解、尊重、沟通、借鉴与融合的机会，这个机会，就是汉学研究发展的机会。

时间在行走，历史在行走。人类创造过历史，书写过历史，但是没有最后的历史。汉学有历史，而且还正在创造新的历史，汉学及其研究将以自己的品格和个性在人类文化的世界里放出异彩。

阎纯德

2006年12月5日于北京半亩春

目 录

前 言

一

瓦西里耶夫(В. П. Васильев,1818～1900)是19世纪下半叶俄国著名汉学家,随第十二届东正教使团于1840年来到中国,在京驻留十余年,回国后先后在喀山大学和圣彼得堡大学任教,成就斐然:他是俄国大学早期汉学教授之一(1851),全俄国第一位将中国历史课程引入大学课堂的人(1851),全欧洲第一位在大学开设中国文学史和满语文学史的教授(1853),他还是俄国汉学界第一篇博士论文的著者(1864年答辩),世界上第一部由专家撰写的中国文学通史的作者(1880),俄国第一位汉学家院士(1886)。

作为职业汉学家,瓦西里耶夫具有当时西方汉学家的普遍特征,即以中国和中国文化为直接研究对象,建立了包括大学讲座、授课、发表论文、出版专著等在内的一整套研究手段,他曾长期在中国生活,通过考察中国人的日常生活、研读载入史册和记入书本的历史和经籍、挖掘古代文献和古迹,力求获得亲知的效果。

瓦西里耶夫对中国文化的众多领域作了相对深刻而系统的研究,一生著述浩繁。本书以他的创作文本为第一手文献,对其在中国历史、中国宗教、中国文学三个领域著作的思想观点、研究方法等进行系统梳理与分析,并结合俄国社会思想发展史,剖析瓦西里耶夫对中国文化的认识以及形成根源。

历史方面,专著《10～13世纪中亚东部的历史和古迹》和《元明两朝关于满族人的资料》是瓦西里耶夫的代表作,它们的问世,在一定程度上标志着俄国的中国历史研究开始从十七八世纪以编写教材、编著词典、翻译史籍为主,向在中文史料基础上对中国历史进行阐述与分析的研究方式的转变。而在丰富的中文史料基础上,历史与地理紧密联系的阐释方式,批评性研究方法,进步的史学观,使瓦西里耶夫的汉学研究具有了近代科学的某些特征。其研究成就,极大地丰富了俄国中国历史资料的内容,拓宽并深化了历史资料的应用范畴,在一定程度上提高并深化了人类认识、研究、应用历史信息的水平,触动并在一定程度上改进了俄国中国历史研究的现状。

宗教方面,瓦西里耶夫被称作俄国佛学泰斗,在俄国中国思想和宗教研究方面地位显赫。1873 年出版的《东方宗教。儒、释、道》是他在中国宗教综合研究方面的集大成之作。瓦西里耶夫所采用的综合性研究的治学方法,改变了以往俄国汉学家大都以对中国古籍进行注译为主的阐释方法,为本国中国宗教研究的发展开创了一个新时代,对后世针对中国思想和宗教进行研究的俄国学者有着重要的指导作用,其影响源远流长。

文学方面,1880 年出版的《中国文学史纲要》是世界上第一部中国文学通史性著作,瓦西里耶夫因此成为较早对中外文学渊源关系给予关注的外国学者。他对文学内涵的理解带有鲜明的时代烙印,对中国文学性质和特点的论述体现了中国文化在欧洲人眼中"异己"的传统形象,对中国文学起源的考察和中外文学渊源关系的论述,在当时语境下具有开拓性价值。

此外,瓦西里耶夫在教学实践方面成绩同样卓著,其成就享誉俄国乃至欧洲。尤其是,他所编撰的国外第一部按字形检索汉字的外语双语辞典——《汉字的字形系统——第一部汉俄辞典试编》的分类方法不但为世界首创,而且多次为后继者所采用。而他所培养的大量汉学研究人才,如阿列克谢耶夫(В. М. Алексеев, 1881 ~ 1951)、伊万诺夫斯基(А. О. Ивановский, 1863 ~ 1903)、格奥尔吉耶夫斯基(С. М. Георгиевский, 1851 ~ 1893)等,在后来的高校教学、外交,以及学术研究等众多领域,均取得了令人瞩目的成就。

总之,瓦西里耶夫不但对 19 世纪下半叶俄国汉学研究起到了深化作用,而且对后世俄国学者在研究课题、研究方法等方面起了重要的指导作用。换言之,正是由于瓦西里耶夫开创的对中国文化的研究之风,19 世纪下半叶的俄国汉学得以逐渐摆脱对西欧的依赖,走向独立发展的道路,他本人则被誉为一代汉学宗师。

二

在中国国内，对瓦西里耶夫的解读与研究是一个渐进的过程。早在19世纪下半叶，在出访俄国的清朝官员斌春、志刚等人的游记中曾留有对瓦西里耶夫的简单记述。从20世纪80年代开始，中国学者陆续开始介绍瓦西里耶夫其人其作。

1980年出版的《沙俄利用宗教侵华简史》一书是较早对瓦西里耶夫进行介绍的著作之一，当时，俄国汉学家整体被称作“精神侵略的文化特务”①，瓦西里耶夫也没能幸免，对他的定位是：

“……著有《东方宗教。儒教、佛教和道教》、《佛教的教义、历史及其文献》、《论中国的伊斯兰运动》、《10～13世纪中亚东部的历史和古迹》、《元明时期的满洲人》、《清初对蒙古人的征服》、《中国文学概论》等。他是一个西方帝国主义和中国封建主义思想的狂热吹鼓手，欧洲‘黄祸论’的始作俑者。在他的著作中到处充满了对中国人民的敌视和污蔑。”②

这段论述主要反映了两个问题：第一，翻译性错误，即《Сведения о маньчжурах во времена династий Юань и Мин》被误译为《元明时期的满洲人》，与正确译文《元明两朝关于满族人的资料》存在一定距离。另外，该书还将译著《清初对蒙古人的征服》与瓦西里耶夫的原著作品混为一谈；第二，也是最主要的一点，政治色彩极为浓重，不但彻底抹煞了瓦西里耶夫的汉学研究成就，甚至不顾事实将其称作“黄祸论的始作俑者”，且言辞过于激烈，明显带有攻击性。

稍后，于1983年由中国社会科学院文献情报中心编辑出版的《俄苏中国学手册》，不但简要介绍了瓦西里耶夫的生平，而且列出了他在汉学研究方面的主要成就。较前相比，该书对瓦西里耶夫的评价，在真实性和客观性方面向前迈进了一大步，文中这样写道：

“俄国科学院院士，通晓汉、满、蒙、藏、梵、朝、日文，俄国汉学学派集大成者……瓦西里耶夫对当时国内外贬低中国人民的理论进行批判，但是同时也为沙俄对话的侵略政策辩护。在伊犁是否归还中国问题上态度反复

① 黄心川：《沙俄利用宗教侵华简史》，辽宁人民出版社，1980年，第66页。
② 黄心川：《沙俄利用宗教侵华简史》，辽宁人民出版社，1980年，第71～72页。

动摇。在最后一文《威海卫问题》中则寄希望于中国的强盛，认为‘五亿六千万人的民族，也就是人口最多且最勤劳、精细的民族，怎能不强盛起来’。身后遗留未发的手稿位数超过已发表的大量著作的一倍（现藏苏联科学院档案馆列宁格勒分馆）。在五十年中培养了大批俄国汉学家。”[①]

此文虽然也指出了瓦西里耶夫曾“为沙俄对华的侵略政策辩护”，但只是一语带过，阐述重点放在了介绍瓦西里耶夫的生平和研究成就上，突出强调了他“对当时国内外贬低中国人民的理论进行批判”，“寄希望于中国的强盛”，以及对中国未来发展的信心，同“精神侵略的文化特务”的定位存在本质差别。

到了20世纪90年代，对瓦西里耶夫的研读又向前迈进了一大步。比如，忻剑飞在1991年问世的《世界的中国观》一书中，对瓦西里耶夫的政治角色只字未提，只是简要介绍了他的汉学研究成就，突出强调了他“在俄国汉学界和世界东方学界赢得了声誉”[②]的事实。不过，由于该书所使用的多是二手材料，所以不但在叙述上过于粗糙，而且多处出现错误。[③]

此外，在1993年出版的《中国文化在俄罗斯》一书中，在简要介绍瓦西里耶夫的生平后，李明滨教授用一定篇幅，以“第一部中国文化典籍史”为题，对瓦西里耶夫的专著《中国文学史纲要》的主要内容作了专题性介绍，突出强调了瓦西里耶夫对“儒、释、道学”和“古典文学”的评论，承认《中国文学史纲要》在中国文学通史著述方面具有的“填补空白”[④]的作用。

一年之后，蔡鸿生先生的《俄罗斯馆纪事》出版，书中以“王西里[⑤]及其学派”为题，不但介绍了瓦西里耶夫的生平、成就、学派，而且重点强调了他在俄国汉学发展史上所占据的重要地位及其学派的研究特色，文中写道，“王西里作为近代俄国汉学的杰出代表，他的学派是以批判精神和全面观

① 中国社会科学院文献情报中心编：《俄苏中国学手册》（上），中国社会科学出版社，1983年，第15页。

② 忻剑飞：《世界的中国观》，学林出版社，1991年，第306页。

③ 最突出的是，将《元明两朝关于满族人的资料》译为《元明两代的满人》，《中国文学史纲要》译为《中国文学概论》，尤其是，书中重点强调的“俄国和欧洲第一部研究中国土地制度的瓦西里耶夫的巨著《中国西部疆域记述》”，实际上并非出自瓦氏之手，据笔者考证，此书应为与瓦西里耶夫同时代的另一位中国学家扎哈洛夫（И. И. Захаров，1814～1885）根据中国资料编纂的《中国西部边陲札记》（Записка о Западном крае Китая, составленная по китайским источникам）。

④ 李明滨：《中国文化在俄罗斯》，新华出版社，1993年，第46页。

⑤ 即瓦西里耶夫。此外，他还自称王书生。

察为特色的。”① 另外，蔡鸿生先生还将瓦西里耶夫和比丘林进行比较，突出强调前者在学术研究中所坚持的批判精神，他强调指出，“比丘林曾使俄国汉学民族化，王西里则从理论上和方法上把它近代化了。”② 我们发现，“俄国汉学的杰出代表”的评语恰恰与在《沙俄利用宗教侵华简史》一书中曾被大加批判的苏联学者瓦·斯·米亚斯尼科夫对瓦西里耶夫的评语如出一辙，即“杰出的汉学家……不仅在汉学方面，而且在俄国整个东方学方面开创了许多新领域。他的著作，一方面填补了俄国汉学的空白；另一方面也为俄国的佛学、中国文学、中国史料学的研究打下了牢固的基础。”③

继《俄罗斯馆纪事》后，于 1997 年出版的《汉籍外译史》一书明确指出，瓦西里耶夫的《中国文学史纲要》“代表了俄国 19 世纪下半叶的汉学研究。”④

除了书籍，在中国国内，还有一些对瓦西里耶夫及其中国学研究成就进行评述的文章，研究者包括李明滨、阎国栋教授等。

综上所述，笔者认为，从对瓦西里耶夫其人其作的误读到相对客观的评述，这一渐进的过程在一定程度上体现了中国学术研究 20 多年来的发展道路。不过，迄今为止，尚且缺乏对其汉学研究成就全面、深刻的研读，这项工作还需进一步深入进行。因此，本书把瓦西里耶夫的汉学研究成就作为阐释对象，将其作为国际汉学发展进程中，尤其是俄国汉学史上的一个重要人物，对他的传记生平和他在汉学研究方面以及教学实践中所取得的辉煌成就进行系统梳理，同时结合俄国社会思想发展脉络，剖析瓦西里耶夫对中国文化的评述与阐释，力求将一位 19 世纪外国汉学家的中国文化观清晰展示给读者，并在此过程中为中国文化的未来发展获得某些有益的启示。

---

① 蔡鸿生：《俄罗斯馆纪事》，广东人民出版社，1994 年，第 81 页。
② 蔡鸿生：《俄罗斯馆纪事》，广东人民出版社，1994 年，第 82 页。
③ 黄心川：《沙俄利用宗教侵华简史》，辽宁人民出版社，1980 年，第 72 页。
④ 马祖毅、任荣珍：《汉籍外译史》，湖北教育出版社，1997 年，第 414 页。

第一章
瓦西里耶夫生平简介

瓦西里耶夫的一生可以划分为三个阶段，即第一阶段——来华前(1818～1840)，第二阶段——在华期间(1840～1850)，第三阶段——归国后(1850～1900)。

一、来华前的瓦西里耶夫

俄旧历1818年4月22日，瓦西里耶夫在下诺夫哥罗德出生。今天的下诺夫哥罗德是俄罗斯第三大城市，位于伏尔加河及其支流奥卡河汇合处，市区跨奥卡河两岸，风景秀丽。这座历史名城建于1221年，风光旖旎、遍布古迹，曾于1932年为纪念前苏联伟大的文学家高尔基而更名为高尔基市，后又改回下诺夫哥罗德。

瓦西里耶夫出身于尉官家庭，从小家境贫寒，父亲名叫巴维尔·瓦西里耶维奇·瓦西里耶夫，是阿尔扎马斯县切尔奴赫村的一名神父，母亲安娜·彼得罗夫娜，是巴拉赫纳人，也出身于神职人员家庭。瓦西里耶夫有两个姐姐、三个哥哥，他在家中排行最小。他的童年和少年时期是在位于奥沙尔斯克大街上的一栋房子里度过的。

瓦西里耶夫从五岁开始学习识字，他的第一位老师是姨父马克西姆，当时担任谢苗诺夫县别尔基诺村的执事。[1] 瓦西里耶夫七岁开始正式上学，但不久，由于被狗咬伤了脚部而辍学，经过一段时间的休养后又重返学

① 政教教会中职位最低的工作人员，做诵经、撞钟等杂事。

校。当时，恰逢马格尼茨基(М. Л. Магницкий, 1778～1844)[①]接任学校的督学，这位督学大人维护旧宗教，崇尚体罚，他的到来给包括瓦西里耶夫在内的全校学生的学习和生活带来很大冲击。多年后，瓦西里耶夫对学生时代的回忆中还时常出现遭受体罚或鞭打的情景。

瓦西里耶夫的第一位正式老师是普雷特科夫(К. В. Прытков)，深得学者的爱戴，据他自己记述，这位老师不但人品端正，而且业务水平也很高，多次因教学成绩突出获表彰，而且经常对遭受督学毒打和惩罚的学生给予帮助。在1887年写给下诺夫戈罗德著名社会活动家、学者卡茨斯基(А. С. Кацисский)的信中，瓦西里耶夫曾这样描述往事："大人(指马格尼茨基——笔者注)走了进来，把棍子放在普雷特科夫老师的桌子上，说道：'是不是该惩罚一下瓦秀特卡[②]了？'普雷特科夫老师说，'他好像没犯什么错吧'。可是大人说：'不，他又开始淘气了！'然后不由分说就把我拉出去痛打了一顿。"[③]据瓦西里耶夫自己回忆，他遭受体罚的原因，多数情况下是因为淘气，而非学习。升入二年级后，伊·斯涅基廖夫担任瓦西里耶夫的俄语老师，此人也推崇体罚，经常鞭打学生。只是在当时，还没有人对老师鞭打学生的权力产生过质疑，更不敢反抗。

1827年，瓦西里耶夫以优异的成绩小学毕业。同年，政府颁布法令，禁止未满14岁的少年进入国家机关工作，这次变故打乱了瓦西里耶夫原定进入市公署工作的计划。父亲为了加强对瓦西里耶夫的约束，迫不得已把他重新送入小学学习。1828年，瓦西里耶夫升入下诺夫哥罗德中学。当时，学校的基础图书极度缺乏，据《国民教育部杂志》和《喀山通讯》的记载，在瓦西里耶夫小学毕业的那一年，全校全部的基础图书加在一起，只有书籍37种，杂志141种，和一幅破旧不堪的"俄罗斯帝国与欧洲"地图。[④]

四年后的1832年，瓦西里耶夫中学毕业，在7月4日颁发的毕业证书中写有如下评语："在校期间表现：对同学谦虚友善，对师长尊重有加，服从管教，学习勤奋，出勤情况良好，对语文科学表现出特殊的喜爱。考试成

---

① 1819～1826年喀山州督学，曾以维护宗教为幌子，禁止喀山大学东语系的教师研究伊斯兰教和翻译伊斯兰语书籍，阻挠出版由弗莱 Х. Д. 院士等编写的《蒙古人和鞑靼人历史》。

② 对瓦西里耶夫的爱称。

③ Хохлов А. Н. Васильев В. П. в Нижнем Новгороде и Казани, История и культура Китая, Наука, Москва, 1974г., стр. 31.

④ 同③стр. 32.

绩：神学优秀，俄语优秀，世界历史、地理优秀，俄国历史、地理优秀，统计学优秀，自然历史良好，数学、物理优秀，语言方面：斯拉夫语优秀，拉丁语优异，法语优秀，德语优异，绘画一般。"① 从毕业评语和考试成绩中可以看出，瓦西里耶夫从小就是一个聪明、勤奋、学习成绩优异的学生，而他在语文科学方面所取得的优异成绩，应该可以视为后来走上学术研究道路的前提基础。

按照当时俄国的教育体制，大学只招收16岁以上的学生，所以，入大学前，尤其是在父亲于1832年9月16日去世后，为了贴补家用，14岁的瓦西里耶夫被迫当了两年家庭补习教师。他曾经先后受雇于下诺夫哥罗德市著名药房老板埃韦尼乌斯、前中学校长阿尔费里耶夫、检察长伊什洛夫等名人家庭。瓦西里耶夫将做家庭教师挣来的钱全部交给母亲，积攒学费。与此同时，他积极准备喀山大学的入学考试。

1834年的夏天，少年瓦西里耶夫告别故乡和亲人，来到了俄国另一座历史名城喀山。顺利通过入学考试后，瓦西里耶夫被医学系录取。按照规定，在医学系就读的学生必须交纳一定数额的学费和生活费，迫不得已，家境贫寒的瓦西里耶夫只得申请转到公费的语文系学习。为了转成公费学生，他一次又一次跑去向主管官员请求，虽然学校最终满足了瓦西里耶夫的愿望，但是，这段记忆深深刻在了刚刚踏上人生旅途的瓦西里耶夫的心中，他这样写道，"我简直踏破了校长的门槛，每天都去，请求转成公费生……"②

在喀山大学历史语文系③，瓦西里耶夫最初的专业方向是蒙语。入学不久，才华横溢的瓦西里耶夫就得到喀山教育区督学穆辛—普希金的关爱：为了帮助这位家境清贫的少年，他曾指示，允许瓦西里耶夫从1835年1月开始去喀山第一中学向伽尔桑·尼基图耶夫喇嘛学习蒙语。事实证明，瓦西里耶夫没有辜负穆辛—普希金对他的厚望：1836年，他因学习成绩优异而获得银质奖章，1837年5月，又因藏语作文获得国民教育部颁发的300卢布大额奖学金。1837年6月16日，瓦西里耶夫大学毕业，留校工

① Хохлов А. Н. Васильев В. П. в Нижнем Новгороде и Казани, История и культура Китая, Наука, Москва, 1974г., стр. 33.

② Хохлов А. Н. Васильев В. П. в Нижнем Новгороде и Казани, История и культура Китая, Наука, Москва, 1974г., стр. 35.

③ 1835～1863年喀山大学历史语文系曾更名为语文系。

作。1838 年末，顺利通过喀山大学入学考试，开始攻读硕士学位。

研究生学习期间，瓦西里耶夫师从俄国蒙古学奠基人、喀山大学教授、院士科瓦列夫斯基（О. М. Ковалевский，1800 ~ 1878），这是一位知识渊博、在佛教研究方面造诣颇深的学者，对瓦西里耶夫学术兴趣和观点的形成产生了重大的影响。在科瓦列夫斯基的建议下，瓦西里耶夫的主要精力放在了对佛教和东方思想的研究上，他的硕士学位论文《论佛教的哲学原理》（Об основаниях буддийской философии）用蒙语写成，喀山大学的蒙语藏书成为瓦西里耶夫撰写论文的主要参考资料。1839 年，他获得了蒙古语文学硕士学位。当时，《祖国纪事》（Отечественные записки）杂志还在一篇题为《第一个蒙古语文硕士》的文章中对此事进行了报道，文中有这样一句话，"1839 年 12 月 23 日，瓦西里·帕甫洛维奇·瓦西里耶夫通过了硕士论文答辩并被授予蒙古语文学硕士学位。"① 不久，瓦西里耶夫又获得鞑靼语硕士学位。

研究生毕业前，导师科瓦列夫斯基就向督学推荐瓦西里耶夫和纳夫洛茨基随东正教使团前往中国，他在推荐信中写道，"二人均能熟练地将蒙语文章翻译成俄语，在俄译蒙和蒙语口语方面潜力巨大……此外，瓦西里耶夫一直从事藏语学习，藏语是他大学主修课之一，因此还可以把学习梵语的任务托付给他。"② 除了瓦西里耶夫和纳夫洛茨基，喀山大学还向国民教育部推荐了另一位学生卢什科，不过，最后只有瓦西里耶夫一人获得批准，他是在 1839 年 11 月 27 日被编入东正教出使北京的使团名单的。

导师科瓦列夫斯基为瓦西里耶夫列出了一长串学习任务：学习藏语、汉语、梵语，研究西藏、蒙古历史地理，研究中国各个时期、尤其是成吉思汗统治时期的政治历史和地理，了解亚洲各民族在各个历史时期物质和精神文化的发展状况，搜集各类中国文献资料，甚至还包括很多与专业无关的内容，如为喀山大学博物馆收集种子，以及陆地植物、动物、鸟类、矿物等标本，关注中国工业、农业的发展情况，搜集中国官方和非官方的各种情报，收集中国农用工具和各种艺术品等。与此同时，俄国科学院还委托瓦西里

---

① Горбачёва З. И.，Петров Н. А.，Русский академик Васильев В. П.，Очерк по истории русского востоковедения，М.，1956г.，стр. 236.

② Хохлов А. Н. Васильев В. П. в Нижнем Новгороде и Казани，История и культура Китая，Наука，Москва，1974г.，стр. 36.

耶夫搜集藏语和蒙语书籍。考虑到自身肩负的重任，前往中国前，瓦西里耶夫曾专门向喀山大学教授、中国学家西维洛夫（Д. Сивиллов，1788～1871）学习，以提高自身的汉语水平。

应该说，瓦西里耶夫后来能够成为俄国中国学史上的博学家，在众多领域中都取得杰出成就，应该与他内容繁杂的出使任务有一定的关系。当然，他自身所具备的才华和所付出的努力同样很重要。问题是，他在很多领域里都做得很投入，关于自己学术兴趣之广泛他曾经这样说过，"我不能完全献身于哲学，因为我还得当一名历史学家；我并非历史学家，因为我应做个地理学家；我并非地理学家，因为我还应懂文学；我并非文学史家，因为我不能不接触宗教；我并非神学家，因为我还得鉴赏古董"。[①]

1840 年 2 月 19 日，瓦西里耶夫接受了穆辛—普希金等政府官员的接见，在拜见了使团领导后，瓦西里耶夫与 1 月 17 日到达喀山的其他使团成员一道踏上了前往中国的漫长旅途。他们的出使路线是，从喀山出发，经西伯利亚的伊尔库斯克抵达恰克图，然后途经蒙古到达中国。使团于 1840 年 10 月抵达北京，全程历时整整 8 个月。自此，瓦西里耶夫的北京时期开始了。

二、在华期间的瓦西里耶夫

瓦西里耶夫是随第十二届俄国东正教使团来到中国的，身份是借调人员，领班是大司祭波利卡尔普·图加利诺夫，司祭因诺肯季·涅米罗夫，辅祭是后来同样享誉俄国中国学界的卡法罗夫（П. И. Кафаров［Палладий］，1817～1878），另外还有随队医生塔塔里诺夫（А. А. Татаринов，1817～1876）、画家科尔萨林（К. И. Корсалин，1809～1872）、监督官柳比莫夫（Н. И. Любимов，1808～1875），以及卡尔波夫（Г. Карпов，1812～1882）、戈什克维奇（Ю. А. Гошкевич，1814～1875）、扎哈罗夫（И. И. Захаров，1814～1885）和戈尔斯基（В. В. Горский，1819～1847），全团共 11 人。瓦西里耶夫在中国北京度过了将近十年的时光。

记录瓦西里耶夫在中国的活动和生活情况的材料很少，我们只能通过他在京期间的日记和自传中的简单记述略知一二。瓦西里耶夫的日记详

---

① 蔡鸿生：《俄罗斯馆纪事》，广东人民出版社，1994 年，第 82 页。

细描述了北京城、周围的名胜古迹、居民的生活和从业状况，以及摘自《京报》中的新闻，在颐和园、通州、门头沟等地的游历情况等。另外，日记还是身处异国、孤独的瓦西里耶夫与自我进行交流、抚慰心灵的一种方式。瓦西里耶夫的日记只发表了一小部分，分登在 1857 年的两期《俄国通报》(Русский вестник)上。苏联时期曾计划全部出版，但最终没有实现。直至今天，在俄罗斯科学院档案馆中还保存着已经打印出来的副本。①

总之，通过这些发表和未发表的日记可以大致勾勒出学者在中国的生活情况。应该说，远离祖国的瓦西里耶夫曾满怀激情和抱负，他在 1840 年 9 月 3 日的日记中写道：

"我头脑中满是计划，哪怕让我完成十分之一也好；上帝啊，真想品尝那成功的美酒。佛教文献中记载了信仰和排斥它的民族的历史，它的部分发展轨迹与其他宗教相类似，而本质上，在对文学和科学的影响、对国家政治状况的影响……对用以阐述自己理论的语言的影响方面，更是存在共性。佛教理论、藏语是我为自己列好的学习计划，这两门课程知识内容极为丰富。不仅如此，我的计划中还包括研究拥有悠久历史和灿烂文学的中国文化，关注中亚一些富有争议的地区，学习满语、朝鲜语、突厥语……"②

踌躇满志来到中国的瓦西里耶夫，在京期间的岁月大都处于对故土的无限思念之中。其实，他的思乡之情从一踏上旅途就开始了，在 1840 年 7 月 24 日的日记中，他写道："今天，我们按照计划从恰克图起程。怎能忘记这一天，对于任何一个即将长期离开亲爱祖国的人，今天都是神圣的！心头掠过万千感受，担心、忧郁交织在一起；时而，我心中充满火热的激情，因为我即将踏入一种全新的生活环境，时而，回首被自己抛在身后的一切，我的心又紧紧地揪着。"③ 这样的情绪几乎贯穿了瓦西里耶夫日记的始终。

按照日记中的描述，瓦西里耶夫在北京的生活是一段漫长而艰苦的岁月，可以简单概括为单调、枯燥、乏味、苦闷。他曾经这样写道，"刚一走出国门，甚至在恰克图的时候，我就开始写日记了，而我们在北京的生活是多

---

① Гроховский П. Л., Буддологическое наследие В. П. Васильева, ——Материалы 13й международной конференции молодых ученых 26-30 декабря 2002 г., СПб., 2002г., стр. 515.

② Горбачёва З. И., Петров Н. А., Русский академик Васильев В. П., Очерк по истории русского востоковедения, М., 1956г., стр. 238-239.

③ Горбачёва З. И., Петров Н. А., Русский академик Васильев В. П., Очерк по истории русского востоковедения, М., 1956г., стр. 239.

么单调乏味啊！我记得，上面禁止我们私自与中国人接触，这样一来，我们根本无法真正融入中国人的生活当中去，无法通过私人交往了解真实的中国和中国的道德标准、思想体系。所以，在我的日记中，记录得更多的是摘自《京报》的官方消息……后来，我把自己的见解也加了上去。此外，我还记录了自己在北京郊区的游历情况。"①

而瓦西里耶夫的郁闷心情，主要起源于他在学习上得不到使团领班波利卡尔普·图加利诺夫的支持。俄罗斯著名汉学家霍赫洛夫老先生对此人的评价是"贪权、蔑视非宗教人士、喜欢向上司打小报告。"② 波利卡尔普·图加利诺夫不喜欢瓦西里耶夫，甚至拒绝给他提供基本的学习条件，到京的前三年，瓦西里耶夫连一位满意的汉语和藏语老师都没有。使团的另一位成员谈到此事时称，"到京不久，就给瓦西里耶夫找了一位藏语老师，是个有名的喇嘛。但很快发现这位老师在藏语方面还不如瓦西里耶夫先生。后来，为了节省时间和金钱就把他辞退了，从此，因一直找不到合适的人选，瓦西里耶夫先生只能自学藏语。"③ 这一时期，瓦西里耶夫的心情极为沉重，他在日记中写道："对于我们来说，最大的不幸就是孤独无助，没什么能支撑你努力工作，没什么能激励你追求理想，在自我欺骗的希冀中，或者冰冷的氛围里，没什么能安慰你的心灵。"④ 因学习条件无法得到满足、学业荒废，年轻的瓦西里耶夫曾一度非常绝望，甚至动过一走了之的念头。

此外，瓦西里耶夫还经常遭受来自大司祭和使团其他成员的侮辱和嘲弄。在 1840 年 10 月 24 日的日记中他写道："难道从前也住在这个房间的索斯尼茨基⑤的不幸又落在了我的头上？这个可怜的索斯尼茨基曾经饱受韦尼阿明⑥的迫害，他无疑屈服于他的淫威，经常忍受挨饿、挨打的惩

---

① Хохлов А. Н. Пекинский дневник Васильева В. П., Общество и государства в Китае, Двадцать вторая научная конференция, Часть 3, Тезисы и доклады, Москва, 1991г., стр. 217.

② Хохлов А. Н. Пекинский дневник Васильева В. П., Общество и государства в Китае, Двадцать вторая научная конференция, Часть 3, Тезисы и доклады, Москва, 1991г., стр. 208.

③ Хохлов А. Н. Пекинский дневник Васильева В. П., Общество и государства в Китае, Двадцать вторая научная конференция, Часть 3, Тезисы и доклады, Москва, 1991г., стр. 209.

④ Васильев В. П., Воспоминание о Пекине, СПб., 1861г., стр. 23.

⑤ А. И. 索斯尼茨基——第十一届驻北京俄国东正教使团成员，回到俄国后在喀山中学教授汉语，曾遭受残酷虐待。

⑥ М. 韦尼阿明——又名魏若明，第十届驻北京俄国东正教使团领班，大司祭。1835 年开始内部改由阿瓦库姆·切斯特诺伊为领班，并升任大司祭，韦尼阿明只负责与理藩院联系事物。

罚，使团里有人说，他们来到这里的时候，发现索斯尼茨基已精疲力竭、瘦骨嶙峋了……"①

后来，瓦西里耶夫在他的自传中对北京时期的生活做出了明确而大胆的总结，他写道："那里，一切都由领班说了算，大家都不快乐，尤其是我。当然，我没被鞭打、体罚过，但更糟糕的是要承受排挤和侮辱。喀山大学为我在中国的学习提供资助。使团的上司亚洲司要求大司祭出示一份报告，也就是说，没有大司祭的首肯我一个戈比都不能动用……使团的其他成员都是他们自己选出来的，都隶属于亚洲司，未经亚洲司和大司祭选拔而来到中国的只有我一个。显然，无论是亚洲司，还是大司祭，他们之所以给我提供学习条件，也只不过是为了在中国人面前装装样子罢了！"②实际上，俄国驻北京布道团的混乱状态早在18世纪就有记载，尼古拉·班蒂什—卡缅斯基（1737～1814）根据俄国外务委员会莫斯科档案馆收藏的外交文献整理而成的《俄中两国外交文献汇编（1619～1792）》一书中，就详细记载了布道团人员酗酒成性、打架斗殴、行为放纵、生活荒唐等种种劣行③，其中甚至包括关于第三届驻北京东正教团修士大司祭伊拉里昂·特鲁索夫（1741年死于北京——笔者注）在中国的可耻行径的报告。④ 另外，于1741年率领俄商队来中国的菲尔索夫在给外务委员会的报告中也专门列有一条"驻北京的俄国宗教人员大多都是以酗酒、吵架、胡作非为的混日子"。⑤

上述事实可以充分证实，瓦西里耶夫在日记中记录的他在京期间恶劣的生存环境，使团内部上级压制迫害下属，成员之间互相倾轧排挤，以强凌弱、克扣经费现象时有发生，这样的松散、混乱状态几乎是东正教驻京使团的一种常态。虽然瓦西里耶夫的遭遇只是其中的一小部分，但是这段生活

① Горбачёва З. И., Петров Н. А., Русский академик Васильев В. П., Очерк по истории русского востоковедения, М., 1956г., стр. 240.

② Горбачёва З. И., Петров Н. А., Русский академик Васильев В. П., Очерк по истории русского востоковедения, М., 1956г., стр. 240.

③ ［俄］尼古拉·班蒂什—卡缅斯基编著：《俄中两国外交文献汇编（1619～1792）》，商务印书馆，1982年，第247页。

④ ［俄］尼古拉·班蒂什—卡缅斯基编著：《俄中两国外交文献汇编（1619～1792）》，商务印书馆，1982年，第273页。

⑤ ［俄］尼古拉·班蒂什—卡缅斯基编著：《俄中两国外交文献汇编（1619～1792）》，商务印书馆，1982年，第275页。

在他身上留下了抹不去的阴影。原本朝气蓬勃、志向远大的青年变成了一个情绪低落的悲观主义者，尤其是到中国的第一年，他变得异常憔悴消瘦，精神萎靡。

不过，恰恰是在这一时期，瓦西里耶夫顽强坚韧的性格特点、执著的探索精神得到了最好体现，他克服来自于外界的种种阻碍，埋头治学，把主要精力都放在了对资料的搜集、整理和研究上。霍赫洛夫老先生认为，帮助瓦西里耶夫度过北京岁月的主要动力是他的爱国情结、成为藏语教研室主任的理想和勤奋治学的执著精神、顽强坚韧的性格。① 比如，按照科瓦列夫斯基制定的学习计划，佛教是瓦西里耶夫主要研究方向之一。当时，使团的另三位成员——卡法罗夫、戈尔斯基和固里都从事佛教研究，不过，在戈尔斯基于1847年4月13日在北京病逝、卡法罗夫又于同年的4月底提前返回俄国后，整个使团便只剩下瓦西里耶夫和固里两人继续坚持佛教研究了。而且从1847年至1848年间，利用戈尔斯基留下的材料，瓦西里耶夫成功完成了两卷本的《佛教术语词典》的编辑工作。另外，他还积极学习汉、藏、满语，收集中国地图和各种文献资料。至于固里，由于热衷于政务，在佛教研究方面的作为只限于一篇题为《中国佛教徒的戒律及传戒仪式》的文章，刊登在卡法罗夫主编的《俄国驻北京传教士团成员著作集》中。

在中国期间，瓦西里耶夫还参与了中俄关系史上的一个重要事件，即清政府将举世闻名的佛教经典《甘珠尔》、《丹珠尔》经书赠予俄国一事。关于赠书一事，在清代何秋涛撰写的《朔方备乘》一书的第三十九卷有"清廷发雍和宫藏本《丹珠尔经》八百余册赠沙皇政府"的记载，具体情况是，1845年，俄沙皇尼古拉一世通过俄国东正教会第十二届修士大司祭卡法罗夫向清政府索要藏文的《甘珠尔》和《丹珠尔》各一部，经道光皇帝批准，清政府将藏于北京雍和宫的《甘珠尔》、《丹珠尔》共800多册赠予俄国。实际上，在这次赠书活动中，瓦西里耶夫起了重要作用，是他第一个建议使团直接向清政府提出请求，希望帮助寻找一些书籍，关于这件事他在日记中这样写道："我不想花钱给学校（指喀山大学——笔者注）买什么《丹珠尔》、《甘珠尔》经书，因为一直希望能把由清政府赠送给使团的、这些书的

① Хохлов А. Н., Пекинский дневник В. П. Васильева, Общество и государство в Китае, Двадцать вторая научная конференция, Часть 3, Тезисы и доклады, Москва, 1991г.

最好版本奉献给学校。而我是这次赠书行动的重要一环。当我得知在北京皇家印刷厂出售这些书籍的时候,我就征求修士大司祭的意见,问他能否给理藩院写封信,请求清政府把这些书赠送给我们。而中国人实在是太慷慨了,他们竟然没要一分钱,把书白送给了我们。如今急需解决的问题是,所赠书籍的归属问题:属于喀山大学吗,那么学校是否需要付钱?还是归使团所有。"① 由此可见,俄国政府能够获得佛教经书,瓦西里耶夫功不可没。

据中国史料记载,沙俄政府之所以索要藏文佛教经典,是为分裂中国做准备。第一次鸦片战争之后,俄国对英、法、美等国在中国所取得的权利非常眼红。为了达到瓜分中国的目的,便将目光投向了蒙古和西藏,打起了在蒙藏两地居民的社会生活中发挥重要作用的佛教的主意,企图借助珍贵的佛教经典拉拢蒙藏王公贵族。从瓦西里耶夫的叙述中,我们认为,以学生身份身处东正教使团的瓦西里耶夫,他的主要目的是为喀山大学图书馆搜集中国藏书,与沙皇政府的侵略计划应该没有关系。

总之,北京时期对于瓦西里耶夫的一生意义重大。正是在那里,他最终确定了自己的学术兴趣,完成了学术研究范围的转换,即由喀山大学时期从事蒙古学、佛学研究,进而转移并扩大到汉学研究,搜集到大量中国史籍文献,为未来学术发展奠定了坚实的资料基础。

三、归国后的瓦西里耶夫

(一)重返喀山大学时期

经过近十年的异国求学,瓦西里耶夫终于在 1850 年 9 月 18 日回到了喀山。虽然,此时的瓦西里耶夫已经在汉学研究领域取得了一定的成就,《佛教及其教义、历史和文献》的手稿,以及有关清朝历史、地理方面的大量手稿已经完成。但是回国后,他的物质生活依旧没有太大起色。在 9 月 30 日写给原喀山大学督学、时任圣彼得堡大学督学的穆辛—普希金的信中,瓦西里耶夫婉转地表达了自己的窘境,他写道:"像在北京期间一样的

① Горбачёва З. И. ,Петров Н. А. , Русский академик Васильев В. П. , Очерк по истории русского востоковедения, М. ,1956г. ,стр. 240.

让我饱受折磨的窘迫的境况,令我抵达喀山之后倍感灰心。坦言之,尊敬的大人,如果还有更大的不幸在等着我,目前的困难根本不算什么,粗茶淡饭、简陋的寓所,我全能忍受,但是,让我无法心甘情愿接受这一切的原因是,亲朋好友对我的期待,不能像我一样漠视这一切的七十岁老母的企盼。我走出大学校门已有十三个年头,我不希望那时曾经体验过的耻辱还要继续伴随我。我无名、无职、无地位,身体孱弱,头发半白。从年轻时候开始我就无背景、无靠山。我的热情正在减退,我的精神也变得萎靡。也许这是对的,就让我哪怕只有一次,怀着希冀之心展望一下那曾经长期幽暗的生活吧,我不认为这会徒劳无果。我竭尽全力地工作,虽然精通汉、藏、满语,但是目前的境况使我根本无力着手彻底完成任何一件事。"①

这段婉转的请求,一方面,体现了瓦西里耶夫当时窘迫寒酸的生活境况,另一方面,字里行间饱含着读书人的强烈自尊。令人欣慰的是,瓦西里耶夫的努力最终没有白费,在穆辛—普希金的帮助下,他先是被召回圣彼得堡向科学院作北京之行的报告,然后被派往喀山大学代替生病的汉满语教授沃伊采霍夫斯基(О. П. Войцеховский,1793~1850)的工作。另外,在 1850 年 11 月 25 日,科瓦列夫斯基在历史语文系的例会上向全系教师介绍了瓦西里耶夫在中国期间在学术研究方面所取得的重大成就,校委会还做出了给予瓦西里耶夫 500 银币奖励的决定。从 12 月 5 日起,瓦西里耶夫开始在历史语文系教授汉满语、中国历史等课程。1851 年 1 月,瓦西里耶夫被任命为喀山大学汉满语教研室编外教授,后于 1854 年 9 月 22 日转为正式教授。

在喀山大学工作期间,瓦西里耶夫为汉满语教学工作付出了大量的精力和时间,也取得了卓越的成就,主要表现为:

1. 提供大量教材。当年,瓦西里耶夫就读于喀山大学的时候,教材极度缺乏。从北京回到俄国后,他在喀山大学共执教五年,提供了一系列教材,如《藏语语法基础》(Основания тибетской грамматики)、《藏语文选》(Тибетская хрестоматия)、《佛教术语词典》(Буддийский терминолонический лексикон)的译本、《印度佛教史》(История буддизма в Индии)的

① Хохлов А. Н. Пекинский дневник Васильева В. П., Общество и государства в Китае, Двадцать вторая научная конференция, Часть 3, Тезисы и доклады, Москва, 1991г., стр. 211-212.

译本、《西藏佛教史》(История буддизма в Тибете)、《西藏地理》(Тибетская география)的藏语译本,以及《玄奘游记》(Путешествие Сюань Цзана в Индию)译本和有关契丹、女真、蒙古—鞑靼人的文献译本,甚至还包括《佛教文献》(Обозрение буддийской литературы)的汉译本和清朝官员吴南荣的《宁古塔纪略》(Записки о Нингуте)的译本等。

2. 开设大量课程。1851~1852 学年讲授的课程有:一年级汉语语法(2 课时/周)和满语语法(2 课时/周),三年级、四年级中国史籍、文学作品、官府政令翻译(2 课时/周),满语翻译(2 课时/周);1853~1854 学年为一、二、三年级增开了中国文学史(1 课时/周)和满语文学史(1 课时/周);1851~1854 学年为四年级开设中国历史讲座(1 课时/周),并为三、四年级开设了满族历史讲座(1 课时/周)等。

3. 努力完善课程设置工作。瓦西里耶夫通过各种途径完善课程设置,如,从 1853 年开始,系里聘请了喀山第一中学教师阿布—里莫夫(И. Абу—Каримов, 1800~1865)教学生汉语口语,但是不发薪酬。为了让阿布—卡里莫夫安心教学并且能够留在教研室工作,1854 年 8 月,瓦西里耶夫向校委会提出请求,建议每月发给他 14~20 卢布的酬劳。最终,教育部决定给阿布—卡里莫夫年薪 150 银币。这样,在瓦西里耶夫的努力下,不但汉语口语成了喀山大学汉语专业的常设课程,而且阿布·卡里莫夫一直工作到 1855 年 6 月,到喀山大学历史语文系并入圣彼得堡大学东方系为止。

4. 组织作文竞赛。1854 年 5 月 29 日,瓦西里耶夫建议举办题为"金朝与中国周边少数民族的关系"(Об отношениях династии Цзинь, или Золотой, к народам, обитавшим вне собственного Китая)的作文竞赛,同时,他还提供了包括《金史》、《通鉴纲目》(汉、满文本)、《满洲源流考》等在内的中文参考书目。经过校务会讨论,最后批准了瓦西里耶夫的建议。事实证明,他的倡议在一定程度上激发了学生学习和研究中国各民族文化的兴趣,同时也提高了学生进行独立研究的能力。

5. 瓦西里耶夫从中国带回的资料极大地丰富了喀山大学历史语文系的资料库,为俄国东方学的发展做出了不可磨灭的贡献。他为喀山大学图书馆所藏的汉、满、藏文书籍编辑的目录就可以充分证明这一点。据史料记载,在由瓦西里耶夫为喀山大学图书馆所藏的汉、满、藏文书籍所做的编目中,有 827 种是他亲自从北京带回来的,占总数的绝大部分。科瓦列夫斯基和波波夫（А. В. Попов，1808～1865）在对这套书目进行鉴定后做了极高评价，他们讲道，“瓦西里耶夫先生不只关心自己的研究领域，而且顾及到将要利用图书馆的几代人的研究活动。他带回的满文书籍，再加上图书馆原有的藏书，几乎涵盖了能够在中国找到的所有满文图书。藏文书籍中有一些稀世珍本，大部分的刊印地都不是北京。因此，如果政府决定在喀山大学开设藏语教研室的话，将来教师们将会在这所图书馆中为自己的学术研究找到足够他们使用多年的珍贵资料。虽然瓦西里耶夫先生带回的蒙语书籍相对较少，但是也足以丰富我们的图书馆。”①

为了使这套书目所涵盖的内容尽可能全面，瓦西里耶夫申请将俄国其他机构，特别是圣彼得堡科学院和外交部亚洲司所藏有的汉满蒙书籍也编入目录。在得到喀山教育区督学马洛斯特沃夫的允许后，1854 年初，他来到了俄罗斯帝国的首都——圣彼得堡，并在那里工作了一段时间。其间，瓦西里耶夫不但很好地完成了出差任务，而且结识了同领域的许多专家、学者，进一步扩大了视野，为未来学术发展铺平了道路。

首先，因工作关系瓦西里耶夫与俄国皇家地理协会取得了直接联系，他将自己由北京带回的 12 幅从秦至元的中国历朝地图赠送给了地理协会。其实，早在 1852 年 10 月，瓦西里耶夫就已经被推选为俄国地理协会会员。在对地图进行详细研究后，地理协会不但将瓦西里耶夫的论文《论中国古代的地理区划》（О географическом разделении древнего Китая）推荐给了《俄国皇家地理学会普通地理学论丛》，还决定出版他的译著《宁古塔纪略》。其次，瓦西里耶夫还与科学院建立了良好关系。他向科学院提交了《佛教术语词典》等书的手稿，并在科学院的推荐下，于 1854 年和 1855 年先后用俄文和德文发表了有关佛教文献的论文。

在喀山大学期间，除了教学上取得了一系列的成就外，瓦西里耶夫的个人生活也发生了重大变化。1852 年 6 月 20 日，瓦西里耶夫与喀山大学校长西蒙诺夫（И. М. Симонов）的女儿、20 岁的索菲娅 F. 伊万诺夫娜·西蒙诺娃结婚，他因此从岳父那里获得了在喀山省斯维亚什斯基县卡因基村的一小块儿作为陪嫁的领地，物质生活状况因而得到了一定程度的改善。瓦西里耶夫一生共育有三子二女，他们分别是：长子亚历山大，次女

---

① История и культура Китая. Сборник памяти Васильева В. П.，Институт востоковедения АН СССР，М. 1974г. стр. 60-61.

阿格拉伊达，第三子弗拉季米尔，第四子谢尔盖，以及小女儿“王丽雅”。长子亚历山大曾在喀山大学任教，是一位著名的数学教授，曾领导大学的数学—物理协会近20年（1885～1906），培养了一大批优秀的数学人才；第三子弗拉季米尔在喀山大学学习期间，因参与学生运动和乌里扬诺夫（Вл. Ил. Ульянов，1870～1924），即列宁一起被学校开除，后经瓦西里耶夫向教育部部长的求情又被恢复了学籍①，于1890年大学毕业；他的第四子谢尔盖是子女中唯一继承父亲衣钵的人，终生从事东方学研究。至于小女“王丽雅”，据1879年随同崇厚一起出使俄国的张德彝的记载，在岁花季之年自杀身亡，文中这样写道，“王西里之女王丽雅，因父女口角，开窗坠楼自死，时年十九岁。”②

1854年10月22日，国民教育部下发将圣彼得堡大学东方语言部改建为东方系，以及在喀山大学、喀山第一中学终止东方语教学的命令。1855年4月20日，国民教育部再次下发命令，将喀山大学历史语文系并入圣彼得堡大学东方系。5月27日，瓦西里耶夫向喀山大学校长递交离职申请，开始做前往圣彼得堡工作的准备。自此，他在喀山大学时期的生活和工作画上了一个圆满的句号。

（二）圣彼得堡大学时期

从1855年开始，直到1900年病逝，瓦西里耶夫在圣彼得堡生活、工作了将近半个世纪。从工作时间的长短来看，瓦西里耶夫在中国历史教学方面的实践活动主要是在圣彼得堡大学展开的，甚至在1893年退休后直至去世前的三个月，他仍然为圣彼得堡大学的学生全年开设“论中国的政治、历史和文学”课程，难怪有人说，“瓦西里耶夫几乎将自己的一生与圣彼得堡大学联系在了一起。”③

实际上，无论是在教学实践中，还是在汉学研究领域，瓦西里耶夫的

---

① История и культура Китая. Сборник памяти Васильева В. П., Институт востоковедения АН СССР, М. 1974г. стр. 67.

② （清）张德彝：《四述奇》，京师同文馆铅印，清光绪九年（1883），第十二卷，光绪五年二月十二日条。

③ Смолин Г. Я. Васильев В. П., и преподавание истории Дальнего Востока в Петербургском университете во втором половине XIX в., История и культура Китая, Наука, 1974г., стр. 71.

宗师地位都是在这一时期确立并得以巩固的。因此，我们将主要从他在教学方面所取得的成就来阐述这一时期瓦西里耶夫的生活和工作情况。

1855 年，瓦西里耶夫被任命为圣彼得堡大学东方系汉语教研室主任，1878～1893 年出任东方系主任。东方系的所有活动，尤其是汉满语方面的活动，直到 19 世纪 90 年代前都与瓦西里耶夫密切相关。与喀山大学时期相比，他在教学方面取得了更加卓越的成就。主要表现在三个方面：学生人数逐年增加；培养出一大批优秀人才；改进并完善了中国历史课程的设置工作。

1855 年，在东方系开课前，圣彼得堡大学东方系汉满语专业只有 3 名学生，在主要以瓦西里耶夫为首的所有教职员工的努力下，到 1859 年增至 5 名，1860 年为 8 名，而 1867 年全专业已经有学生 15 名。学生人数逐年增长的趋势，虽然还不足以说明汉满语专业教学水平的提高，但最起码可以表明汉满语专业较前已有所发展。

在培养后继人才方面，瓦西里耶夫也取得了巨大的成功。首先，他提出了更高的人才培养目标，即“东方系毕业的学生不仅可以胜任翻译工作，而且能够在外交和行政部门任职。”[①]而且，他还强调，东方系的教师必须找到一个适合自己的、固定的研究方向，才能在学术上取得更大的收获。[②]这种观点不但在当时较为先进，即使在今天，也同样具有存在价值。而在弟子中涌现出的大批优秀的汉学人才，是瓦西里耶夫教学成就的最好证明。如，主要研究汉语和中国古代史的圣彼得堡大学东方系教授格奥尔吉耶夫斯基博士，著名满学家、弗拉迪沃斯托克东方学院首任院长、1903～1907年俄国国民教育部部务委员波兹涅耶夫（А. М. Позднеев，1851～1920），在中国历史和文学研究方面取得优异成绩的著名满学家、圣彼得堡大学东方系教授伊万诺夫斯基，在中国史籍翻译方面颇有建树、19 世纪80～90年代曾在俄国驻汉口和上海等领事馆工作的外交官德米特里耶夫斯基（П. А. Дмитриевский，1852～1899），以及瓦西里耶夫研究方法的集大成者、《华俄词典》的作者、在中国国家制度、管理体制和孟子研究

---

① Горбачёва З. И. Русский академик Васильев В. П.，Очерк по истории русского востоковедения，М.，1956г.，стр. 310.

② Горбачёва З. И. Русский академик Васильев В. П.，Очерк по истории русского востоковедения，М.，1956г.，стр. 312.

方面功勋卓著的外交官、神学硕士波波夫等。

比较而言，这一时期瓦西里耶夫在教学方面的最主要成就表现在改进、完善并推动了圣彼得堡大学中国历史教学的发展。据史料记载，19世纪下半叶，圣彼得堡大学的中国历史教学状况还很落后，瓦西里耶夫曾对此作过专门分析，他特别强调了以下三点：

第一，教学人员极度缺乏。瓦西里耶夫指出，“远东史的内容极为丰富，涵盖了众多的国家，仅仅靠一名学者去研究和阐释它是远远不够的，尤其是，如果这位研究者不懂东方语言、不了解东方文献、只能利用欧洲资料进行研究的话更是行不通的。”①以及“只有一名教师教授东方历史是远远不够的。那些真正了解东方语言、能够运用原始文献的教授才是名副其实的专家。”② 他郑重呼吁，“教授中国及远东国家历史课程的人才严重缺乏，系里必须尽快采取措施培养人才。”③ 对此斯莫林考证后指出，按照1863年大学章程的规定，东方历史教研室应设有一名教授和两名副教授编制，但实际情况是，长期以来都只有一人在工作。④ 此后，虽然在瓦西里耶夫的倡导下，东方系在中国历史教学人才的培养方面有所举措，即从1862年春天开始，瓦西里耶夫的学生米纳耶夫被指定为培养对象，专门从事东方史地研究，但是实际上，他与东方历史教研室只维持了短暂的关系，也就是说，教学人才短缺的问题并未从根本上得到解决。

第二，教材缺乏，尚未使用中国史籍。瓦西里耶夫认为，当时教学中所使用的教材大都是欧洲或者俄国印刷出版的书籍，中国历史文献资料根本没有或很少涉及。⑤ 瓦西里耶夫认为，这是中国历史教学的主要缺陷之一。

第三，专业化水平较低。用瓦西里耶夫的话讲，“东方历史教研室东亚

---

① Смолин Г. Я., Васильев В. П. и преподавание истории Дальнего Востока в Петербургском университете вовтором половине XIX в., История и культура Китая, Наука, 1974г., стр. 73.

② Васильев В. П., О преподавании восточных языках в России,《Восточное обозрение》, 1886г., No 8, стр. 8.

③ Смолин Г. Я. Васильев В. П. ,и преподавание истории Дальнего Востока в Петербургском университете во втором половине XIX в., История и культура Китая, Наука, 1974г., стр. 78.

④ 1863～1878年是格里戈利耶夫（В. В. Григорьев）教授，1878～1890年是维谢洛夫斯基（Н. И. Веселовский）教授。

⑤ Смолин Г. Я., Васильев В. П. и преподавание истории Дальнего Востока в Петербургском университете во втором половине XIX в., История и культура Китая, Наука, 1974г., стр. 79.

国家国别史的范围过于狭窄，虽然将南亚和东南亚也列入了进来，但实际情况与名称并不相符”，以及“这种状况只能解释为，当时在远东国家历史教学方面还未达到科学的专业化发展水平。”①

针对上述落后状况，瓦西里耶夫在课程设置、教材编撰、人才培养、历史学科的专业化等方面做出了很多努力，也取得了一定收获。

第一，他进一步扩大和完善了中国历史课的授课内容，“19 世纪中叶中国的行政区划”，“公元前 12 世纪之前的中国古代史”，以及“从东周、西周至清代中国历朝史”和“中国史籍”等课程相继设立。这些历史课程在内容上涉及了鲜卑、契丹、女真、蒙古等中国少数民族的历史。此外，在时间上瓦西里耶夫严格按照朝代出现的先后排序，这一点不但在“从东周、西周至清代中国历朝史”课程上有所体现，而且在他亲自制定的“汉语、中国历史、中国文学教学大纲”中也作了明确规定，其中一个专题的题目就是“时代篇·总论中国历朝兴衰之原因”。②

除了为汉满语专业学生授课，瓦西里耶夫还直接参与了东方历史教研室的教学工作。早在该教研室成立之初的 1863 年，瓦西里耶夫不但对课程设置非常关心，而且在中国历史、考古、地理方面的教学实践也变得更加活跃。作为汉满语教研室的教授，他同时为东方历史教研室开设东亚国家历史、地理、律法课程，他甚至利用自己手中掌握的大量中俄关系史资料，将中俄关系的内容引入了课堂。应该说，瓦西里耶夫的教学实践活动在一定程度上起到了完备东方历史教研室课程设置、拓宽学生知识面的作用。

第二，为了授课需要，瓦西里耶夫还在教学大纲的制定和教学材料的编写方面作了大量的工作：他为中国历史课程制定了专门的教学大纲，该大纲一直沿用了几十年③；他还利用中国和印度文献资料准备了西藏历史

---

① Смолин Г. Я. Васильев В. П. ,и преподавание истории Дальнего Востока в Петербургском университете во втором половине XIX в. , История и культура Китая, Наука, 1974г. , стр. 78.

② Смолин Г. Я. , Васильев В. П. и преподавание истории Дальнего Востока в Петербургском университете во втором половине XIX в. , История и культура Китая, Наука, 1974г. , стр. 72.

③ Смолин Г. Я. , Васильев В. П. и преподавание истории Дальнего Востока в Петербургском университете во втором половине XIX в. , История и культура Китая, Наука, 1974г. , стр. 72.

讲义①,遗憾的是,这门课程最终未能开设成功;从19世纪60年代末开始,瓦西里耶夫开始花费更多精力致力于教材出版工作,其中就包括中国和其他东亚国家历史、考古、地理方面的教材。1866年,《汉语文选第一版之补充》(Примечания к первому выпуску китайской хрестоматии)问世,后来又接连出版了《中国地理概述》(Краткий очерк географии Китая)、《中国古代地理区划》(Древнее географическое разделение Китая)、《西藏地理》(География Тибета)等。后面我们专门讲到的瓦西里耶夫的专著《元明两朝关于满洲的资料》,也是在1855~1858年教学笔记的基础上著作完成的。用巴尔托里德的话说,"当时,瓦西里耶夫把自己的绝大部分精力都花在了为学生提供必备的教材上。"②

除了历史方面,瓦西里耶夫还编辑出版了其他方面的教材,如,1863年,《满语文选》(Маньчжурская хрестоматия для первоначального преподования)出版,这是俄国第一部满语教材;1866年,石印的满俄词典(Маньчжурско-русский словарь, составленный для руководства студентов проф. СПб-ского университета В. П. Васильевым)面世。同年,瓦西里耶夫在汉语语言学研究方面的力作《汉字分析》(Анализ китайских иероглифов)出版,书中详细分析了当时中国和欧洲流行的以部首原则编排的各类词典,1867年,另一部力作《汉字字形系统》(Графическая система китайских иерографов)出版,这是国外第一部按字形检索的汉俄词典,被指定为圣彼得堡大学东方系学生学习汉字的主要教材。1868年,三卷本的《汉语文选》(Китайская хрестоматия, изданная для руководства студентов професором В. П. Васильевым)出版,著名中国学家斯卡奇科夫曾指出,这本书不但用于教学,而且它后来还成为历代中国学家阅读汉文的参考书。③

实际上,当时东方系的教材出版十分困难,一方面,是因为学校经费紧

---

① Смолин Г. Я., Васильев В. П. и преподавание истории Дальнего Востока в Петербургском университете во втором половине XIX в., История и культура Китая, Наука, 1974г., стр. 73.

② Григорьев В. В., Императорский Санкт-Петербургский университет в течение первых пятидесяти лет его существования. Историческая записка, СПб., 1870г., стр. 417-418.

③ [苏]П. Е. 斯卡奇科夫:"俄国著名汉学家瓦·巴·瓦西里耶夫",载《黑龙江社会科学》,1995年第3期。

张，更主要的原因在于，19 世纪下半叶，尤其是 60 年代，随着俄国社会革命情绪的不断高涨，书报检察机关采取各种手段遏制进步思想的传播。另外，俄国当时还没有用于排版的汉文铅字，工作人员又不懂汉字，瓦西里耶夫不得不一遍一遍亲自进行校对，这就使得他的教材出版工作难上加难。

第三，瓦西里耶夫还利用各种途径激发学生对中国历史和史料的兴趣，将其看作对中国历史进行批判性研究的必要条件。1889 年，在瓦西里耶夫的鼓励下，学生泽宾（Л. Зыбин）将朱熹的《资治通鉴纲目》由汉、满语译成了俄文。后来，瓦西里耶夫又倡导开展有关汉、藏、蒙、满、东土库曼斯坦、日本等民族历史为创作主题的作文竞赛。在他的建议下，1865 年圣彼得堡大学创办了月刊杂志《亚洲评论》（Азиатское обозрение），刊登的文章主要以有关亚洲国家历史、地理、文学、律法、宗教和古迹方面的文章为主。上述举措在一定程度上为学生了解中国及其历史提供了更为宽泛的途径。

第四，为俄国中国历史研究从哲学、国情学中分化成为一门独立的学科及加速其专业化进程积极奔走。在他的倡导下，1890 年年初的圣彼得堡大学东方系例会专门讨论了"历史教研室课程设置问题"，瓦西里耶夫提议，必须采取措施提高对中国历史教学与研究的作用和意义的认识，他重点指出，中国历史课程应属于历史教研室，而非汉满语教研室。圣彼得堡大学校委员会对此建议给予了高度重视，最后研究决定，授予瓦西里耶夫的学生、在中国历史研究方面成果突出的格奥尔吉耶夫斯基博士教授职称，同时授命他专门开设中国历史讲座，集中精力对远东历史进行研究。① 格奥尔吉耶夫斯基随之成为继瓦西里耶夫之后圣彼得堡大学教授中国历史课程和对中国历史进行研究的教授。② 虽然，事情的结果并没有完全符合瓦西里耶夫的初衷，中国历史课程仍归属汉满语教研室开设，格奥尔吉耶夫斯基也始终属于汉满语教研室编制。③ 不过，瓦西里耶夫的倡议以及

① Смолин Г. Я., Васильев В. П. и преподавание истории Дальнего Востока в Петербургском университете во втором половине XIX в., История и культура Китая, Наука, 1974г., стр. 79.

② 格奥尔吉耶夫斯基开设的课程主要有"中国历史简论"、"当代中国地理与政治体制"等；其主要著作有 1885 年发表的《中国初史（迄于秦始皇）》（硕士论文）、1888 年发表的《对反映古代人民生活史的象形文字的分析》（博士论文）等。

③ 继格奥尔吉耶夫斯基之后，中国历史课程由波兹涅耶夫讲授，1896 年，他成为第一个隶属于东方史教研室、教授中国历史课程的教师。可以说，直到此时瓦西里耶夫的愿望才最终实现。

格奥尔吉耶夫斯基的中国历史教学实践，一方面，真实反映了当时圣彼得堡大学进行中国历史教学与研究的迫切需要，另一方面，就俄国汉学学科的发展来说，瓦西里耶夫的观点和努力在一定程度上为俄国中国历史教学与研究的专业化进程指明了方向。

第五，瓦西里耶夫一直为提高俄国对东方历史、语言、民族的重视进行着顽强抗争。1890 年，作为东方系系主任，他明确提出，必须提高对开设中国历史课程的意义和作用的认识的观点，而这与当时中国在国际上地位的急剧下跌密切相关：19 世纪下半叶伴随中国与西方列强接触中在政治、经济、军事等方面屡遭惨败，在俄国高校内也出现了对东方国家，其中主要是对中国的历史、语言、民族等诸多方面肆意贬低的现象。发展到七八十年代已经愈演愈烈，比如，瓦西里耶夫提出的教授中国及其邻近国家历史的教师必须懂得东方语言、了解东方历史文化的观点，就曾遭到以维谢洛夫斯基（Н. И. Веселовский，1848～1918）为代表的一些教授的坚决反对，后者甚至明目张胆地贬低中国历史文献的价值和中国史学家的能力，他扬言，“中国历史文献对教学毫无用处，中国历史学家根本是思维混乱。”①

其实，早在五六十年代，瓦西里耶夫就从东方语言入手，与此种观点进行了激烈斗争，他于 19 世纪下半叶著作完成的文章《论俄国的东方语言教学》（О преподавании восточных языках в России）、《论俄国开展东方语言学教学的必要性》（О необходимости распространения у нас восточного языкознания）和《论汉语对中亚语言的态度》（Об отношениях китайского языка к среднеазиатским）等，都是此次斗争的结果。按照瓦西里耶夫的观点，俄国当时对研究东方国家、民族的意义重视不够，他批评指出：

“出现了一种新的、可怕的思潮：其观点与古典主义齐心携手，对实用科学的意义肆意抬高，却一味否定东方语言的存在价值，仿佛研究拟鲤或者海蜇都比研究真实存在的、活生生的、富有情感的东方民族的语言、文学、历史来得高尚。”②

瓦西里耶夫认为，俄国有广阔的领土与人口众多的东方国家接壤，因

---

① Перов Н. А.，Русский китаевед академик В. П. Васильев（1818-1900）——《Очерки истории русского китаеведения》，СПб.，Москва，1956г.，стр. 314-315.

② Васильев В. П.，О преподавании восточных языках в России，《Восточное обозрение》，1886г.，No 7，стр. 9.

此"俄国的东方语言研究是科学发展的前提条件,也是管理国家的必然要求。"① 他主张,在远东地区及西伯利亚的一些城市必须开设东方语言教学,取代那些已经消亡的古代语言课程,因为在他看来,"在伊尔库茨克、弗拉迪沃斯托克和土库曼斯坦,现存国家的语言远比那些已经消亡了的语言更具实用价值。"②

瓦西里耶夫在中国历史教学方面的贡献得到了俄国学者的高度评价。斯莫林对他在该领域的成就作了充分肯定,他指出,瓦西里耶夫不但是俄国第一个开设专门的"中国及其邻国历史课程"的学者③,而且在俄国中国历史研究的专业化方面功不可没,用他的话说,"从19世纪末期开始,作为中国学综合研究领域之一的俄国的中国历史研究,已经具有从哲学、国情学中分化成为一门独立的学科的趋势,……而瓦西里耶夫不但是俄国东方学处于综合发展阶段的典型代表,而且他清醒认识到中国历史研究的专业化是俄国东方学专业化的重要条件的学者。"④ 圣彼得堡大学的另一些知名教授对瓦西里耶夫在该领域的贡献同样给予了较高评价。巴尔托里德认为,他不但"改变了东方系在历史课程的设置方面最初只开设中国历史、奥托姆王朝史的单一状况"⑤,而且"在他的影响下,19世纪50年代末期东方系对历史课程发展的关注也有所加强"⑥;东方系第一任系主任、东方学家卡杰姆贝克(А. К. Казембек, 1802～1870)也认为,"瓦西里耶夫开设的历史课程是统一的、完整的,……在内容上囊括了中国历史的全部历程,在体系上是连续的,他清晰地向学生传达了几乎关于中国所有重要历史事件

---

① Васильев В. П., Материалы для истории факультета восточных языков, т. 1, 1851-1864гг., СПб., 1905г., стр. 67.

② Васильев В. П., О преподавании восточных языках в России,《Восточное обозрение》, 1886г., No 8, стр. 10.

③ Смолин Г. Я., Васильев В. П. и преподавание истории Дальнего Востока в Петербургском университете во втором половине XIX в., История и культура Китая, Наука, 1974г., стр. 71.

④ Смолин Г. Я., Васильев В. П. и преподавание истории Дальнего Востока в Петербургском университете во втором половине XIX в., История и культура Китая, Наука, 1974г., стр. 79.

⑤ Бартольд В. В., Материалы для истории факультета Восточных языков, т. IV, СПб., 1905-1909гг., стр. 116.

⑥ Бартольд В. В., Материалы для истории факультета Восточных языков, т. I, СПб., 1905-1909гг., стр. 337.

的相关知识”[1];另一位汉学家伊万诺夫的评价更高,他称,瓦西里耶夫所编撰的教材“在俄语世界独领风骚的状况持续了很久”。[2]

不过,与此同时,我们必须看到,虽然瓦西里耶夫为俄国中国历史教学花费了大量的心血,但是他一人之力毕竟微薄,实际效果也不是很大,以下事实足以说明这一点:1890 年 4 月东方系考试委员会不但明确指出,远东史专业的学生在 1889 ~ 1990 年的毕业考试中水平较差,而且还在报告中突出强调,“令人忧虑的结果清晰地表明了学生自身水平与东方历史这样内容丰富的课程之间的巨大反差”。[3] 另外,虽然瓦西里耶夫为俄国中国历史研究的专业化发展指明了方向,但是在圣彼得堡大学东方系他非但没有获得任何支持,而且其建议也屡屡被以种种借口所婉拒,正如汉学家彼得罗夫所说,这“直接导致了俄国汉学家对本专业领域进行深刻研究滞后几十年的严重后果”。[4]

而且,在生活上,五六十年代的瓦西里耶夫仍然继续着以往的窘迫。1866 年,随斌椿出使俄国的同文馆学生张德彝曾在圣彼得堡见到过瓦西里耶夫,并在记录欧洲之行的《航海述奇》一书的“何酣丹瑞俄日记”一节中描述了这位清苦的教授,文中写道,“(同治五年六月初七——笔者注)晚,有本国人王书生[5]者拜。其人白发长眉,曾驻京十载,善华言,中土情形知之甚详,并能翻写满汉文字,极其精通。明[6]遂与之游,延入其家,见其妻与三子二女。其家清苦。言自中国换班后,即设帐于俄京,授读满汉。耐所入馆奉不敷度之,而子女皆幼,不克养赡。斯人者,可谓勤于为学而拙于谋生矣。倾谈良久,时作叹息声。余取出三四卷满俄合璧书与看,且献洋饼,形如重阳花糕者二盘劝食,并佐清茶一杯。明遂谢而辞归。”[7]

按照张德彝的记述,两天之后,瓦西里耶夫还曾亲自为使团人员送行,

---

① Бартольд В. В. , Материалы для истории факультета Восточных языков, т. I, СПб. , 1905-1909гг. , стр. 337.

② Иванов А. И. , В. П. Васильев как синолог, ——ИРАН, сер. VI, 1918г. , No, 7.

③ Бартольд В. В. , Материалы для истории факультета Восточных языков, т. I I, СПб. , 1905-1909гг. , стр. 172.

④ Перов Н. А. , Русский китаевед академик В. П. Васильев(1818-1900)——《Очерки истории русского китаеведения》, СПб. , Москва, 1956г. , стр. 314.

⑤ 王书生就是瓦西里耶夫。

⑥ 指张德彝自己,他又名德明。

⑦ (清)张德彝:《航海述奇》,云麓书社,1985 年,第 554 页。

他写道,"予初国寓,有王书生闻明等于次日登程,亲賫糖果践行,多方挽留,情谊殷恳。明辞以半年之限将满,须急作归计。伊云:'公等再临敝邑,乞先赐音,以便欢聚数日,并祝一路福星,荣旋故里。'言讫而别。"[①]

这位在张德彝记忆里"勤于为学而拙于谋生"、"时作叹息声"的瓦西里耶夫,在1870年抵达圣彼得堡的中国出使官员志刚笔下的面貌已经大为改观,他这样写道:"有前在中国学习华文、今充其本国教习名瓦西礼[②]者来晤,年已望六,执礼甚恭。论西洋事俱有见解,唯西洋各事中国无不可行,唯天主教断乎不宜;曾读中国书,论古事则尚功利而薄迂腐。仍是耸动中国早行西法之意。较之教士来劝入堂免罪者,其识见迥乎不同。斯人者,真不愧读中国书者矣。"[③]

由此可见,此时的瓦西里耶夫不但一扫四年前的寒酸落魄,而且开始对中国时政表现出一定的兴趣,提出了中国应该"早行西法",以及"唯天主教断乎不宜"的主张。到了1879年,在崇厚率团访俄时,以翻译身份出访的张德彝在《四述奇》中所记录的使团在圣彼得堡寓所举行的元宵酒会上,也出现了"官学满文教习王西里又名王书生"的身影。实际上,瓦西里耶夫当时的确经常参加亚洲司安排的一些外交活动。[④]

其实,这一时期,正是瓦西里耶夫人生旅途的黄金阶段,事业的高峰期。1887年,为庆祝瓦西里耶夫参加教学工作50周年,弟子们将筹集到的6068卢布转交给圣彼得堡大学东方系,用于设立"瓦西里耶夫教授、院士奖学基金"之用。为了表示祝贺,4月14日,德米特里耶夫斯基还从遥远的中国汉口发来一封感情真挚的贺信,波兹涅耶夫甚至在同德米特里耶夫斯基的通信中将瓦西里耶夫称作"我们的家长"。[⑤] 这一切让长期以来寒酸窘迫、谨慎谦卑的学者欣喜异常,喜悦之情无以言表。

除了学生们的爱戴,这一时期,瓦西里耶夫在学术研究方面同样取得了辉煌成就:他的大量著作和研究性论文几乎都是在这一时期出版和发表的,再加上原有的成果,瓦西里耶夫一生著作出版了包括译著在内的俄文

---

① (清)张德彝:《航海述奇》,云麓书社,1985年,第558~559页。

② 瓦西里耶夫的名字的又一译法。

③ (清)志刚:《初使泰西记》,云麓书社,1985年,第346页。

④ 蔡鸿生:《俄罗斯馆纪事》,广东人民出版社,1994年,第121页。

⑤ Горбачёва З. И. Русский академик Васильев В. П., Очерк по истории русского востоковедения, М., 1956г., стр. 321.

版著译共计30多部。而且，他的文章多数发表在《东方评论》、《圣彼得堡皇家科学院院报》、《呼声》、《新时代》、《俄国通报》等当时比较有名的、经常刊载有关东方问题的杂志上。

值得一提的是，已经面世的著作和文章只是瓦西里耶夫中国学成就的一小部分，其学术研究大部分以手稿的形式保存在档案馆中，另有一部分已经散失。现藏于俄罗斯科学院档案馆列宁格勒分馆的佛教研究方面的手稿有译著《玄奘游记》（Путешествие Сюань Цзана），专著《百论》（Шаташастра. Балунь）、《佛教各流派文献述评》（Обозрение буддийской литературы по школам），以及《佛教术语词典（翻译名义大全）》（Буддийский терминолонический лексикон. Махавъюпатти）、《智旭辑〈阅藏知津〉》（Юе цзан чжи цзинь, составленный Чжи Сюем.）；还有一些汉语教材，如《论汉语的特点》（О свойствах китайского языка）、《满语语法》（Маньчжурская грамматика）、《关于中国象形文字新体系的资料与研究》（Материалы и исследования——О новой системе китайских иероглифов, называемой графической）、《附〈汉语文选〉资料》（Материалы к китайской хрестоматии）、《语言学简介与研究》（Лингвистические заметки и исследования）、《附汉语语法课及语义课材料及简介》（Обширные материалы и заметки к лекциям по грамматике и синтаксису китайского языка）、《汉满语百科辞典》（Энциклопедический китайско-маньчжурский справочник）、《附汉俄词典资料及方案》（Материалы и варианты к китайско-русскому словарю）、《汉、满、俄小辞典》（Небольшой китайско-маньчжурско-русский словарь）、《列昂季耶夫译〈八旗通志〉中按字母先后顺序排列人名目录》（Алфавитный реестр имен тех лиц, биографии которых помещены в Паци-тун-чжи, в переводе Леонтьева）、《汉语南方方言英语转译字母索引》（Алфавитный указатель английской транскрипции южно-китайских наречий）、《汉俄语调、语音术语词典》（Тонический или звуковой китайско-русский терминологический словарь）、《汉俄术语小辞典》（Небольшой китайско-русский）、《汉字草书词典》（Словарь китайской скорописи）、《汉俄同义形容词词典》（Китайско-русский словарь синонимических эпитетов）、《俄汉满词典》（Рсско-китайско-маньчжурский лексикон）、《满俄词典资料》（Материалы для маньчжурско-русского словаря）、《满语文选资料》（Материалы к маньчжурской хрестоматии）、

《附〈汉字分析〉资料》(Материалы к Анализу китайских иероглифов)。在瓦西里耶夫的手稿中,佛教和教材方面的著述占绝大多数,倘若它们都能得以出版,对俄国汉学、乃至世界汉学的贡献应该更大。

不仅如此,在著作等身和教学成就卓著的情况下,荣誉的桂冠也接连落在瓦西里耶夫身上:自1851年成为俄国历史上第一位汉学家教授后①,1857年12月他被推选为俄国考古协会会员,1864年12月博士论文《元明两朝关于满洲人的资料》(Сведения о маньчжурах во времена династий Юань и Мин)顺利通过答辩成为俄国汉学界第一位博士。② 从此,瓦西里耶夫的知名度日益高涨,头衔也越来越多,其中最重要的一项是,1866年,他被选为俄国科学院通讯院士, 1886年,成为正式院士,他从通讯院士到正式院士之路走了整整20年。1887年5月18日,被推选为圣彼得堡大学荣誉成员。

在圣彼得堡大学工作期间,瓦西里耶夫还以自己的学术研究加强了俄国汉学与欧洲汉学的联系。1881年8月25日至10月10日,他到欧洲学术出差,参观各大图书馆的汉语书籍收藏情况,其间参加了9月在柏林举行的"第五届国际中国学家"大会,与欧洲同行见面,了解世界汉学发展趋势。

1890年,72岁高龄的瓦西里耶夫第二次踏上中国领土,在伊犁、塔城、阿拉木图、塔什干,以及其他一些城市考察,在给俄国科学院主席康斯坦丁大公的信中,表述了他对俄国商品进入中国西北市场的喜悦之情,信中写道,"……令我惊喜的是,……在西部省份新疆的广大土地上,到处充斥着俄国商品,就连俄国茶叶也运到了这里。在赤塔,到处是乌兹别克人、鞑靼人、吉尔吉斯人;他们还把面包摆到了中国市场上;在规模宏大的商站,很少见到中国民居,而是遍布着商亭。在伊犁,俄国居民占了人口总数的三分之二;俄国商队甚至抵达了远离国境一千俄里的乌鲁木齐。伊犁城里,为运送货物设有专门的车夫和马车,而且还为远行的人配备了公共马车,很多中国官员都喜欢乘坐俄国马车,他们还是俄国烟、俄国酒的爱好者。

---

① Васильев Л. С., Корифей русскоого китаеведения, ——《История и культуры Китая》, Наука, Москва, 1974г., стр. 8.

② Смолин Г. Я., Васильев В. П. и преподавание истории Дальнего Востока в Петербургском университете во втором половине XIX в., История и культура Китая, Наука, 1974г., стр. 72.

无论是在伊犁，还是赤塔，都通行俄国纸币，并且可以与中国白银相兑换……”①不难看出，晚年的瓦西里耶夫对中俄关系问题非常热衷，大量政论作品的问世也充分证明了这一点。

1893 年，瓦西里耶夫辞去东方系系主任之职，同时也从教学岗位上退了下来，但是在不收取任何报酬的情况下，他仍然坚持为汉满语专业学生授课，一周两小时，直到去世前三个月才停止。

1900 年 4 月 27 日，瓦西里耶夫在圣彼得堡因病去世，享年 82 岁。

综上所述，瓦西里耶夫才华横溢，掌握汉、满、蒙、藏、梵、朝等东方语言。他性格坚韧、勤勉刻苦，克服种种困难，执著地致力于汉学研究和教学实践工作，是 19 世纪下半叶俄国汉学的领军人物。他成就卓著，在中国历史、宗教、文学等众多领域取得了累累硕果，其著述构成了半个世纪间俄国汉学大约百分之九十的内容。瓦西里耶夫为俄国汉学研究的深入发展培养出一百多名优秀汉学家和东方学家。总之，瓦西里耶夫为俄国汉学发展做出了卓越贡献。

① Хохлов А. Н. , Внешняя политика Китая в публикациях В. П. Васильева, Общество и государства в Китае, Двадцать пятая научная конференция, Часть 3, Москва, 1994г.

第二章
中国历史研究

在俄国汉学史上，瓦西里耶夫因其在中国历史研究中做出的重要贡献，被称作19世纪下半叶俄国该领域的杰出代表。俄罗斯学者在对俄国东方学的发展历史进行梳理时，专门提到瓦西里耶夫在历史方面的成就，文中写道，“在亲身经历和对丰富的历史文献进行研究的基础上，瓦西里耶夫完成了一系列富有学术价值的中国史地著作”。[①] 另外，圣彼得堡大学历史教授巴尔托里德也曾指出，“瓦西里耶夫中国历史方面著作的重要意义可以与他的佛学研究相提并论”。[②]

一、研究成就综述

瓦西里耶夫在中国历史研究方面取得了卓越成就，他在该领域的著译大都发表于19世纪五六十年代。其中最具代表性的专著是《10～13世纪中亚东部的历史和古迹》（История и древности Восточной части Средней Азии от X до X111в）和《元明两朝关于满族人的资料》（Сведения о маньчжурах во времена династий Юань и Мин），译著《大清初期对蒙古人的安抚》（Приведение в покорность монголов при начале Дайцинской династии）以及大量关于中国历史、考古的文章。

（一）《10～13世纪中亚东部的历史和古迹》

这部著作于1857年问世，在圣彼得堡由皇家科学院石印出版，为32

① История русского востоковедения, http://www.tatar.museum.ru/univer/raz.vost.htm.

② Бартольд В. В., Исторические и географические труды Васильева В. П., ——ИРАН, сер. ,1918г., No. 7.

开本，全书共235页，由“正文”和“译文”两部分组成。《10～13世纪中亚东部的历史和古迹》记录的是10～13世纪中国东北部地区少数民族的历史，内容较为详尽，将“契丹史”、“金史”、“蒙古史”都分章作专门介绍。正文之后，是从《契丹国志》和《蒙鞑备录》中节译下来的关于该民族历史的补充材料，共70页左右，内容主要是介绍契丹、女真和蒙古族的民族起源、历史、风俗、生活方式、取仕制度等的小文章。“正文”共包括七章，前有引言，后设结语。

其中，“引言”原文缺标题，共六页。瓦西里耶夫采取层层递进的方式言简意赅地阐明了自己选择这一研究课题的目的和意义。他在高度评价比丘林在中亚民族研究中所取得的巨大成就的同时，指出其不足之处在于遗漏了契丹人和女真人的历史，分析了原因，并适时地强调了这两个民族在中亚历史上的重要性，文中这样写道：

“……契丹人和女真人的历史……是中亚民族最重要的史实之一，缺少了这些史料，我们甚至无法阐述成吉思汗及其率领的蒙古之所以强盛起来的原因。因此……我决定尽一切可能弥补上述不足。……西部城市长安在中国历史上长期被选作都城，足以说明当时的执政者把大部分力量投放在了饱受西部各民族威胁的地区。从10世纪开始北京成为中国的首都，直到今天。从此西北部的各民族在政治上丧失了原有的重要性……而且从这时开始直至成吉思汗出现、蒙古建国前，契丹人在东亚日渐强盛起来……”①

第一章的题目是“契丹史”，全文共18页。开篇阐述了“契丹”这一名称的由来，他接受了比丘林在《古代中亚各民族资料汇编》中所认为的“‘契丹’一词最早出现在拓跋圭建立的北魏时期”②的观点，根据《辽东志》的记载介绍了该词在不同历史时期的演变，并详细描绘了契丹族所在的地理位置。在该部分中，瓦西里耶夫首先重点介绍了契丹的历史发展轨迹。他写道：

“在10世纪之前并未建立独立政权，因此在宋朝以前很少骚扰中国边

① Васильев В. П. История и древности Восточной части Средней Азии от X до X111в, СПб., 1857г., стр. 2-5.

② Васильев В. П. История и древности Восточной части Средней Азии от X до X111в, СПб., 1857г., стр. 7.

境。……北齐和隋朝时期因进犯边境曾被中国军队打败，遭重创，很多契丹人远走高丽，自此长期受制于突厥人，大贺氏还曾接受过突厥的封号。后随着唐朝的强大，在其帮助下逐渐摆脱突厥人的控制，又因协助唐军攻打高丽有功获封号，其领土皆被划入松漠都督府管辖，与此同时，在契丹大贺氏联盟的内部也发生着争权斗争，失活、娑固、可突于曾先后掌权，唐朝政府和契丹之间始终进行着控制与反控制的斗争，安禄山曾试图降伏契丹，后大败而归，自此直至公元840年前唐与契丹之间的关系才趋于和睦，契丹首领经常来唐都朝贡，目的是为获得丰厚的回赠。期间曾被回鹘控制，但是到了9世纪末期遥辇氏鲜质（西尔之）可汗时期，随着部落联盟的逐渐强大；契丹开始大肆抢掠唐、回鹘、室韦族的土地。在五代时期契丹变得更强大，在多次进攻唐朝失败后，耶律阿保机经过部落选举仪式取代遥辇成为部落联盟长。”①

其次，瓦西里耶夫介绍了耶律阿保机创建辽国的经过，以及积极向外扩张的史实。他根据《辽史》的记载，对耶律阿保机的出生年月、传奇身世和显赫战功作了详细描述，包括他如何登上联盟长宝座，如何进攻室韦族和女真族，如何抗击刘仁广领导的唐朝军队，以及在部落联盟内部如何组织改革和镇压弟弟剌葛发动的暴乱，最终于公元916年自称“天皇帝”建立辽国，定都上京。至于建国后的对外侵略扩张，瓦西里耶夫介绍了战事情况，包括向南从916年至924年大肆侵略中原，侵占唐的大片土地，向西北侵略突厥、党项等族，向东于925年出征渤海女真人、建东丹国，耶律阿保机于公元926年死在扶余府等。

第三，瓦西里耶夫还介绍辽太宗统治时期的内部状况和外部关系。内容包括辽太宗耶律德光在述律太后的帮助下登上皇位的过程，以及与其兄耶律倍之间的争权斗争，并描述了在辽太宗领导下契丹灭后唐和晋的历史事件，突出强调了辽太宗死后辽国内部的皇权之争和辽世宗的领兵南侵，辽穆宗、辽圣宗时期的对宋战争，以及与西夏、鞑靼、回鹘和高丽之间的战争。

在“契丹史”部分的最后，瓦西里耶夫还对强盛时期辽的疆域作了说明，并简要介绍了道宗皇帝和宣懿皇后，以及最终擅取辽国大权的耶律

---

① Васильев В. П. История и древности Восточной части Средней Азии от X до X111в, СПб., 1857г., стр. 7-12.

乙辛。

第二章的题目是“契丹史之补充(摘自《契丹国志》)”,属于译文。这部分文字较少,只有六页半左右,是从《契丹国志》第二十二卷“州县载记”中节译下来的,瓦西里耶夫舍去了本卷开端的“五京”、“六大藩府”、“八处观察防御团练府”、“七十余处刺史州”、“辽东边远县”,以及“控制诸国”等名称的介绍,结尾的“四京本末”部分也舍弃了,只选择了中间的“四至邻国地里远近”,详细介绍了契丹至周围诸国的远近距离,如东南的“新罗国”、东北的“女真国”、南部的“阿里眉”等国,以及契丹族、蒙古东南部的奚族、契丹东部渤海国的女真各族情况。这部分译文并非逐字逐句的对译,而是参照原文摘译下来的,其间还夹杂着作者的评论,比如,一开篇瓦西里耶夫就写道,“契丹国虽然存在了两个世纪,地理位置也坐落于东亚地区,但是其疆域远远没有达到像今天的蒙古和清朝那样辽阔。”①

第三章题为“关于室韦族资料之补充”。这部分内容更少,只有短短的两页。主要讲述了室韦族的地理位置和四周疆域,以及丰富的自然资源。

第四章题为“关于奚族资料之补充”。该段文字也较少,只有三页。瓦西里耶夫简要介绍了奚族的民族起源、地理位置、相邻各族,以及与契丹、鲜卑、汉族之间的关系。

第五章题为“旅者胡峤”。这部分文字也属译文范畴,是根据《契丹国志》“卷二十五 胡峤陷北记”整理翻译而来,全文共四页。内容基本与原文一致,记述了同州合阳县令胡峤在居留契丹七年回到中原后,对自己亲见的契丹的人文地理、国土风情等诸多方面的描述。

第六章题为“女真史或金史”。这是“正文”部分文字最多的一节,有83页之多,占全书三分之一以上,主要包括以下几个方面的内容:第一,“女真”名称的由来和民族起源。按照瓦西里耶夫的观点,“女真”的叫法起源于契丹人,后来才在东方传播开来②,他还简要介绍了阿骨打出现以

---

① Васильев В. П. История и древности Восточной части Средней Азии от Х до Х11в, СПб., 1857г., стр. 25.

② Васильев В. П. История и древности Восточной части Средней Азии от Х до Х11в, СПб., 1857г., стр. 41.

前女真和契丹的关系。至于女真的族源问题，瓦西里耶夫用墨较多。他认为，与满族和契丹族相比，关于女真的历史资料最为详细。[①] 他以完颜部长久保留下来的历史传说为切入点，详细介绍了在不能记忆的年代，完颜部的一个妇女与高丽人函普通婚，函普立约，函普的后代征战四方，大量降伏周围的部落，最后完颜部乌古遒成为部落联盟长，以及乌古遒之子劾里钵与各部落之间和在本部落内部所进行的一系列斗争，以及盈歌统一女真各部，乌雅束与高丽交战等内容；第二，金国的建立。主要内容包括介绍阿骨打的封号"都勃极烈"的含义，并阐述了阿骨打大败辽军、占领辽东，于公元1115年创立金国，随之大举进攻辽国，并于1122年攻入燕京，灭辽，在此前的1119年阿骨打命令完颜希尹创造了女真文字，1123年辽太祖阿骨打病死等内容；第三，金国与宋朝的关系。内容包括1125年金太宗下诏伐宋，宋战败后割地、赔款、称臣，直至1127年宋徽宗和宋钦宗被俘、北宋灭亡的经过，以及1127～1130年间金国出兵侵犯南宋，川陕将士在张浚的率领下抗击金军的斗争，岳飞对兀术领导的金军的抗击及抗金失败和他本人被害的过程，并强调指出，南宋朝廷一味割地求和之时金国不但发展至最强盛时期，而且模仿辽国设置官制；第四，金与蒙古的关系。瓦西里耶夫指出，"官方史书对此只字未提；但我们认为，是编辑这段历史的脱脱故意将其遗漏掉的"[②]。他强调指出，"《大金国志》认为，'蒙兀'族居住在女真的东北部，这里的'蒙兀'族根本不是居住在西北部的、后来赫赫有名的蒙古族。'蒙兀'就是居住在阿穆尔河河口的满族人……"[③]瓦西里耶夫概括介绍了金国与蒙古敌对关系形成的经过，内容包括1136年金熙宗派呼沙呼攻打蒙古惨败，以及兀术带兵多次进攻蒙古始终未胜，最后于1147年两国议和；第五，金国灭亡的原因。瓦西里耶夫认为，其一，猛安谋克组织使外族兵大量增加，如满族、鞑靼族、奚族、汉族等，这一举措在某种程度上削弱了金军的战斗力，用瓦西里耶夫的话讲，"太祖阿骨打将被征服的契丹等族降兵扩充进军队的做法，虽然短期内使军队数量迅速增加，同时也为走

① Васильев В. П. История и древности Восточной части Средней Азии от X до X111в, СПб., 1857г., стр. 44.

② Васильев В. П. История и древности Восточной части Средней Азии от X до X111в, СПб., 1857г., стр. 78-79.

③ Васильев В. П. История и древности Восточной части Средней Азии от X до X111в, СПб., 1857г., стр. 80.

向灭亡埋下了隐患"[①];其二,通过分析金国从创立之初直至灭亡所发生的一系列王位争夺事件,瓦西里耶夫总结指出,兄传弟、弟死后再传兄之子的王位世袭制度是后来金国皇族内部流血纷争的主要导火索;其三,与宋朝的连年征战也同样消耗了金国的国力,尤其是实力渐长的西夏、蒙古日益成为金国的劲敌。瓦西里耶夫详细分析了金国的地理状况,各省、府、路的分布情况和地理位置,同时指出西北的蒙古、南宋朝廷、西南的西夏和西藏对金国的潜在威胁。该部分内容花费的笔墨较多,将近两万字,这也从另一个侧面反映出瓦西里耶夫在历史研究中对地理因素的重视;其四,虽然金国政府所采取的用纸币兑换银锭的货币制度本意是减轻人民负担,但实际效果却事与愿违,反而大大加重了人民负担。为了进一步论证这一观点,瓦西里耶夫还介绍了金国的兵制、中央行政制度、官制和赋税制度等。

第七章也是"正文"部分的最后一章,题为"金的灭亡"。全文共 34 页左右,包括以下内容:

第一,以概述从公元 4 世纪至唐宋时期中国历代王朝与北部民族的关系为切入点,瓦西里耶夫介绍了写作本部分内容所参考的资料。他写道:

"从公元 4 世纪直到唐朝以前,中国始终与北部的少数民族保持往来。唐朝用怀柔政策吸引北部、东北部、西北部的少数民族,对各个民族的影响很大。虽然史料记录的多是各国对唐的朝贡,不过,无论如何我们从中都可以了解这些民族的存在以及内部的政权更迭状况。但是随着唐朝的灭亡,以及与周围国家关系的恶化,历史出现了一段空白,西北部的蒙古族逐渐脱离了人们的视线。"[②]

瓦西里耶夫对蒙古这段历史进行阐述时所使用的资料是拉施特哀丁(Рашид-Эддин)[③]编辑的《史集》,瓦西里耶夫指出,"至少,他(指拉施特哀丁——作者注)为我们提供了成吉思汗时期居住在蒙古西北部和今天西伯利亚地区的所有部族的详细资料……"[④]同时,瓦西里耶夫也指出了中国

---

① Васильев В. П. История и древности Восточной части Средней Азии от X до X11в, СПб., 1857г., стр. 80-81.

② Васильев В. П. История и древности Восточной части Средней Азии от X до X11в, СПб., 1857г., стр. 125.

③ 现俄文写作 Рашидаддин(1247~1318),也译作拉施特,伊朗学者和社会活动家。

④ Васильев В. П. История и древности Восточной части Средней Азии от X до X11в, СПб., 1857г., стр. 126.

史料的辅助作用，他称，“毫无疑问，拉施特哀丁的研究者们在对其著作进行阐述时必须参考中国史料，在中国史料的帮助下方能纠正一些被曲解、遗漏、印刷错误的部族名称、地名、人名等。”①

第二，瓦西里耶夫着重介绍了对金构成最大威胁的蒙古族部落的政权更换情况，他称：

“一开始我们就已经发现，在金国的领土上曾生活过很多部族。现在已经不知道它们当初的名称。但是，这并不意味着它们没有存在过，只是掌权的部族在变换，民族的称谓也在改变。尤其在中国，王朝一直处于更替之中，但是人民不变，换言之，国家的民族组成不变……毫无疑问，分布在从大都到金国边境的一些部落，与生活在蒙古草原的居民有渊源关系。在成吉思汗统治时期以及在他之后，周边的民族首先被征服……当一个民族降伏了另一个民族，那么征服者的先辈中一些显赫的名字就会受到敬仰，这就是部族往往以本民族英雄的名字重新命名的原因。”②

与此同时，瓦西里耶夫还对中亚语言进行了考证，并得出如下结论：

“总之，中亚广大地区自古以来就使用与今天相近的语言，即东部说满语，中部和西部说突厥语……，因此东部和西部在语言方面既存在一定的差别，又有某些相同之处……，蒙古语早已存在，只是当时并未使用这一名称。”③

第三，成吉思汗统一蒙古。瓦西里耶夫着重介绍了成吉思汗出现以前、处于分裂时期的蒙古的社会政治状况，重点阐述了早期成吉思汗借助克烈亦惕部王汗的帮助逐渐走向强盛，又在太阳汗与王汗的斗争中消灭克烈亦惕部、统一蒙古各部的历史发展过程，以及关于成吉思汗的生平及其祖先的情况。与此同时，瓦西里耶夫还介绍了蒙古统一后的对外关系，包括向北征服“林木中的百姓”、迫使畏吾儿归降，向西征讨西夏，向南发动蒙金战争等。

第四，成吉思汗灭金。瓦西里耶夫回顾了从世宗到章宗时期金国的社

---

① Васильев В. П. История и древности Восточной части Средней Азии от X до X111в, СПб., 1857г., стр. 126-127.

② Васильев В. П. История и древности Восточной части Средней Азии от X до X111в, СПб., 1857г., стр. 127-128.

③ Васильев В. П. История и древности Восточной части Средней Азии от X до X111в, СПб., 1857г., стр. 129-131.

会政治状况，重点对1210年成吉思汗拒绝金国传召作了分析，他指出，“我们不能不注意到一个现象：所有处于上升时期、意图剿灭其他国家的王朝，总是为发动战争寻找各种理由，如清朝的创立者反明时的‘七大恨’；阿骨打灭辽时也是以拒绝接受‘东怀国皇帝’的封号为借口；最后是成吉思汗，他在对王汗宣战时同样历数了后者的各种罪状……”①也就是说，在瓦西里耶夫看来，拒绝金国传召是成吉思汗伐金的借口和前奏。

另外，瓦西里耶夫还详细介绍了金国对威胁自身安全的成吉思汗政权所采取的预防措施，如将东北路招讨司移至金山、从1194年开始屡次命鞑靼出兵助战、在北部边境修筑壕障等。瓦西里耶夫还详细描述了于1211年成吉思汗发动的第一次侵金战争，内容包括中都之战和辽东之战的战事情况；至于1212年成吉思汗的再次侵金，除了战事情况，瓦西里耶夫将行文的重点放在了1213年为争夺皇权发生在金国中都的政变，和金宣宗继位后向蒙古求和及赔款情况。最后，瓦西里耶夫简要介绍了蒙宋联合攻金，以及金哀宗弃汴京至蔡州，最后于1234年正月灭亡的经过。

最后是“结语”部分，原文缺标题，全文大约八页左右。在这部分中，瓦西里耶夫主要阐述了自己对“蒙古”一词词源的考察。他开篇就指出，“我们对‘蒙古’一词的来源，与普遍接受的观点不同。”②按照他的表述，“蒙古”这一名称存在已久，最早是对满族的一支“满昆”的称呼。瓦西里耶夫的这一观点，与普遍接受的“蒙古，始见于《旧唐书》，称作‘蒙兀室韦’，是大室韦的一个成员，居住在呼伦湖以南的山林地带”③的说法确实存在出入。关于这个部族后来的发展情况，瓦西里耶夫强调，“或者自生自灭了，抑或者被女真所灭，但是‘蒙古’的名称却流传了下来……后被成吉思汗所采用。”④ 另外，瓦西里耶夫明确指出，上述观点所依据的史料主要是《大金国志》，他从第九卷“熙宗孝成皇帝一”、第十卷“熙宗孝成皇帝二”、第十二卷“熙宗孝成皇帝四”中提取了大量材料。在该部分的最后，

---

① Васильев В. П. История и древности Восточной части Средней Азии от X до X11в, СПб., 1857г., стр. 145.

② Васильев В. П. История и древности Восточной части Средней Азии от X до X11в, СПб., 1857г., стр. 159.

③ 内蒙古社科院历史所《蒙古族通史》编写组编：《蒙古族通史》上，民族出版社，1989年版，第3页。

④ Васильев В. П. История и древности Восточной части Средней Азии от X до X11в, СПб., 1857г., стр. 160.

瓦西里耶夫写道，“我们必须承认，这一问题并未最终圆满解决。我们只涉及了中亚历史上一些主要的、现存的、为进一步研究所必需的资料，还有很多资料未曾论及。”①

在“正文”之后是译文，译文由“引言”、“关于契丹人的资料”、“关于金人的资料”和“关于蒙古人的资料”四部分组成。

所谓“引言”，瓦西里耶夫并没有直接标出题目，是笔者根据其内容和在译文中的重要地位这样为其定性的。在该部分中，瓦西里耶夫介绍了加入译文部分的目的，他写道：“目前，将这些著作全部翻译成俄文是不可能的，因为中国文献中所保存的史料还没有激起我们国家出版译文的兴趣；此外，大量的中国史料涉及了中俄两国的政治、军事关系、边界问题以及立法等。而我们恰恰想知道这些不受中国影响的中亚民族独特的生活方式。为了了解曾引起世界震动、东西方瞩目的那个伟大时代的中亚，也必须关注其对外关系。”②

其次，瓦西里耶夫还指出了这部著作所依据的文献资料，即《契丹国志》、《辽史》、《大金国志》、《元史》和宋朝时的官修史书及私人传记，并且简要介绍了《契丹国志》、《大金国志》、《蒙鞑备录》等著作的作者和内容。

“关于契丹人的资料”节译自脱脱等撰写的《辽史》和叶隆礼撰写的《契丹国志》。全文共包括19个小标题，题目分别是：“历史”、“民族起源”、“国家与风俗”、“部落”、“部落统一”、“军制”、“官制”、“宫廷制度”、“服饰”、“渔猎时间”、“考试制度”、“历时札记”、“旋风”、“舍利”、“跪拜”、“长白山”、“泽蒲”、“回鹘豆”、“螃蟹”等。③

这里，只有第一个小标题“历史”出自《辽史》第六十三卷中的“世表”，主要介绍契丹族的族名和“青牛白马”的传说。其余部分均出自《契丹国志》，其第二至第十一个小标题“民族起源”、“国家与风俗”、“部落”、“部落统一”、“军制”、“官制”、“宫廷制度”、“服饰”、“渔猎时间”、“考试制

① Васильев В. П. История и древности Восточной части Средней Азии от X до X111в, СПб., 1857г., стр. 167.

② Васильев В. П. История и древности Восточной части Средней Азии от X до X111в, СПб., 1857г., стр. 168-169.

③ Васильев В. П. История и древности Восточной части Средней Азии от X до X111в, СПб., 1857г., стр. 171-196.

度"等内容摘译自第二十三卷，[1]依次题为："族姓原始"、"国土风情"、"并合部落"、"兵马制度"、"建官制度"、"宫室制度"、"衣服制度"、"渔猎时候"、"试士科制"。瓦西里耶夫将"国土风情"分译为"国家与风俗"和"部落"两个小标题。至于标题"历时札记"，则选自《契丹国志》第二十七卷的"岁时杂记"[2]，瓦西里耶夫节译了"正旦"、"立春"、"人日"、"中和"、"上巳"[3]、"佛诞日"、"端午"、"朝节"、"三伏"、"中元"、"中秋"、"重九"、"小春"、"冬至"、"腊月"、"治盗"、"行军"和"午日"等18项内容，这一卷中所剩的其他部分[4]，即"旋风"、"舍利"、"跪拜"、"长白山"、"泽蒲"、"回鹘豆"、"螃蟹"构成了第十三至十八个小标题的译文。

"关于金人的资料"共有15个小标题，依次为："简评民族的起源与强大"、"发源地的土地质量"、"男女服饰"、"婚姻"、"官吏"、"佛教"、"道教"、"刑罚"、"赦免"、"军屯"、"围猎"、"兵制"、"旗帜"、"车辆与散盖"、"服装的颜色"等。[5]

这里，第一个小标题"简论民族的起源与国家的强大"，是瓦西里耶夫自己的综合性评述，其内容主要是介绍女真族的名称、发源地、部落组成与分布等情况。其他均译自《大金国志》，其中，第二至第四个小标题依次为第三十九卷中的"初兴风土"、"男女服冠"、"婚姻"[6]；第五至第十二个小标题依次是第三十六卷中的"皂棣"、"浮图"、"道教"、"科条"、"赦囿"、"屯田"、"田猎"、"兵制"[7]；而最后三段译文则依次是第三十四卷中的"旗帜"、"车散"、"服色"。[8]

"关于蒙古人的资料"译自《蒙鞑备录》，是全书17段文字的译文，题目依次为："国家始创"、"鞑靼统治者起事"、"朝代名称与年号"、"皇子与诸王"、"名将"、"首相与宰相"、"军事管理"、"马匹管理"、"粮食"、"征战"、"官职"、"道德风尚"、"军事装备与武器"、"出使官员"、"祭祀（宗

---

① （宋）叶隆礼：《契丹国志》，上海古籍出版社，1985年，第221～227页。

② （宋）叶隆礼：《契丹国志》，上海古籍出版社，1985年，第250～257页。

③ 瓦西里耶夫将"上巳"中的"巳"字误读为"已"，故俄文译文就成了"Шань-и"。

④ （宋）叶隆礼：《契丹国志》，上海古籍出版社，1985年，第255～255页。

⑤ Васильев В. П. История и древности Восточной части Средней Азии от X до X111в, СПб., 1857г., стр. 196-215.

⑥ （宋）宇文懋昭：《大金国志》（下），商务印书馆，1936年，第296～298页。

⑦ （宋）宇文懋昭：《大金国志》（下），商务印书馆，1936年，第274～278页。

⑧ （宋）宇文懋昭：《大金国志》（下），商务印书馆，1936年，第251～252页。

教）”、“妇女”、“宴饮、音乐与脸技”等。[1] 而上述译文在《蒙鞑备录》中的标题依次是“立国”、“鞑主始起”、“国号年号”、“太子诸王”、“诛将功臣”、“任相”、“军政”、“马政”、“粮食”、“征伐”、“官制”、“风俗”、“军装器械”、“奉使”、“祭祀”、“妇女”和“燕聚舞乐”等。[2]

另外，《10～13 世纪中亚东部的历史与古迹》全书列有注释、引文共 185 条，其中索引的书籍主要有《契丹国志》、《大金国志》、《辽史》、《辽东志》、《圣京通志》、《五代史集注》，以及比丘林的《成吉思汗王朝前四汗史》、《西藏和青海史》、《中亚各民族史》等。

综上所述，通过对《10～13 世纪中亚东部的历史与古迹》的篇章介绍，尤其是在了解了瓦西里耶夫从《契丹国志》、《大金国志》和《蒙鞑备录》等中国史书中选译的内容后，可以肯定地说，瓦西里耶夫针对中国北部民族所进行的研究，是记录契丹、女真和蒙古族历史的珍贵资料，对 19 世纪下半叶俄国中国历史研究的进一步深入发展奠定了坚实的中文文献基础。

（二）《元明两朝关于满族人的资料》

《元明两朝关于满族人的资料》于 1859 年面世，刊登在《圣彼得堡大学年报》（Годичный акт С.-Петербургского университета за 1859 г.）上，后于 1863 年在圣彼得堡由维·戈洛维娜任责编石印独立出版发行。书的封面上写有“圣彼得堡大学编内教授瓦西里·瓦西里耶夫著”字样，为 32 开本，全书共 75 页。

《元明两朝关于满族人的资料》是瓦西里耶夫的博士论文，也是俄国汉学史上第一篇博士论文。[3]

《元明两朝关于满族人的资料》篇幅并不是很大，全书分为两部分，原文均缺少标题。

第一部分占全篇的五分之一左右，文字虽然不多，但是地位和意义却不可忽视，它已经带有今天博士论文“引言”的性质。在这部分中，瓦西里

---

① Васильев В. П. История и древности Восточной части Средней Азии от X до X11в, СПб., 1857г., стр. 216-235.

② （宋）孟珙：《蒙鞑备录》，商务印书馆，1939 年，第 1～8 页。

③ Смолин Г. Я., Васильев В. П. и преподавание истории Дальнего Востока в Петербургском университете во втором половине XIX в., История и культура Китая, Наука, 1974г., стр. 72.

耶夫主要阐述了关于满族人的资料的重要性,即他这篇论文的研究价值和学术意义,分析并论证了历史上遗留下来的关于满族人的资料较少的原因,重点介绍了元明两朝关于满族人资料的保存情况。

瓦西里耶夫指出,满族人在人类历史上所占有的重要地位与很少有人关注该民族的资料保存情况之间的矛盾是他选择这一研究课题的主要原因,用他的话说,“满族人在历史上所占有的无可取代的重要地位已是公认的事实;从17世纪中叶起满族人就具有了世界意义,成为人类大家庭中必不可少的一部分……史学家们大都对满族人的发源地表现出兴趣,关于这个民族的史料却很少有人问津。”①

在瓦西里耶夫看来,历史上遗留下来的关于满族人的资料之所以较少,一方面由满族自身的民族特点所致。按照他的观点,满族人属于中亚民族,而“中亚各民族自己缺乏记录历史的传统,与其相邻的其他国家又只有在和这些民族发生关系时才会记录下他们的情况,因此在一些中亚民族的历史中就存在空白点,这给史学研究工作带来很大困难。”② 另一方面,这种状况又与不同历史时期出现的各种外部因素关系密切。

至于为何选择元朝和明朝作为考证的对象,瓦西里耶夫做了如下解释,首先,中国史料是长期记载满族人资料的唯一源泉,而在由清政府官方出版的《满洲源流考》一书中,“记录了自12世纪初开始满族人征服蒙古及包括西藏在内的大半个中国的详细史料,但是从金国衰落至满族人第二次崛起之间四百年的历史只作了粗略概括。”③其次,瓦西里耶夫以中国史料大都极为详细和完整为依据,得出结论,认为关于满族人这四百年间的资料必定存在,因为“距离今天越近关于满族人的资料却越少”不符合历史科学的发展规律;最后,瓦西里耶夫强调,元朝统治者曾经征服过满洲,明王朝曾经统治过满洲,而且元明两朝恰恰是那四百年间统治中国的王朝。这就是瓦西里耶夫对《元明两朝关于满族人的资料》一书界定研究时间段的依据。

---

① Васильев В. П. Сведения о маньчжурах во времена династий Юань и Мин, СПб., 1863г., стр. 4.

② Васильев В. П. Сведения о маньчжурах во времена династий Юань и Мин, СПб., 1863г., стр. 1.

③ Васильев В. П. Сведения о маньчжурах во времена династий Юань и Мин, СПб., 1863г., стр. 4-5.

瓦西里耶夫详细论述了元明两朝时期关于满族人的资料较少流传下来的原因，按照他的观点，元朝时期表现出以下特点：

第一，瓦西里耶夫认为，元朝时曾经编纂过成吉思汗等人详细的历史资料。“在元朝之前还没有哪一个异族在中国建立过如此强大的统治，元朝统治者当然希望自己的荣耀能够流芳百世，只是那些资料大都没能保存下来。仅地图一项就有一千张之多，只可惜都丢失了……其实，如果我们不气馁，完全有可能找到元朝时绘制完成的地图。据我所知，本朝在北京图书馆发现的《永乐大典》中就保存了其中的五百多张。”①

第二，在瓦西里耶夫看来，中国官方编辑的史书存在故意歪曲、遗漏史实的不良现象，所以元朝关于满族人的资料的可信度很低。他写道：“在中国，历史事件总是被当作国家事件，国家最高统治者被看作历史编纂家，而推翻前朝后建立起来的政府，总是把为前朝作史当成自己义不容辞的责任，因为，这样一来他就有权表述自己对历史事件的看法；表面看来，在中国，对待史实方面似乎做得很公正，实际上充满了谎言。”② 他进一步分析指出，由中国官方编辑的史书往往对前朝大加诋毁，甚至故意遗漏某些史实，瓦西里耶夫认为“中国人历来以本国史料的丰富、哲学派别的繁荣为荣耀，但是，只要认真阅读一下他们的历史，你就会发现，中国统治者极端自私与虚荣，他们不仅歪曲史实，甚至销毁史料。例如，如果清朝是除了元朝之外现存的国家中最强大的，那么它就会对元朝充满敌意，就会想尽办法将与自己有过接触的、在自己还被看作异族时就已经很强大的元朝的史料从历史中剔除出去，就会故意偏袒取代了元朝的明朝。”③

第三，史料保存困难，损毁严重。瓦西里耶夫认为，虽然印刷术早在元朝前就发明了，但是，当时也许由于对印刷书籍还不习惯，或者由于印刷材料的昂贵，印刷术很少被采用。他提出，“虽然，比我国多得多的中国藏书爱好者以珍藏古籍为荣耀，但是据我们所知，保存下来的藏书数量却有限。”④ 因

① Васильев В. П. Сведения о маньчжурах во времена династий Юань и Мин, СПб., 1863г., стр. 6-7.

② Васильев В. П. Сведения о маньчжурах во времена династий Юань и Мин, СПб., 1863г., стр. 13.

③ Васильев В. П. Сведения о маньчжурах во времена династий Юань и Мин, СПб., 1863г., стр. 7-8.

④ Васильев В. П. Сведения о маньчжурах во времена династий Юань и Мин, СПб., 1863г., стр. 9.

此,他总结指出,“很有可能在元朝时已经编纂完成的史地书籍实际上并没有印刷出版,保存下来的手抄本的数量必定有限。而这也是当时文献资料损毁的主要原因之一。”① 同时,瓦西里耶夫强调,即使有些流传了下来,到清朝时期也难逃厄运。瓦西里耶夫对此的解释是,元朝是蒙古人打败了大清王朝的祖先后建立起来的,满族人的历史也是由元朝官方出面编写的,而“大清王朝的统治者根本无法容忍另一个民族的、而非本民族的历史成为中国历史的主旋律”。②

第四,明朝建立后仓促编著《元史》致使满族人的资料被大量遗漏。瓦西里耶夫指出,“元朝灭亡后,其图书馆和档案馆中的藏品都落入了明政府手中。在中国历史上还从未有过像明朝那样急于着手编纂前朝历史的朝代;《元史》是在夺下北京城的第三年出版的,用六个月的时间编辑了厚厚的几册书……因此,在《元史》中关于满洲的资料较少也就不足为奇了。”③

其实,对于《元史》的上述缺陷中国学者范文澜在《正史考略》、顾炎武在《日知录》中曾专门做过考证,综合了他们的观点,有学者总结指出:“《元史》材料收集不全,成书仓促,缺陷错误较多,如本纪对蒙古前四汗史记述简略,对蒙古源流、西征事迹语焉不详。列传部分,矛盾、重复、疏漏、史实错误尤多。”④ 这里,不但指出了《元史》在成书上的仓促,而且还强调了与满族人有关的蒙古源流问题过于简略,这一观点与瓦西里耶夫的论述存在相通之处。

至于明朝时期,按照瓦西里耶夫的观点,关于满族人的资料呈现出以下特点:

第一,当时的确曾经记录下关于满洲的详细资料。瓦西里耶夫这样写道,“我们有足够的证据证明,明朝时的史学家和官方都非常熟悉满洲,在与满洲接触过程中记录下了详细的历史资料,而且始终在关注其发展历

---

① Васильев В. П. Сведения о маньчжурах во времена династий Юань и Мин, СПб., 1863г., стр. 8.

② Васильев В. П. Сведения о маньчжурах во времена династий Юань и Мин, СПб., 1863г., стр. 10.

③ Васильев В. П. Сведения о маньчжурах во времена династий Юань и Мин, СПб., 1863г., стр. 9.

④ 周一良主编:《中国古代史史料学》,福建人民出版社,1994 年版,第 189 页。

程。在我国图书馆中就收藏有明朝时编写的《五边典则》。[①] 直至今天，好像欧洲还不知晓这本书的存在，也没有看到过中国史学家对这本书的介绍。在该书中我们找到了关于满洲的详细资料，而且行文不带有任何主观色彩，因此我们可以肯定，明朝时期还出版过其他关于清朝建立前满族人处于被统治阶段的资料。”[②]

第二，统治者的政治需要是导致这些资料没有流传下来的主要原因。瓦西里耶夫认为，是清朝统治者从明朝正史中剔除了满族的历史，“政府想尽一切办法销毁那些令他们不愉快的文献和记录，致使后世的史学家们无从找到满族与蒙古族相交往的资料，这样做的动机在于，明朝统治时期，大清王朝的祖先——满族人的处境并不好，阐述这一时期的历史必然涉及伤害满族人自尊心的一些历史事件。所以，一些满族学者千方百计给自己的臣民灌输清朝祖先出身高贵的思想，甚至不惜用一些神话传说来代替真实的历史事件，对一些史实却避而不谈，必要时只涉及一些无关紧要的内容。”[③] 瓦西里耶夫强调指出，虽然中国没有书报检查制度，但是臣子们对统治者的心思却了如指掌，因而，他们大都按统治者的意图编纂历史，倘若有人胆敢真实记录下一些史实，为了免遭迫害，也不得不想方设法隐瞒，以免被官府发现。[④]

第二部分是“正文”，占全文的五分之四，是整个论文的核心部分。“正文”又可分为两部分，即元朝时期及明朝时期保存的关于满族人资料的内容，涉及历史渊源、地理位置、生活习俗、生产方式、行政划分、军事状况等诸多方面。

1. 元朝时期关于满族人的资料。这部分内容篇幅所占较小，只有13页，瓦西里耶夫主要考察了明代宋濂编撰的《元史》。他提到契丹人耶律留哥叛离金国，“1212年，耶律留哥恐于被本国统治者所猜忌，逃到了龙安（从前的黄龙府），在那里召集了10万支持者，并派使者去了蒙古，以示归

---

① 明代徐日久撰写，共二十四卷，旧钞本藏于北京大学图书馆。

② Васильев В. П. Сведения о маньчжурах во времена династий Юань и Мин, СПб., 1863г., стр. 11.

③ Васильев В. П. Сведения о маньчжурах во времена династий Юань и Мин, СПб., 1863г., стр. 13-14.

④ Васильев В. П. Сведения о маньчжурах во времена династий Юань и Мин, СПб., 1863г., стр. 12.

顺。击败完颜胡沙率领前来围剿的金军后，于1213年称王，控制了整个辽东地区，选咸平（今吉林县）为首府……”①，以及1219年成吉思汗出兵远征高丽；关于满洲北部地区的情况，他写道，“满洲北部是何时、又是如何落入蒙古人手中的，《元史》中并未提及。可以认为，它是随着耶律留哥的降伏而纳入蒙古版图的。”② 瓦西里耶夫根据上述资料得出的结论是，满洲地区确实曾被蒙古人所征服，只是《元史》中并未提到任何关于满族人如何反抗外来侵略、为争取独立而进行斗争的情况。③

关于满洲地区在元朝时的行政地理资料，瓦西里耶夫写道：

“当时满洲分为两部分，大多数城市都分布在这里；显然，这是为了便于管理当地居民；而在蒙古统治时期大部分城市都衰落了，整个满洲只有一个辽东省（新中枢省），该省设立了辖区和七条主干路：(1)沈阳路是辽阳的中心，这里的主要居民是朝鲜移民，他们开始重建被毁坏的城市，政府所在地安抚高丽居民总管府也在这里。(2)开元路的地理位置尤其重要，其余的五条路都通向这里，地图显示，这条路通向东海、朝鲜和蒙古。1235年这里建了两个区：开元区和上京区，今天的开元县当时并不是中心，中心是黄龙府。1267年在这一区修建了辽东路，后更名为开元路。最初咸平府从属于这一区，后来他直属于辽东县，1288年咸平府设驻军。

其他五条路的名字不再一一历数，地图上只是反映出海兰、硕达勒达等路比较宽阔；居民比较分散；元朝初期这里设了五个保卫北部军民的万户府：(1)离山东（多洛努尔）4000里的陶卫府；(2)离多洛努尔4200公里、离北京3800公里的乎兰府；(3)鄂多理，满洲的起源就在这里，这一称呼在《明史》中也能见到，在《明太祖史》中指出，鄂多理位于距开原县1200里的地方，现在认为鄂多理与新疆的距离是1500里；(4)多高力；(5)巴库。”④

这段资料与其说瓦西里耶夫是从《元史·地理志》中获取的，不如说

---

① Васильев В. П. Сведения о маньчжурах во времена династий Юань и Мин, СПб., 1863г., стр. 16.

② Васильев В. П. Сведения о маньчжурах во времена династий Юань и Мин, СПб., 1863г., стр. 17.

③ Васильев В. П. Сведения о маньчжурах во времена династий Юань и Мин, СПб., 1863г., стр. 18.

④ Васильев В. П. Сведения о маньчжурах во времена династий Юань и Мин, СПб., 1863г., стр. 20-21.

绝大部分取自《满洲源流考》，因为核对后发现，关于沈阳路、开元路、海兰府硕达勒达等路的介绍，无论是在内容上，还是在前后顺序上都基本与《满洲源流考》的“卷十三 疆域六”的开端部分一致。①

此外，瓦西里耶夫还对辽东一带的政权更迭情况作了归纳，他写道：

“清朝建立前满洲被统称为辽国，是由横穿这个国家的河流而命名，东岸叫辽东，西岸叫辽西。实际上，这片土地根本不是满族人的发源地，满族人是从北部和东北部迁到这里的，高丽、蒙古、契丹、中国都曾在这片土地上建国……据文献记载，早在公元前中国人就开始在这一地区生活，从汉朝开始就已经在这里建立政权。该地区政权更迭的顺序是这样的，随着汉朝的衰落，满族人开始来到这里，建立起伏由国。但是很快被蒙古地区的拓跋氏取代，后来高丽人势力逐渐强大，他们建立的政权在唐朝时被消灭。随着高丽政权的衰落，隶属满洲部族之一的博亥氏重又控制这一地区，不过此政权很快在女真人建立的金国的进攻下衰落，女真人得以控制满洲南部地区，后又被蒙古人取代，接着是明朝政权，用武力降伏满洲南部后，明朝政府统治范围直达南蒙一带。虽然后来中国又失去了这两块地盘，长城成为北部的门户，但是直至明朝末年，辽东始终归中国所有。”②

归纳起来，瓦西里耶夫认为，《元史》对满族人的记载不多，遗漏了很多资料。

2. 明朝时期记录满族人的资料。在此部分的开端，瓦西里耶夫明确指出，“没有任何一本书对明朝时期的辽东历史作过专门阐述，但是根据流传在各地的资料的记载，可以详细地勾勒出该段历史的轮廓。”③ 比较而言，该部分篇幅较大，有 46 页之多，瓦西里耶夫主要介绍了以下几方面内容：

第一，明政府对辽东地区的军事控制。瓦西里耶夫提到“1371 年元末辽阳行省平章刘益归降大明”、“固元平章洪保保、马彦翚等叛杀刘益”、“张良佐等率部下诛杀马彦翚”等历史事件，以及明朝政府先后派遣马云、冯胜等剿灭洪保保投奔的纳哈出营的一系列军事行动。

---

① （清）阿桂等：《满洲源流考》，辽宁民族出版社，1988 年，第 200－202 页。

② Васильев В. П. Сведения о маньчжурах во времена династий Юань и Мин, СПб., 1863г., стр. 26-27.

③ Васильев В. П. Сведения о маньчжурах во времена династий Юань и Мин, СПб., 1863г., стр. 28.

第二，明朝时期辽东地理位置的重要性。用瓦西里耶夫的话说，"辽东对于整个明政权的稳固极为重要……，其重要意义在于军事方面……"① 同时，详细描述了明朝在辽东的驻军情况，他写道，"我们发现，明朝军队分布在从山海关至广宁的沿途，辽东是一个集中分布区。宁州驻有 17755 人，荆州驻有 6303 人，益州驻有 8353 人，广宁驻有 15872 人，辽阳府驻有 24194 人，而且在沈阳、开元、釜山三地布置了 60000 多人的兵力用以镇压固元势力的颠覆活动。"②

第三，"军屯制"在辽东的实施情况。瓦西里耶夫这样描述道：

"在辽东设军之后，明政府坚信沿海的土地收成好，粮食储备富足……耕种 900 顷土地需要 2400 名士兵、24 名军官和 6 名将领，1 顷半的土地需要 3 个农夫和 1 头耕牛，在农闲时节为了运送军备物资，还要再加上 1 个车夫。1 顷半的土地需要种子 2040 袋。每个营分有 150 顷土地，由包括 5 名将领在内的 400 名军人耕种。根据明朝财政部在 1479 年所作的报告显示，明太祖统治时期军粮耕种地直达沿海地区；每个居民分半顷土地，每年上缴 15 袋粮食。由明太祖到永乐年间共开垦 25300 顷土地，国家收获 716000 袋粮食。从 1426 年开始'军屯制'的收效渐差，而军队人数又增长了 45500 人，因此粮食供不应求，政府为此花费上百万两白银购买粮食，但仍无法补足……从 1476 年开始，'军屯制'的管理开始出现问题，当时共有 16700 人屯田，应该上交 167900 袋粮食，但是屯田者利用各种借口，交上的粮食还不足七八万袋，因而造成了辽东 32 家粮店长达两个月时间内无粮上市的局面。"③

这里，瓦西里耶夫不但以大量准确的数字为依据介绍了明"军屯制"在辽东的推行情况，而且明确表述了自己对"军屯制"作用的评价。他指出，虽然"军屯制"被看作中国防御外敌进犯的最好方法之一，政府在军队的花费也确实大大减少，但是与此同时，负面作用也很明显，他主要归纳出以下两点：即辽东边将腐败无能，管理不善，军队中排挤现象异常严重，经

① Васильев В. П. Сведения о маньчжурах во времена династий Юань и Мин, СПб., 1863г., стр. 30-31.

② Васильев В. П. Сведения о маньчжурах во времена династий Юань и Мин, СПб., 1863г., стр. 32.

③ Васильев В. П. Сведения о маньчжурах во времена династий Юань и Мин, СПб., 1863г., стр. 46.

常出现屯田军大量逃亡事件；“军屯制”直接导致整个满洲戍防由盛变衰。瓦西里耶夫指出，从“军屯制”中捞到好处的将领，把心思全部放在农业收成上，根本不关心战事，也不再操练士兵、教授作战技巧，他们把身体孱弱的士兵派去戍防，身体强壮的留下来耕种。换言之，分派戍防、巡逻、种地的士兵，已经不是真正意义上的军人。因此，一旦出现数量众多、武器装备良好的敌人，他们根本没有还击的能力，整套戍防顷刻之间就会被摧毁。①

第四，“满洲”名称的由来。瓦西里耶夫明确表述了以下观点：

（1）中亚民族同一部落有使用不同名称的习惯，满族人大都按照山脉、河流、分界线为自己命名。在古代，满洲北部的居民被称作海西人，满洲南部的被称作建州人；

（2）契丹的国号“辽”、女真的国号“金”，以及“清”是直接由少数民族语言音译成汉语的，根本无法解释译文的字面意思，这说明，以“辽”和“金”为国号的契丹和女真政权是非汉族性质的；

（3）西方学者大都认为“满洲”一词起源于佛教中的“毗卢遮那如来曼殊室利”，实际上，这种说法是荒谬的；

（4）“满洲”一词存在的时间并不长，它是在清太祖掌握蒙古政权后，对其统治下的66个部族的统称，随着时间的推移在不同历史时期意义也发生着变化。瓦西里耶夫指出，“‘满洲’的称呼最初被接受时，太祖皇帝还没有统一中国。那时候这一名称有着另外的含义：在太祖皇帝看来，认为它对自己的国家是荣耀的象征。但是，在很快掌控了辽东、蒙古，以及全中国的统治权之后，‘满洲’的称呼虽然仍在使用，但是已经失去了原来的意义。清朝统治者开始对自己的国号不满意，于是要么在传说中、要么在神话中寻找自己的起源，目的很明显，就是力图使‘满洲’一词拥有一个更神圣的来源和更高深的内涵，而这个词本身并没有上述意义。”②

第五，明朝政府对辽东的管辖。瓦西里耶夫详细介绍了1449年明军对瓦剌也先进犯京师的围剿情况，以及15世纪下半叶明朝政府对辽东地区反军的镇压和所采取的怀柔政策。这一段所用篇幅较多，不但有详细的

① Васильев В. П. Сведения о маньчжурах во времена династий Юань и Мин, СПб., 1863г., стр. 33-34.

② Васильев В. П. Сведения о маньчжурах во времена династий Юань и Мин, СПб., 1863г., стр. 39-40.

战事描述，甚至指出了具体的伤亡数字、俘虏数目和被抢劫财物的数量。我们发现，此部分内容的资料瓦西里耶夫大都是从《明太祖实录》和一些辽东将领的传记，如《李成梁传》、《马文升传》等，以及瓦西里耶夫极为推崇的《五边典则》中节取的。

第六，明政府对辽东的统治走向衰弱的原因。瓦西里耶夫认为，"军屯制"的彻底崩溃和辽东守将的残暴腐败、肆意妄为，以致暴乱频发，是明政府在辽东的统治走向衰弱的最主要原因。他列举了以下实例来证明自己的观点：1499 年和 1500 年，有 300 名蒙古商人来中国边境通商，但中国军队却向他们发动了进攻，甚至动用了骑兵，结果 300 人全部被杀死。而在上报的奏折中竟将这次行动标榜为剿匪大捷向朝廷邀功；一次，一位将领利用在家中款待外族人的机会，杀死了所有来客；当时流传着一些这样的传闻：当外族带着马匹等物品来到广宁、开原或者是抚顺通商时，明朝守将常常强迫他们让利三四成，还有人以劣马换取向朝廷上贡的好马，或者瓜分他们从朝廷获得的奖赏。①

另外，瓦西里耶夫还对暴乱的起因和严重程度作了详细描述，他写道："他们并不总是为了抢劫财物，有时是为了报复。1499 和 1500 年在辽东连续发生暴乱。据说，1499 年在沈阳等地发生暴乱时，死伤无数；1500 年发生暴乱时劫匪进攻了辽阳东部的要塞，政府投入 4000 人参战。但是，劫匪利用在西线未设置任何防范措施的空当，洗劫边境 40 处，俘虏 8000 人，进攻军屯驻地和要塞，杀戮老弱幼小，抓捕强壮劳动力。"②

综上所述，瓦西里耶夫的专著《元明两朝关于满族人的资料》带有史料汇编和史料考释的性质，主要内容是介绍元朝时期和明朝时期在官修史书和私人修撰的史书中所记录的关于在东亚占有重要地位的满族人资料的存留情况和具体内容，同时考证这些资料的真实性和可信程度。他自己在本书的末尾部分也对这种为俄国读者提供中国史料的写作目的直言不讳，他写道："浏览完这些吸引我们关注的资料，对于我们来说，至少满族人的历史不再是一片空白，对这个生活在动荡时期的民族，我们或多或少会

① Васильев В. П. Сведения о маньчжурах во времена династий Юань и Мин, СПб., 1863г., стр. 66.

② Васильев В. П. Сведения о маньчжурах во времена династий Юань и Мин, СПб., 1863г., стр. 66-67.

增加一些了解。”①

(三)其他作品

1. 译作

《大清初期对蒙古人的安抚》(Приведение в покорность монголов при начале Дайцинской династии)是翻译作品,最早刊登在《俄国皇家地理学会论丛》第6卷上,单印本于1868年由维·别扎波拉佐夫担任责编在圣彼得堡石印发行。该书为32开本,篇幅不大,全文只有32页,节译自清代著名学者魏源的《圣武记》。魏源的原著共十四卷,约一百万字,完成于瓦西里耶夫在北京学习期间,主要记述了清代开国、评定三藩叛乱、康熙至乾隆年间为巩固国家统一而进行的战争等一系列历史事件,以及苗民、白莲教、天理教等起义的发生情况和统治者对此的镇压,从军事政治史的角度展示了清朝统治从上升走向衰落的过程。关于《圣武记》一书,瓦西里耶夫这样写道:

“记述了本朝军功显赫的战将,1842年出版,多次再版(据我们所知共三次——瓦西里耶夫注),做了大量修订增补工作。本书的最大特点在于,不但内容清晰,言简意赅,而且几乎没有遗漏任何重要事件。囊括了所有满洲将领早期的军功,与准噶尔、噶尔丹等的战争,以及对包括吴三桂在内的内部叛乱的镇压情况,最后四章详细论述了中国的军事状况。”②

相对于原著近一百万字的篇幅来说,瓦西里耶夫短短三十几页的译文数量确实有限,他只是节译了与蒙古有关的内容,即第三卷“外藩”。在该卷中,第一节“国朝绥服蒙古记一 内六盟蒙古”主要介绍了蒙古的地理位置,各部落名称和分布情况,明朝时期与蒙古的关系,以及清太宗亲征察哈尔、战胜林丹汗并使其部落归降和清太祖征乌拉、科尔沁等战事情况;第二节“国朝绥服蒙古记二 外四盟蒙古”主要讲述了顺治时期降伏腾机思领导的苏尼特部和康熙皇帝平三藩的情况,以及雍正皇帝对蒙古外四盟的统辖;第三节“国朝绥服蒙古记三 青海厄鲁特蒙古 贺兰山厄鲁特蒙古”主要

---

① Васильев В. П. Сведения о маньчжурах во времена династий Юань и Мин, СПб., 1863г., стр. 75.

② Васильев В. П., Материалы по истории китайской литературы, Лекции, читанные заслуженным проф. СПб-ского университета В. П. Васильевым, СПб., 1888г., стр. 266-267.

介绍了厄鲁特蒙古的地理位置，康熙皇帝平定厄鲁特部、大败噶尔丹，以及雍正、乾隆皇帝对青海的统辖；第四节“康熙亲征准噶尔记”详细讲述了康熙皇帝亲自统兵降伏准噶尔部蒙古的诸战事情况。原文在该节之后设有两篇附录、一篇年谱，即“内大臣马思哈出师塞北纪程”、“提督殷化行西征纪略”和“直隶总督于成龙年谱”，在此，瓦西里耶夫并未一同译出，而是将它们舍弃掉；第五节“雍正两征厄鲁特记”主要内容是雍正皇帝两次征讨厄鲁特部的战事情况。

笔者认为，《圣武记》的翻译，再次证实瓦西里耶夫对满清王朝历史的关注，尤其是清王朝与蒙古等外藩的关系，几乎贯穿于他中国历史研究的始终。

2. 政论作品及其他

除了专著和译著，瓦西里耶夫还写作了大量论述中国时政的文章，从19世纪50年代开始直至90年代末期结束，这些政论作品相继在一些重要的报刊、杂志上发表，如《俄国通报》、《新时代》、《呼声》、《东方评论》、《俄国皇家地理学会论丛》、《圣彼得堡新闻》、《北方蜜蜂》、《喀山大学历史、考古和民族学会公报》等。具体比如，1872年发表在《俄国通报》上的《关于伊犁陷落的两份中文记录》(Две китайские записки о падении Кульджи)；1878年发表在《新时代》杂志上的《1876年的亚洲》(Азия в 1876 г.)；以及同年刊登在《呼声》杂志上的《出使俄国的中国使团》(Китайские посольство в Россию)；1879年刊登在《呼声》杂志上《中国》(Китай)；1880年刊登在《呼声》杂志上的《来自中国的新闻》(Известия из Китая)和《中国问题》(Китайский вопрос)，以及同年发表在《回声》杂志上的《论日本与中国关于琉球所有权的争论》(Спор между Японией и Китаем за обладание о Лью-Кью)；1881年刊登在《新时代》杂志上的《俄中协议》(Договор России с Китаем)；1882年发表在《东方评论》上的《东方与西方》(Восток и Запад)；1883年发表在《东方评论》上的《法中战争》(Франко-китайская война)；1884年刊登在《东方评论》杂志上的《法中冲突》(Франко-китайское столкновение)和《关于西伯利亚大铁路问题》(По вопросу о делезной дороге в Сибири)；1889年刊登在《皇家考古学会西欧分册》上《成吉思汗及其后继者年表》(К хронологии Чингиз-хана и его преемников)；1898年刊登在《圣彼得堡新闻》上的《威海卫问题》(Вей-хайвейский вопрос)等。

一方面,上述文章大都发表于19世纪70年代以后,这与中国出使官员关于瓦西里耶夫在这一时期政治兴趣浓郁、经常活跃于外事场合的记载相吻合;另一方面,这些文章确实大都带有实事评论性质,正如编者在《中国的发现》前言中所写的:"瓦西里耶夫是一位罕见的集汉学家与活跃的时政观察家于一身的人,他能够敏锐捕捉到那些与自身研究方向有关的中国的社会现实。"[①]笔者认为,这些在当时被看作实事评论性质的文章,记录了作为一名外国学者的瓦西里耶夫在中国的所见、所闻及所感,是用他者的眼睛所观察到的当时中国政治的和社会状况,其内容包括清政府的内政外交,西方列强对中国的欺凌践踏,中国社会的落后现状,中国普通百姓的困苦生活等诸多方面,充分体现了瓦西里耶夫对当时突出的"中国问题"所进行的深刻思索。今天,这些政论作品无疑成为外国学者研究满清王朝史、中俄关系史的重要资料。

例如,在《中国》一文中,瓦西里耶夫揭露了中国当时的卖官现象,他指出:"卖官是清政府补充超预算支出的重要途径,对可以出卖的官阶等级有明确规定,但是,特殊情况下任何官级都可以买卖,甚至包括两江总督这样的高级职位。"[②]另外,瓦西里耶夫还对官场上的腐败之风进行了批判,"清朝的地方官员,尤其是那些在两宫皇太后摄政时期深得朝廷宠信的人,只要能捞到好处他们什么都敢做,甚至敢于和朝廷对抗。"[③]而在《威海卫问题》一文中,瓦西里耶夫则详细描述了欧洲侵略者在中国的残暴行径,他批判指出,"欧洲人在东方以自己残暴野蛮的侵略行径为荣,他们根本不承认自己是掠夺者,翻译成俄语应该直接把他们叫做'窃贼'。"[④]在《来自中国的新闻》中,瓦西里耶夫向俄国读者详细介绍了中国最高统治者同治、慈禧之间的权利之争。[⑤] 在《出使俄国的中国使团》一文中,瓦西里耶夫简要介绍了历史上中俄两国政府的官方交往,重点阐述了先后访俄的1866年由斌春率领的使团和1870年由志刚率领的使团。在圣彼得堡,瓦西里耶夫与斌春和志刚等均打过交道,后者在回国后完成的游记中对此也作了清

① Васильев В. П., Открытия Китая и другие статьи академика В. П. Васильева, ——предисловие Памяти Вавилия Павлович Васильва, СПб., 1900г.

② Васильев В. П., Китай, Голос, 1879г., июня.

③ Васильев В. П., Китай, Голос, 1879г., июня.

④ Васильев В. П., Китай, Вейхайвейский вопрос, Ведомости, 1898г., 10 апреля.

⑤ Васильев В. П., Известия из Китая, Новое время, 1875г., 12 декабря.

晰记载;而在《法中冲突》中,瓦西里耶夫对清朝统治者在国家和人民遭受蹂躏的时刻仍然竭力保持妄自尊大嘴脸进行了严厉批判,他写道,"附属国!中国竟然认为法国、英国、葡萄牙、西班牙以及其他一些国家是自己的附属国,总之,全世界,只要向北京派来使节的国家;将外国统治者写给清朝皇帝的信件称作'报告',将这些信件翻译成汉语时将其他国家的统治者译作'臣下'……所有礼物被称作'朝供品'。"①

在瓦西里耶夫的政论作品中,文集《中国的发现》(Открытия Китая)中所收录的几篇作品极具代表性。该文集于1900年9月,即瓦西里耶夫辞世5个月后在圣彼得堡由《世界历史通报》(Вестник всемирной истории)杂志社出版,全称为《中国的发现及瓦·帕·瓦西里耶夫院士的其他文章》(Открытия Китая и другие статьи академика В. П. Васильева),为32开本,共164页。文前设有题为"纪念瓦西里·帕夫洛维奇·瓦西里耶夫"的前言,简要概述了瓦西里耶夫的生平和研究成就。

文集共收录五篇文章,按其先后顺序依次是:《中国的发现》(Открытие Китая)、《关于北京的回忆》(Воспоминания о Пекине)、《俄中条约》(Русско-китайские трактаты)、《中国的伊斯兰教》(Магометанство)和《中国的进步》(Китайский прогресс)。其中《中国的发现》一文不但位列文集之首,而且文集也以它命名。全文32页半,瓦西里耶夫主要阐述了以下几方面内容:

第一,从东西方地理位置和文化交往入手,认为西方担负着以科技启蒙东方的神圣使命。瓦西里耶夫写道:

"如果将波斯和突厥看作西方的南部,俄罗斯和斯堪的纳维亚半岛上的各国可视为西方的北部。那么,真正的东方就是从印度的南部到西伯利亚的北部,包括中国广大领土在内的区域。……不可否认,中国四大发明中的两项成就——印刷术和火药确曾泽被西方:正是在其影响下才会有古登堡和巴尔托里德·施瓦尔茨二次发明的诞生。不过,东方对西方的影响也仅限于此。

现在轮到西方回馈东方了。东方的北部已属于俄国,南部归属了英国。而东方的核心——中国并未发生本质上的改变。至今,西方对东方的

① Васильев В. П., Франко-китайское столкновение, Восточное обозрение, 1883г., 17 ноября.

政治影响依旧很微弱。……为了共同发展，齐心协力与大自然抗争，人类大家庭摆脱分裂、融为一体的时代已经来临。”①

为了论证西方科技的强大力量，瓦西里耶夫专门提到两条当时在欧洲引起轰动的新闻，即在大西洋海底铺设电报线和中国与西方强国签订条约。他认为，欧洲在科技方面取得了卓越成就，而中国在这方面落后于欧洲。而且，他将近代中国在科技方面落后于欧洲的最主要原因归咎于清政府的闭关锁国政策，用他的话讲，“中国的落后不应归罪于人民，而是政府。作为异族的满清王朝将蒙古、突厥、西藏、中原看作自己的战利品，为了维护自己的统治，不惜实行闭关锁国政策，杜绝它们与外部世界接触的机会。”②他激烈抨击了清政府在处理对外事务上所坚守的“中国中心主义”原则，认为满清王朝之所以抓住闭关锁国政策不放，甚至在经历了第一次鸦片战争的失败，不得不接受英国强加给自己的保证外国资本向中国渗透的《南京条约》后，仍不放弃这一方针，归根结底，其目的就是限制西方文化向东方渗透，禁锢中国百姓的思想，使他们绝对遵从自己，从而保证对拥有几千年文明的大汉族的统治。为了论证自己的说法，瓦西里耶夫还具体指出了清政府所采取的锁国政策，即禁止中国的穆斯林去麦加朝拜；封锁西藏；对俄在北方只开放恰克图，在南部只开放广东的港口；禁止中国船驶入南海，禁止改进航海技术。③

最后，瓦西里耶夫强调指出，“西方的强大不在于社会生活，而在于律法和科技领域，必须把西方科技成果移植到中国的广阔土壤上来。真正的科学是没有地域、种族和宗教之分的……中国人和其他民族一样，应该掌握欧洲在物理、机械、化学、工艺和航海方面所取得的最新成就”④。瓦西里耶夫的这一表述与一些海外汉学家、中国洋务派、改良派的观点存在相通之处，他们大都认为，19 世纪在与欧洲列强接触中遭受惨败的中国，应该吸纳西方先进的科学技术，用科技武装自己，强大自己。

第二，分析未来中国的发展潜力。按照瓦西里耶夫的观点，中国并非所有方面都落后于欧洲，古典文学、戏剧、哲学、政治体系等都曾经很发达，

---

① Васильев В. П., Открытия Китая и другие статьи академика В. П. Васильева, СПб., 1900г., стр. 1.

② Васильев В. П. Открытие Китая, СПб., 1900г., стр. 4.

③ Васильев В. П. Открытие Китая, СПб., 1900г., стр. 4.

④ Васильев В. П. Открытие Китая, СПб., 1900г., стр. 10.

甚至超出了欧洲的发展水平。他还指出，与欧洲相比，中国商品制作精细、价格低廉，因而在世界范围内拥有广阔的销售市场。[①] 因此，瓦西里耶夫总结认为，中国拥有光明的发展前景，他详细分析了未来中国强大的发展潜力。

(1)中国人口众多，兵源充足，招募新军要比欧洲国家容易得多。按照瓦西里耶夫的理解，蒙古人入关，并没有达到真正统治中国的目的，因为作为落后民族，他们没有将任何法令政策带入中原，而是完全接受了中原原有的思想意识体系。另外，瓦西里耶夫认为，中国士兵勤奋勇敢、身手敏捷、多数人从小练武，至于在与欧洲军队的对抗中失败的原因，瓦西里耶夫将其归结为武器装备的落后，按照他的说法，“倘若用洋枪换下中国士兵手中的大刀长矛，他们一定比欧洲军队命中率还高。”[②]

(2)中国水域广阔，木材丰富，具备发展航海业的原料基础。瓦西里耶夫认为，海军和海上贸易强盛与否是决定国家强大的关键因素之一。而中国水域广阔，盛产木材，这就为航海业的发展提供了必备条件，再加上悠久的手工业发展历史，工匠心灵手巧、技术精湛，航海业前景广阔。

(3)勤奋顽强的民族性格为掌握欧洲科技提供了有利条件。在瓦西里耶夫看来，除了欧洲，中国是最适合发展科技的国家，中国人有能力掌握欧洲最先进的科学技术，以及根据国情利用并发展欧洲文明的先进成就，使中国成为世界强国之一。他以中国科举考试为例，详细介绍了在中国通过科举取士走向成功的艰难，以此证明中国人的勤奋和顽强，结论是，只要肯做，只要定下目标，任何科学技术中国人都能够掌握。[③]

瓦西里耶夫甚至为改变中国现状设想出一系列的具体措施，如给外国人注册、派中国留学生出国学习、重建军队、设海军等。[④] 而且，瓦西里耶夫还以日本为例，对包括中国在内的亚洲国家的未来充满了期待，他写道：“日本的实践证明，倘若能够理解自己所拥有的、独立的精神生活和政治生活的重要意义，亚洲国家同样可以成为强国，前提是一定要摒弃那些禁锢人民思想的虚伪理论。近20年来日本几乎重生了一次；他们不但脱下了

---

① Васильев В. П. Открытие Китая，СПб.，1900г.，стр. 9.

② Васильев В. П. Открытие Китая，СПб.，1900г.，стр. 12.

③ Васильев В. П. Открытие Китая，СПб.，1900г.，стр. 12-13.

④ Васильев В. П.，Открытие Китая，СПб.，1900г.，стр. 12.

原先的长袍，修铁路、建轮船、采用电报通讯，而且接受了欧洲先进的科技成就。有人预言，将来，在东方将会出现一个实力不亚于西方强国的岛国。"①

第三，描绘中俄远东贸易的广阔前景。瓦西里耶夫详细分析了中俄贸易发展的便利条件，他写道：

"我国阿穆尔河②沿岸和太平洋东岸的广大区域覆盖着丰富的森林资源，完全可以满足中国北方的需要。另外，我国的粮食、食品也可以在人口众多的中国找到市场……未来的中俄贸易同仅限于水路的美国、欧洲对中贸易不同，……对于俄国来说，陆路交通越发达，对中贸易前景越广阔。"③

瓦西里耶夫突出强调了阿穆尔河的重要性，用他的话讲，"缺少了阿穆尔河的西伯利亚，将因丧失了俄国内路通向太平洋的出海口而变得不完整，……其意义犹如古代的地中海……"④ 与此同时，他还指出了满洲地区在中俄水路和陆路联系两个方面所占据的举足轻重的位置，并以茶叶贸易为例，分析了经阿穆尔河的中俄贸易通道的开通后将会给俄国带来的巨大利益，他写道，"设想一下，这条商路连接的最远的商业网点是甘肃和四川，是中国最富的省份；境内盛产茶叶，集中了最上等的丝绸；人口达五千万之多。这两个省份距海较远，在这里我们可以很轻易摆脱那些欧洲的竞争对手。此外，经此路我们可以穿过喀什进入西藏，那是一个欧洲各国的贸易之手尚未伸到的地区，是一个自远古时代就有人居住的地域，盛产丝绸、棉花和矿泉。而且，我们认为，这条路是通过喀什到达印度的最近通道。"⑤

另一篇文章《俄中条约》的篇幅较大，全文近43页，是典型的政论作品。用瓦西里耶夫的话讲，成文的目的在于"近年来我国新闻界对俄中关系少有报道，以至于很少有人了解两国关系的历史和现实。"⑥ 全文分为三部分，原文均缺少标题。

---

① Васильев В. П. , Открытие Китая, СПб. , 1900г. , стр. 146.

② 俄国人对黑龙江的称呼。

③ Васильев В. П. Открытие Китая, СПб. , 1900г. , стр. 17.

④ Васильев В. П. , Открытие Китая, СПб. , 1900г. , стр. 17.

⑤ Васильев В. П. , Открытие Китая, СПб. , 1900г. , стр. 31.

⑥ Васильев В. П. , Русско-китайские трактаты,—— Открытие Китая, СПб. , 1900г. , стр. 63.

第一部分的主要内容是关于《尼布楚条约》，瓦西里耶夫简要概述了17世纪中叶俄中两国在阿穆尔河地区的冲突，内容包括1677年斯帕法里使团出访，中国居民外迁进入俄境内，阿尔巴津[①]地区的俄国人对满洲地区的骚扰，清朝政府的备战情况，直至1680年两国公开爆发战争，和由费奥多·阿列克谢耶维奇·戈洛文率领的谈判团与中方代表的谈判经过，以及最终于1689年签订中俄两国第一个条约——《尼布楚条约》。在详细介绍了该条约的内容后，瓦西里耶夫明确表示了对戈洛文的指责，他写道：

"俄国政府首次派出斯帕法里使团出访中国的主要目的是进一步发展两国关系；希望用自己的产品换取中国的白银和丝绸；希望引进修筑桥梁的中国工匠；希望两国外交平等，即对于我们的来访给予相应回应。但是，我们在《尼布楚条约》中根本没有看到这些。戈洛文根本不知道什么对自己的国家有利。条约是在中方威胁或者说强迫俄方的情况下签订的，条件对俄方极为不利。倘若戈洛文再强硬一些，对中国再多些了解，或者有人协商一下，那么他就不会对中方的条件做出让步，尽管当时的中国确实很强大。"[②]

必须指出，瓦西里耶夫的说法存在不实之处。首先，关于中俄贸易往来，不但《尼布楚条约》中明确列有条款，即"两国既永远和好，嗣后往来商旅，如有路票，听其交易"[③]，而且条约签订后，俄国政府立即加以利用：1690年，由尼布楚大贵族格里戈里·隆沙科夫（Григорий Лоншаков）率领的八九十人的俄商队就带着60大车皮货来到了北京，自此俄商来华贸易不断[④]；其次，正如有学者所指出的，《尼布楚条约》关于中俄贸易的规定，在俄方看来，是自己外交的重大胜利，俄国获得了"早已梦寐以求的东西"。[⑤]

第二部分的主要内容是关于1727年中俄两国签订的《恰克图条约》，瓦西里耶夫对历史背景、经过作了简要介绍，重点说明了条约中有关两国边界的内容，认为"今后的一切谈判，统由理藩院与圣彼得堡的外交部之间

① 即雅克萨。

② Васильев В. П. , Русско-китайские трактаты,—— Открытие Китая, СПб., 1900г., стр.68.

③ 刘远图：《早期中俄东段边界研究》，中国社会科学出版社，1993年，第330页。

④ ［法］加斯东·加恩著，江载华、郑永泰译：《彼得大帝时期的中俄关系》，商务印书馆，1980年，第64页。

⑤ ［德］G.F.米勒、彼得·西蒙·帕拉斯著，李雨时译：《西伯利亚的征服和早期俄中交往、战争和商业史》，商务印书馆，1979年，第13页。

进行”的规定是对俄方的污辱，他认为，“按照这一条款，在俄国政府部门中居于首位的外交部将与被俄国人称作三司的中国政府的理藩院打交道。而在中国，理藩院的级别低于其他政府部门。更何况，其名称的含义是管理像蒙古、西藏这样的藩属国的机构……”[①] 实际上，对于条约中加进这一条款，反感的并非瓦西里耶夫一人，德国人米勒也表述了类似的观点，他也认为，这是“由于中国皇帝的妄自尊大，他轻蔑地拒绝与俄国朝廷有任何书信往来。”[②] 由此可见，这种情绪在当时的俄国，乃至西方是占有一定市场的。

另外，瓦西里耶夫还针对条约中有关俄中两国贸易往来的条款发表了意见，他指出，“倘若因某一方原因延误协议履行或使节行程，通商将停止，直到问题解决方可恢复正常”的规定主要是针对俄方，“因为只有俄国人进入中国境内通商，而中国人并不进入俄国境内。这对中方意义重大，因为将来一旦中方对我们不满，他们就可以借机关闭恰克图的一切通商活动。”[③] 在瓦西里耶夫看来，只有第四条“中俄通商”和第五条“向北京派出东正教使团”的规定对俄国有利。[④] 瓦西里耶夫在详细分析了中俄通商的条款将会给俄国带来的种种益处后评价道，“由拉古辛斯基伯爵代表俄方签订的《恰克图条约》最成功之处就是达成了恰克图通商的协议。”[⑤]

第三部分的主要内容是关于清朝代表策陵等与科罗波托夫的会谈。瓦西里耶夫在简要概括了1759年中俄政府发生矛盾的经过，以及1768年叶卡捷琳娜二世派遣曾到过中国的近卫军中尉军官伊万·科罗波托夫率使团前往恰克图进行谈判的史实。瓦西里耶夫援引了女皇1767年1月下达的圣旨，目的是表明俄国政府希望消除误会、恢复通使、通商的强烈愿望，以及重开恰克图贸易的宗旨。同时，他不惜笔墨，翻译了满文《策陵等奏与俄使议定恰克图条约折》中的13项答复，旨在说明，中俄矛盾的症结

---

① Васильев В. П. , Русско-китайские трактаты,—— Открытие Китая, СПб., 1900г., стр. 73-74.

② ［德］G. F. 米勒、彼得·西蒙·帕拉斯著，李雨时译：《西伯利亚的征服和早期俄中交往、战争和商业史》，商务印书馆，1979年，第13页。

③ 同①, стр. 75.

④ 同①, стр. 76.

⑤ 同①, стр. 82.

在清政府,他们根本不想与俄国建立平等互利关系。① 在译文之后,瓦西里耶夫写道:

"我们希望读者自己对这份奏折的意义作出评判。中国人的外交语言并不难懂,他们在答复中所表现出来的粗鲁、放肆显而易见。依我们之见,毫不隐讳地说,这份奏折充分证明当时俄国人尚未学会与中国发展外交关系。"②

第四部分是译文,节译自清代松筠撰写的《绥服纪略》,选译的内容是关于雍正年间松筠受命与俄国代表商谈两国之间因蒙古部落问题所发生的纠纷,以及中俄两国在恰克图地区的贸易往来中所发生的纠纷和处理情况。原文依次为"市开恰克图,经理设专司"、"申约法宽,猛化无知"、"明法示雷电,致刑警愚癡,固毕纳托顽咭那喇尔推"、"时我卿恩命,奉敕诫偏私"、"闭关禁私贩,勿使吾民疲"、"释惑思无措,知过悔难追遣,徒悠然,逝疑案,生旁支"、"檄饬敢网罗应捕,获参差缚献以行,强敕法服结,麾心急,烦睿虑悔过,戒差池"、"风谣起,无端交易为稍羁庙谟诚,神武檄询意何居"、"夷酋感恐怖频来,具婉词"、"檄绥远授机宜"、"檄至群夷舞,闻命驶车驰,旧章垂常制,新载释无遗",共计 11 小节。译文共 6 页,行文中按中国历法表示的年代被直接转译成了公历纪年,如"雍正七年"被译为"1729 年"。③ 译文前的小序阐明了插入《绥服纪略》的目的,瓦西里耶夫写道,"直至今天,松筠的这篇纪略仍然具有参考价值,尤其是那些记录与俄国有关的事务的文字"④;最后,瓦西里耶夫写道,"我们所翻译的这段文字的中心意思是,中国政府坚持认为,在恰克图抓获的那些俄国罪犯应该按照中国律法实施处罚。"⑤

《中国的进步》是最后一篇文章,最早刊登在 1884 年《东方评论》第 40 期上。文字较多,共 44 页半,由横线分开的无标题的两部分组成。第一部分内容较多,占全文的四分之三以上,瓦西里耶夫详细分析了阻碍中国走向进步的主要因素。

首先,他概述了包括中国在内的亚洲的衰落状况,文中写道:"亚洲大

---

① Васильев В. П. , Русско-китайские трактаты,—— Открытие Китая, СПб. , 1900г. , стр. 90-95.

② 同①, стр. 95.

③ 同①, стр. 98.

④ 同①, стр. 97.

⑤ 同①, стр. 103-104.

陆是世界上领土最广大的部分，被誉为人类文明的摇篮、古代文明的中心、世界宗教发源地，人口众多，自然资源丰富。历史上，亚洲从未像近 25 至 30 年来这样衰落过。我们亲眼目睹了在欧洲列强的铁蹄下，亚洲是如何被欺辱、被颠覆的；亚洲的绝大部分领土丧失了独立主权，很多领域处于停滞不前状态；城市失去了繁荣，工业衰落，商业掌控在他人手中，教育极度缺乏，亚洲的近况就是如此。”①

其次，瓦西里耶夫从身处列强铁蹄下的中国的悲惨状况入手，联想到历史上曾经强大、独立、不可一世的中国所遭受到的蒙古人的践踏，他指出，蒙古人的侵入“是中国处于半停滞状态的直接原因”，而满清王朝的闭关锁国政策则是导致中国陷于全面停滞状态的罪魁。② 他以英国在印度的殖民统治、日本正在走向强大的事实为例，论证指出，只要推翻满清王朝的政治统治，结束战乱，那么中国的进步便会指日可待。③

最后，瓦西里耶夫着重分析了阻碍“中国进步”的其他因素。按照他的观点，落后的教育体制是妨碍中国进步的另一个主要障碍。他写道：

“中国的落后主要体现在教育方面，不过，那些主张中国应该全盘接受欧洲教育，以及认为中国缺乏进步的能力的观点只能说明，这些人对中国历史一无所知，对中国历史上曾经发生的数不清的革命和改革一无所知。熟读中国文献典籍的人非常清楚，中国古代哲学家对人类社会问题曾进行过深刻研究，仁、爱、礼、智是中国思想的本质所在。”④

瓦西里耶夫的结论是，“中国的落后恰恰在于对礼关注过多，评价过高，与现实不符”。⑤ 为了进一步阐释自己的观点，瓦西里耶夫还详细叙述了与西方教育体制迥异的中国的科举考试，简要介绍了逐级选士的具体过程，必读的四书五经等典籍，以及死记硬背的学习方法。针对此种教育体制下培养出来的人才，他感叹道，“中国的天才们（指科举考试高中者——笔者注）不仅不学习算术、物理、自然历史，而且他们对自己本民族的历史、地理、语言都缺乏系统了解。”⑥

---

① Васильев В. П. , Китайский прогресс, ——Открытие Китая, СПб. , 1900г. , стр. 139.

② Васильев В. П. , Китайский прогресс, ——Открытие Китая, СПб. , 1900г. , стр. 144.

③ Васильев В. П. ,Китайский прогресс, ——Открытие Китая, СПб. , 1900г. , стр. 147.

④ Васильев В. П. Китайский прогресс, ——Открытие Китая, СПб. , 1900г. , стр. 147-148.

⑤ Васильев В. П. Китайский прогресс, ——Открытие Китая, СПб. , 1900г. , стр. 149.

⑥ Васильев В. П. Китайский прогресс, Открытие Китая, СПб. , 1900г. , стр. 151.

按照瓦西里耶夫的观点，阻碍中国进步的另一障碍是专制政体，用他的话讲，专制制度的严重后果主要在于，“一方面，政府欺骗人民，另一方面，人民不相信政府。”①

《中国的进步》的第二部分文字不多，瓦西里耶夫从商业入手，简要分析了中国发展商业的有利条件，将其归纳为五个方面：资本雄厚；劳动力低廉；中国人聪明能干，能够掌握任何复杂技术；吃苦耐劳，有能力与对手进行竞争；作为茶叶、丝绸、瓷器之乡，世界需要中国甚于中国需要世界。②与此同时，瓦西里耶夫还批判了西方列强对中国的侵略行为，驳斥了反对中国人向美洲、欧洲大陆移民的观点，他总结道：

“综上所述，我们发现，中国的进步只是朝霞微露，至于她能否迎来灿烂的曙光，能否迎来阳光明媚的日子，能否迎来令世界震惊的时刻，只有未来能够做出回答。我们认为，这都取决于中国政府，我们还不能肯定，它是否已经下定决心实施改革。

我们认为，中国具备在思想上、工业上和政治上取得进步的实力。她对科学的尊重，以及不惜时间教育人民刻苦学习的愿望都将证明，世界上将会出现一个最有教养的民族，中国将培养出自己的学者，他们不但能与其他国家的学者携手从事科学研究，而且能够取得更高成就。……这个用自己的方法、思维创建了独特的生活方式的古老民族将兑现继承其他民族在物理学等学科方面取得的最新成就的承诺，并能产生自己的发明家。”③

本文的最后，瓦西里耶夫对造成大部分中国人精神萎靡的鸦片在中国的快速传播极为反感，对吸食鸦片之风在中国的蔓延表示了深深的忧虑。他写道：

“在中国还有一项不容置疑、令人震惊的进步，目前它已经大大超越了世界上的其他国家，这就是吸食鸦片。先是少数人吸食，而且只集中在一些沿海城市，现在整个中国，不仅内陆地区，甚至包括满洲地区和蒙古一带都在吸食鸦片。……毫无疑问，吸食鸦片是一种毁灭性的仍然在继续的自我残杀。”④

---

① Васильев В. П. Китайский прогресс, Открытие Китая, СПб., 1900г., стр. 153.

② 同①, стр. 155-158.

③ 同①, стр. 162-163.

④ Васильев В. П., Китайский прогресс,——Открытия Китая, СПб., 1900г., стр. 163-164.

综上所述,瓦西里耶夫的政论作品明显带有狭隘的民族主义倾向。他将近代中国在科技方面落后于欧洲的最主要原因,归咎于清政府的闭关锁国政策,他批判了清政府在处理对外事务上所坚守的“中国中心主义”原则,甚至提出了人类未来的发展趋势必然是各民族文化逐渐走向大融合的主张,他认为,“终有一天,为了携手发展,为了齐心协力征服大自然,人类大家庭必将摆脱分裂状态,融合成一个不可分割的整体。”[①]但是,在这一冠冕堂皇的理由背后却掩藏着狭隘的民族主义的私心,即实质上,瓦西里耶夫存在以俄国利益为出发点的、为沙俄政府对外扩张进行辩护之嫌。比如,针对第二次鸦片战争爆发后,俄国使节参与调停一事,他的评价是“俄国尽了一切可能才最终使中国免受侮辱”,“(俄国——笔者注)没有同中国开战,并且第一个与中国签订条约(指《天津条约》——笔者注),尤其令清朝政府感到欣慰的是,由于俄美两国出色的调停工作,《天津条约》的签订不是在隆隆炮声之下,而是在俄美劝解下按照自愿原则签订的。”[②]但是,实际情况并非如此。据中国史料记载,英、法两国发动侵华战争后,沙皇政府一面指使西伯利亚总督穆拉维约夫用武力对中国进行威胁,一面任命海军少将普提雅廷等为谈判代表于 1857 年 2 月出使中国,使尽一切手段对清政府进行讹诈。在三番两次的威逼利诱未果后,名义上作为中、英、法三方的调停代表的普提雅廷,暗中积极为英法侵略者出谋划策,他提出“除去向北京施加压力之外,对中国政府没有其他办法,而使这种压力生效的最好手段,莫过于用吃水浅的军舰径自开进白河。”[③]而针对《天津条约》的签订,瓦西里耶夫欣喜地写道,“在天津,中国的闭关锁国状态连同阻碍所向无敌的欧洲文明传播的炮台一起被捣毁了!通过在这里所签订的和平条约,强行向中国政府获得了中国人民自己希望获得的东西。其他国家只在中国事务中起了桥梁作用。这就是我们对这一事件的看法。我们深信,今后的人类历史也会这样评判它。”[④]

---

① Васильев В. П. Открытие Китая, СПб., 1900г., стр. 1-2.

② Хохлов А. Н. Внешняя политика Китая в публикациях В. П. Васильева, Общество и государства в Китае, Двадцать пятая научная конференция, Часть 3, Москва, 1994г., стр. 280.

③ 复旦大学历史系《沙俄侵华史》编写组编:《沙俄侵华史》,上海人民出版社,1986 年,第 36 页。

④ Васильев В. П., Открытия Китая и другие статьи академика В. П. Васильева, СПб., 1900г., стр. 6.

另外，在瓦西里耶夫论述中俄贸易关系的政论作品中，对必经之路的中亚地区进行了理论上的改造。当时的情形是沙俄将哈萨克斯坦、中亚的广大土地据为己有后，俄国本土有些人认为，这些地区的居民都是无法征服的游牧民族，他们根本不会给俄国带来任何利益，与为此所花费的大量财力相比得不偿失。瓦西里耶夫坚决反对这一观点，他写道，"土耳其、吉尔吉斯草原是大自然对人类的赏赐，是大地上的花园，是值得我们付出的地方"。① 他甚至提出了具体的改造措施，认为要想使游牧民族接受定居生活，首先必须发展农业。他建议把土地分配给牧民，赋税的收取不再根据他们所拥有的牲畜的头数，而是按照放牧牲畜的土地的数量，这样一来，依照瓦西里耶夫的想法，牧民们为了减少上缴赋税的数额，不得不放弃多余的土地，而政府就可以将"剩余"土地转给那些想从事耕作业的农民，让聚居在农业居民附近的牧民亲眼看到定居生活的好处，从而转向农业生产，最终采纳定居的生活方式。虽然，瓦西里耶夫清楚地知道，要想改变一个民族经历了漫长的历史时期所形成的生活方式并非是一件轻而易举的事情，但是他依旧乐观，甚至可以说是固执地认为，定居生活终将把牧民们吸引过来。

而瓦西里耶夫之所以费尽心机试图改造中亚地区，主要目的是想让这一地区变成"特殊缓冲带"，成为沙皇俄国通向中国、印度的捷径。因为，在瓦西里耶夫看来，俄国通向中国的海上商路并不发达，在这方面根本不是西欧国家的竞争对手，因此必须在陆路方面另找途径。他认为，经由哈萨克斯坦开展俄国与东方，其中主要是中国的贸易关系的可能性在客观上是存在的，即使仅同内陆盛产茶、丝、矿产的四川、甘肃进行商贸往来，也会获益不菲。他甚至坚信，这条商路的繁荣与俄国未来发展前景关系密切，他乐观地写道，"……从塞米巴拉金斯克向南直到阿拉木图……在这条线路上我们有两个著名商业中心：赤塔和伊犁。从西面通向这两个中心的位于吉尔吉斯草原上的谢米列奇耶州是我们的领土。这样，我们就掌握了从东、北、西三面通往中国的所有陆路……"②

由此可见，瓦西里耶夫对清政府锁国政策的批判，对中俄关系的论述，是以传播欧洲文明为出发点，以本国利益为宗旨，明显表现出狭隘的民族

① Васильев В. П., Россия и Средняя Азия, ——Рыночный вестник, 1873г., No. 335.

② Васильев В. П., Россия и Средняя Азия, ——Рыночный вестник, 1873г., No. 335.

主义倾向。也就是说,就此而言,20 世纪 80 年代中国学者对这位“动荡年代的中国通”的政治角色的定位并非空穴来风,而是有一定依据的。

除了政论作品,瓦西里耶夫还从考古入手,通过对中国古代钱币、铭文的考察来阐述中国历史以及古代中国与其他国家的文化交往。

1854 年末,参照清代张崇懿编辑的二十卷《钱治新篇》,瓦西里耶夫完成了 1113 枚中国古钱币的分类和记录工作,成果保存在喀山大学古钱币办公室。1855 年,法语和俄语版的《喀山大学古钱办公室钱币出版目录集成》的发表,标志着这一工作的最终完成。这是瓦西里耶夫从文献资料的角度整理和研究中国古钱币的开始。同年,瓦西里耶夫还发表了一篇《论银角子》的文章,考证得出这些银两的生产时间是清朝乾隆五十年(1785),根据是上面清晰地写着“天伦”二字,是纪念乾隆皇帝于 1785 年在宫中招待 60 岁以上的官员开设的“千叟宴”而制造的。此后,1878 年,瓦西里耶夫在《喀山大学历史、考古和民族学会公报》上发表《1877 年在布尔加拉赫村发现的一枚 10 或 11 世纪的中国钱币》(О замечательной китайской монете конца X или X1 века, приобретенной в селе Болгарох в августе 1877г.)一文。该钱币是在俄国内陆伏尔加河流域的博尔加尔村[①]发掘出来的,据瓦西里耶夫推测,它是通过唐古特人[②]传入俄国的。在他看来,这枚小小的钱币不但极其珍贵,而且意义重大,它是中俄两国具有悠久的文化交流史的最好见证。

关于中国古代和中世纪刻在岩石上的铭文的考察,瓦西里耶夫已经发表的文章数量不是很多,主要有 1878 年刊登在《圣彼得堡皇家科学院院报》上的《阿穆尔河附近特林屯山崖古迹铭文考》(Записка о надписях, открытых на памятниках на скале Тыр близ Амура),1897 年发表在《鄂尔浑百科著作集》第三期上的《柴达木和卡拉巴尔卡松盆地鄂尔浑中国铭文考》(Китайские надписи на орхонских памятниках в Кошо Цайдаме и Карабалгасуне)等,绝大多数文章均以手稿的形式保存在档案馆中,如《关于维吾尔铭文古迹摘录》、《云南古迹》、《论西安府宗教古迹》等。

---

① 今乌斯宾斯科耶村。

② 我国清代文献中对青藏地区及当地藏族的称谓。

二、研究特点

作为19世纪中国历史研究的集大成者，瓦西里耶夫的研究既有超越于时代的先进性，同时又具有一定的局限性。以下我们将主要通过分析《10～13世纪中亚东部的历史和古迹》和《元明两朝关于满族人的资料》两部专著在使用材料、阐述方式、思想主旨和研究方法等几个方面的特点，对瓦西里耶夫的中国历史研究作以归纳总结，并剖析其观点的形成根源。

（一）翔实丰富的中文文献基础

瓦西里耶夫在中国历史研究方面所取得的学术成就是其多年教学实践的结晶，对此斯莫林曾作过论述，“在圣彼得堡大学编写远东历史和地理教材的工作促使瓦西里耶夫有机会对该领域进行更广泛、更系统的研究。他在19世纪出版的大部分学术著作以及保存下来的手稿，无疑都源于高校教学工作的需要。”[①]有人说得更明确，“瓦西里耶夫已经出版的有关中国历史和地理方面的著作，只不过是他内容详尽的讲座和笔记的片断。”[②]也是说，瓦西里耶夫在中国北部边疆史研究方面的代表性作品，无论是《元明两朝关于满族人的资料》，还是《10～13世纪中亚东部的历史和古迹》，以及其他作品，都是应高校教学的需要而诞生的，具有学术研究与教学实践紧密结合的特点，而翔实丰富的中文文献基础则构成了瓦西里耶夫史学著述的一个重要特色。对此前苏联学者冈察洛夫曾这样总结，“在完整翻译原始文献资料的基础上得出结论，是瓦氏与我国当代一些学者的区别所在。”[③]

如前所述，收集中国及其邻近国家的历史文献资料，具体到农用工具、古代铭刻、书信等，是瓦西里耶夫1839年前往北京之前就已经锁定的出国

① Смолин Г. Я., Васильев В. П. и преподавание истории Дальнего Востока в Петербургском университете во втором половине XIX в., История и культура Китая, Наука, 1974г., стр. 75.

② Григорьев В. В., Императорский Санкт-Петербургский университет в течение первых пятидесяти лет его существования. Историческая записка, СПб., 1870г., стр. 274.

③ Гончаров С. Н., Цзинь чжи в переводе В. П. Васильева, ——Общество и государство в Китае, Двадцать вторая научная конференция, Часть 3, Тезисы и доклады, Москва, 1991г., стр. 188.

学习任务，已经出版和至今仍保存在档案馆中的瓦西里耶夫的学术遗产充分证明，他的中国史料学研究的范围极其宽泛，涉及了作为历史科学的铭刻学、外交学、古钱币学、年代学、系谱学、计量学、地理学、地名学等，而且不仅仅局限于书面文献，还谈到许多中国古代实物，如铭刻学的一个分支——钱币，农作物的一种——齿状苜蓿，祭祀的佛堂等，以及中国同其他民族和邻国交往的资料等。具体到史学著作中，例如在阐述满族的发展状况时，他不仅考察了清政府主持编写的《满洲源流考》，明朝时官方编写的一些史书，而且利用自己掌握蒙语的语言优势，追溯到译成蒙文的汉语书籍，甚至对当时的行政区划、居民城市、山川河流，以及在与满族人有过接触的一些辽东将领的传记、奏折中去寻找最原始的资料。例如，在《元明两朝关于满洲人的资料》瓦西里耶夫这样写道：

"我们发现，在1493年上报朝廷的奏折中有如下内容：永乐年间各州府分封了都督等官职，目的是使其臣服于政府、效忠皇帝。但是后来，这些官吏控制不了自己的下属，致使边境长期不得安宁。所以，至今都督一职只授予那些在任职期间无过错、下属没有发动暴乱的官吏的后代。倘若有暴乱发生，官吏的后代只能被授予直护使一职，而都督则在乌卢斯中选择可信赖的人。总之，继承下来的官位会越来越低，高一些的官职给了那些教导下属有方、解救过大批俘虏的官员……"①

在大量的文献资料中，瓦西里耶夫对珍贵的中国文化原典给予了足够重视。虽然他涉足了中国文化的众多领域，但是在研究中他所选取的几乎都是每一领域的经典作品，比如，历史方面，二十五史全部包括在内，具体到满清史地研究，则重点介绍了《辽史》、《大金国志》、《蒙鞑备录》、《契丹国志》、《宁古塔纪略》、《圣武记》、《盛京通治》、《满洲源流考》等；思想宗教方面，对诸子百家作品、程朱作品、《佛藏》、《道藏辑要》、《大唐西域记》、《高僧传》、《百论》、《云笈七籤》等重要典籍都作了阐述；文学方面，《红楼梦》、《西游记》、《聊斋志异》、《三国演义》、《水浒传》等小说，《西厢记》、《好逑传》、《牡丹亭》、《桃花扇》等经典戏剧作品，以及李白、杜甫、苏轼等名家的诗作；其他方面还介绍了《齐民要术》、《农政全书》、《农桑辑要》、《茶经》、《黄帝内经》、《本草纲目》等各个领域的集大成之作。以上事实可

① Васильев В. П. Сведения о маньчжурах во времена династий Юань и Мин, СПб., 1863г., стр. 65-66.

以充分说明瓦西里耶夫的汉学研究建立在对中国文化全面、深刻的理解之上。关于这一点，北京大学徐万民教授曾做出过这样的评价，“中国文化遗产浩如烟海，但真正称得上经典的却不多。瓦西里耶夫在《中国文学史纲要》中介绍的绝大部分是被称之为经典的文化珍品，表现了作者高水平的鉴赏能力和对中国文化遗产全面深入的了解。”①

（二）历史与地理紧密联系的阐述方式

历史与地理紧密联系的阐述方式的采用，是瓦西里耶夫中国历史研究的另一特点。按照他的观点，地理条件和种族问题是历史发展的重要因素，但不是决定性因素，同时强调各种因素对人类历史发展的综合性影响，反对单纯从地理学或民族学角度解释生活中的各种现象，换言之，按照瓦西里耶夫的观点，历史与地理是联系紧密的两个学科，对历史问题的论述，必然涉及地理，而在考察地理现象时，也一定涉及对历史的探究，他认为：

“自然条件，确实对人类的从业性质产生影响，正如在森林地区人们多以狩猎为生，在草原地区多以畜牧为主，但这毕竟是原始的、被称为野蛮时代的人类社会的生产方式。我们知道，无论在森林地区，还是草原地带，倘若土壤和气候条件允许，都可以进行农业生产，其中，气候条件对农业生产的影响只表现在物种的选择上。”②

瓦西里耶夫对地理条件的重视主要表现在，作为 1867 ~ 1868 年在圣彼得堡出版的《汉语文选》的补充材料，他创作完成了《中国地理概况》（Очерк географии Китая）、《汉语标注中国大地图》（Большая карта китайских владений на китайском языке）、《中国古代地图》（Географические карты древнего Китая）等地理作品。其中，《中国地理概况》不仅阐述了中国的地理情况，而且介绍了其研究史的发展状况，重点论述了中国历史上的一些重要地理著作，其内容在《中国文学史纲要》、《中国文学史资料》中都曾经出现过，且几近相同，因此这里不再赘述；《汉语标注中国大地图》是瓦西里耶夫在北京学习期间绘制完成的，只可惜未能出版；《中国古代地图》于 1854 年刊登在《俄国皇家地理学会丛刊》第二卷上，共包括

---

① 徐万民：“关于清季俄国汉学史的几点思考”，载《中俄关系的历史与现实》，河南大学出版社，2004 年，第 61 ~ 62 页。

② Васильев В. П. Три вопроса，СПб.，1878г.，стр. 38.

中国古代地图 12 幅。

在瓦西里耶夫的地理作品中，文章《关于北京的回忆》[1]篇幅较大，共 43 页，最早于 1861 年刊登在《北方蜂蜜》杂志上，同年，其单行本发行，后又于 1900 年经过删减后收入文集《中国的发现》。开篇，瓦西里耶夫就从冬季严寒的气候、贫瘠的土壤、贫乏的物产、干旱水灾频发、偏僻的位置和低劣的水质等几方面入手，指出北京并不适宜作为首都。[2] 随后，通过追溯历史，瓦西里耶夫总结得出，处于南北交通枢纽的地理位置和统治者最初抵御外敌的构想，是北京在 10 世纪第一次被定为首都的最主要原因。[3] 另外，他详细介绍了随俄国东正教使团从蒙古入中国后前往北京沿途的山脉、关隘、乡村、城镇、居民等各方面的风貌，记录了北京郊区的陵墓、寺庙、北京城的城墙、护城河等。

他这样描写第一次跃入眼帘的中国的城镇、乡村和居民，“完全是另外一种生活图景。沿途的所有城镇都弥漫着一种极为陌生的嘈杂与喧嚣。最初，还以为人们会跑过来围观，结果什么都没发生。他们只是一些普通的城镇居民！当你经过乡村的时候，会惊异于孩子数量之多；大人们都忙于劳作，只有孩子们在街上跑来跑去。人数之多使你不得不相信，中国的确是一个人口大国，这并非杜撰。”[4]

关于北京郊区的墓地，瓦西里耶夫写道，“如果坟茔一个挨着另一个，那么这里多半埋着死去的流浪汉、穷苦百姓；有钱人的墓地都很大，有的甚至比我国的整个陵园还大；高官显贵、皇帝的陵墓更不必说：简直有一座城池那么大。”[5]

关于中国的城市及其布局情况，瓦西里耶夫写道，“城市四周一定被城墙包围，就像我国的城堡”[6]，以及“居民的房屋一般建在街道两旁，房前是一块空地，被开垦成菜园或者被当作私家墓地。夏天，道旁的绿荫里有很

① 俄国学者科金（С. А. Козин）在《根据苏联科学院亚洲博物馆资料整理的 В. П. 瓦西里耶夫院士已出版和未出版作品概述》（Библиографический обзор изданных и неизданных работ акад. В. П. Васлильева по данным Азиатского музея Академии наук СССР）一文中将《关于北京的回忆》归入地理类。

② Васильев В. П.，Воспоминание о Пекине，СПб.，1861г.，стр. 1-3.

③ Васильев В. П.，Воспоминание о Пекине，СПб.，1861г.，стр. 5-7.

④ Васильев В. П.，Воспоминание о Пекине，СПб.，1861г.，стр. 11-12.

⑤ Васильев В. П.，Воспоминание о Пекине，СПб.，1861г.，стр. 13.

⑥ Васильев В. П.，Воспоминание о Пекине，СПб.，1861г.，стр. 17.

多敞开着门的小饭馆，人们可以在这里纳凉、喝茶、下棋、猜谜语，有时甚至作诗，也有一些常年营业的饭馆，周围建有池塘、林荫道等令人心情愉悦的设施。”①

关于北京城的生活图景，瓦西里耶夫有详细而生动的描绘，他写道：

“城门口总是拥挤着像小山一样的人群。有的往城里走，有的往城外去。恰好有一辆两轮的木轴大马车经过，车上拉着要卖的粮食。马、骡子、驴，甚至牛都可以用来驾车，总之，家里养的大牲畜都可以。迎面一辆装着大桶的送水车蹒跚而来，它只有一个轮子，安在车轴的中间，车上放了四五个盛水桶，这些水桶滴滴答答往外漏水。桶很大，即使是一个健壮男子，倘若尚未习惯这种工作的话，恐怕也根本挪不动它们，更别说把它们底朝上翻转过来了。而我们的车把式拉着车，绳子套在脖子上。这时，身边有五六个进城卖菜的人走过，用扁担担着晃悠悠的菜筐。筐里装着白菜、香瓜、甜菜和其他青菜。迎面又走来一辆慢吞吞的驴车，车很高，从后面几乎看不见前面瘦小的驴子。……紧跟在后面的是骆驼队，骆驼们把脖子伸向你，似乎在说它们看见你了。骆驼的脖子上挂着叮当作响的铃铛，背上放着装煤的袋子，北京的骆驼大都运煤，一般不做别的工作。当然，冬天时节蒙古王爷们也乘骆驼进京，这时骆驼队驮着的就是野兔、野猪和其他野味。骆驼队的后面是送葬队伍。先是一些光着脚的穷人，身着丧服，即黑色的袍子和黑色的帽子。两人一列肩上扛着各种纸扎的动物以及伞盖、旗子等。一般这个队伍会延续很长的距离，紧随其后的是抬祭品的队伍，最后出现的是抬棺木的队伍。这次没有灵车，穷人一般用人抬，有钱人有时要用上一百个壮劳力。送葬队伍是不可侵犯的，所有人都要为其让路。……在北京只有达官显贵才坐轿，轿夫跑得快极了。护卫在最前面，轿夫们紧随其后。轿夫们都是又年轻、又强壮的男子，穿的也很体面。”②

综上所述，《关于北京的回忆》以游记形式，按照时间顺序，记述了自蒙古进入中国领土后前往北京沿途所见的各种地貌、人文风貌、历史沿革和名胜古迹，以及纳入瓦西里耶夫视野的北京城的大街小巷、房屋宫殿、商铺戏院、街头图景等真实的生活画面，从这个意义上说，笔者认为，该文更像一篇旅游杂记或随笔。

---

① Васильев В. П., Воспоминание о Пекине, СПб., 1861г., стр. 18.

② Васильев В. П., Воспоминание о Пекине, СПб., 1861г., стр. 38-41.

另外，在对中国地理进行介绍的过程中，瓦西里耶夫还完成了大量翻译作品，它们是《满洲志》(Описание Маньчжурии)、《宁古塔纪略》(Записки о Нингуте)、《军机大臣马思哈出巡北部边疆日记》(Дорожник члена государственного совета Масыха в походе на север до границы)、《汇入阿穆尔河的各大河流概述》(Описание больших рек, впадающих в Амур)和《西藏地理》(География Тибета)。

《满洲志》是根据清代阿桂等纂修的《盛京通志》节译的，于1857发表在《俄国皇家地理学会丛刊》第十二卷上。在译文之前附有十页左右的"前言"，原文缺标题。瓦西里耶夫简要概述了满洲的地理位置，山川、河流的分布情况，城市、居民、水路交通等，以及《盛京通志》、《宁古塔纪略》和《水道提纲》等著作的作者及主要内容。《满洲志》的译文为三十二开本，约六十六页左右，是从原文一百三十卷的《盛京通志》中节译下其中七卷的部分内容。按照瓦西里耶夫的行文顺序，我们将其依次列出，即第二十四卷"疆域形胜 盛京统部"中的全部内容，即"奉天府"、"锦州府"、"吉林"和"黑龙江"四小节；第三十二卷"城池四 黑龙江"，瓦西里耶夫只节译了其中的第三小节"黑龙江境内历代旧有城址"；第三十五卷"户口一 盛京丁赋户口编制"的全部内容。瓦西里耶夫并没有完全按照原文翻译，他不但在译文前加注了说明，而且依次将奉天府、锦州府、吉林各属和黑龙江各属的情况编制成表格，纵向是年代，横向是村数、纳税人数、税银总数、家庭总数和人口总数，这样一来，盛京各地的丁赋户口情况便一目了然了；第三十七卷"田赋二"中的最后一部分，即"各属税课"。在翻译时瓦西里耶夫也作了一些改动，他先是列出各种征税项目，然后用表格勾画出奉天府一地的情况，纵向是奉天府各属地的名称，横向依次是牛马税、当铺税、房号税、经济牙行税；第五十二卷"兵防二"的第二小节"黑龙江将军所属员额兵额"和第三小节"各属战船"。严格说来，该部分内容不完全属于译文范畴，而是瓦西里耶夫根据原文资料所作的转述，主要内容是关于整个北满洲的兵防情况，其间还夹有个人评论，比如针对中国在乌里雅苏台等地的驻兵情况，他认为，"中国皇帝确实值得敬佩，向西伯利亚派出十万大军对他来说并非难事，而且具有很强的战斗力，很显然，乾隆皇帝对我们已经不那么友好了，但是我国对此却没有给予足够的重视。"① 至于"各属战船"，瓦西里耶夫只节译了吉林、齐齐哈尔、墨尔根和黑龙江四地驻扎的大小战船数量，其他内容一概舍去。不过，译文与原文有所区别，原文是旅顺口及其他三地，但是瓦西里耶夫译出的是吉林府和其他三地，他强调指出，"吉林府所驻的战船数目不清，只知道该地设有四品官员两名，五品官员两名，六品官员两名。"② 在这一部分的最后，是瓦西里耶夫列出的黑龙江各属地驻兵情况一览表和该表的注释；第三十三卷"关邮"，该部分译文与原文也不完全一致，瓦西里耶夫首先对满洲的关邮情况作以概括性介绍，然后以表格形式，将原文的前四小节，即"奉天府关隘"、"锦州府关隘"、"吉林边隘"和"黑龙江边隘"分作"山海关至呼伦布雨尔"、"吉林至黑龙江"、"四条横向站道"三部分列出图表，依次标注出每条站道上的站名，以及各自位置；第五十一卷"兵防一"，瓦西里耶夫依旧采用图表形式，依次列出东南边境、西南边境、吉林府各驻防站的士兵人数，以及北部满洲各驻防站的名称。

以上是译作《满洲志》的全部内容。虽然《满洲志》是瓦西里耶夫参照《盛京通志》的部分章节所作的翻译，但他并没有按照原文作逐字逐句的对译，文中的介绍、评论、图表、注释足以说明作者做了大量的筛选、整理、归纳工作，这使译文看上去与原文相距甚远，在一定程度上具有再创作性质。

与《满洲志》的译文同卷发表的还有另一篇译文，即《宁古塔纪略》，后者是作为前者的附录发表的。关于这篇译文，法国学者加斯东·加恩早在1912 于巴黎出版的《彼得大帝时期的中俄关系》一书中曾经提及，他写道："瓦西里耶夫在《俄国皇家地理学会札记》③第 12 卷，1857 年，第79～109 页中，曾将 18 世纪初期的一本中国传记译成俄文，但未明确注明出处将俄文译文转译成法文。"④

---

① Васильев В. П.，Описание Маньчжурии，——《Записки имп. Русского географического общества по общей географии》[ЗИРГО]，1857г.，Т. Х11.，стр. 55.

② Васильев В. П.，Описание Маньчжурии，——《Записки имп. Русского географического общества по общей географии》[ЗИРГО]，1857г.，Т. Х11.，стр. 57.

③ 加恩将瓦西里耶夫译作瓦西利耶夫，将《俄国皇家地理学会丛刊》译作《俄国皇家地理学会札记》。

④ [法]加斯东·加恩著，江载华、郑永泰译：《彼得大帝时期的中俄关系》，商务印书馆，1980 年，第 15 页。

与《满洲志》的译文不同,《宁古塔纪略》是逐字逐句的对译,瓦西里耶夫所翻译的作品是清代学者吴振臣的同名著作。原著生动而详尽地描述了作者随父流放宁古塔20年间的所见所闻,特别是宁古塔丛莽初辟时的风光和古朴淳厚的民俗。译文篇幅不大,全文只有30页,其中还包括译文前面对原著及作者的简短介绍,这里,瓦西里耶夫对《宁古塔纪略》的史料价值作了突出强调,他写道:

"为了更深入地了解满洲的风土民情,我们认为,首先应该阅读《宁古塔纪略》,虽然这部作品早在18世纪初就已经创作完成,但是至今仍未失去其存在价值,……据我们所知,《宁古塔纪略》是中国唯一一部关于满洲的私人纪略……"①

如果说,《满洲志》和《宁古塔纪略》除了涉及疆域区划、城池古迹等纯地理方面的内容外,还包含有大量风土民情、驻军布防、户籍赋税等非地理方面内容的话,那么瓦西里耶夫的以下译作则是纯粹地理方面的作品。

其中,《汇入阿穆尔河的各大河流概述》一文被分载在《俄国地理学会通报》1857年的第二期和1858年的第五期上,该文节译自清代齐召南编撰的二十八卷本《水道提纲》,瓦西里耶夫只选译了有关汇入黑龙江的各河流的内容,即第二十四卷"赫隆江(黑龙江——笔者注)",文中所涉及的河流有温多河、克鲁伦河、乌苏里河、傍库河、勒言和、呼玛喇河、库兰河等数十条,不但详细介绍了这些河流的地理位置,而且勾画出其流向和里程。瓦西里耶夫节译的部分是了解黑龙江流域水道情况的珍贵资料。

《军机大臣马思哈出巡北部边疆日记》译自《内大臣马思哈出师塞北纪程》,原文是作为附录刊载在《圣武记》第三卷"外藩"第四小节"康熙亲征准噶尔记"之后,共两千字左右。该文以第一人称形式,叙述了康熙二十九年(1680),为抗击进犯边境的准噶尔部,马思哈奉命率军北上前去与绥远大将军裕亲王会师,他在出长城、经张家口、戈壁滩的沿途记录下的关于所经之地的地形、天气、动植物等诸多内容。瓦西里耶夫的译文先是刊登在1880年的《俄国地理学会通报》上,后于1881年在圣彼得堡由维·别扎波拉佐夫任责编石印独立出版发行。

《西藏地理》的译文早在19世纪40年代瓦西里耶夫在京期间就已经

① Васильев В. П., Записки о Нингуте, ——《Записки имп. Русского географического общества по общей географии》[ЗИРГО], 1857г., Т. XII., стр. 79.

完成[1],译作于1895年在圣彼得堡石印出版,32开本,全文近100页,前面设有简短前言,文中加注了大量藏文注释。书中详细记述了西藏,以及与之接壤的印度、尼泊尔的地理风貌,包括喜马拉雅山脉和青藏高原的山川、河流、湖泊、气候等自然地理情况。《西藏地理》的封面上清晰注明“译自敏珠尔胡图克图的藏文著作”。关于原作品及其作者,瓦西里耶夫在前言中作了介绍:

“关于作者敏珠尔胡图克图,只知道他曾于19世纪二三十年代协助清朝政府管理京属喇嘛及其寺院,于1839年去世。据说,有一次清朝皇帝嘲笑喇嘛们竟然不知道地球是圆的,于是他跑去俄国人那里索要地理方面的资料。他特别提到一个叫奥士普的俄国人,也就是1830年到京、后来成为著名学者的奥希普·米哈伊洛维奇·科瓦列夫斯基教授。应该说,敏珠尔胡图克图《简明世界地理》(Краткая география всего мира)的手稿确实是在俄国人提供的资料基础之上编纂完成的。但我们感兴趣的是,他本人是如何对西藏地理进行阐述的,以及他对印度的介绍并非根据欧洲已有的资料。我所翻译完成的这部分内容的藏文原文保存于圣彼得堡大学图书馆。”[2]

综上所述,节译中国古代地理书籍,阐述中国地理,尤其是古代地理状况,已经成为瓦西里耶夫研究中国历史的一种辅助手段,对此他这样解释道:

“为了让读者进一步关注对中国的研究,了解《盛京通志》、《宁古塔纪略》等地理方面的资料是必要的和有益的;为了对满洲历史能有一个全面地了解,争取今后连续刊发一些类似的文章。我们认为,要使历史资料准确无误又易于理解,必须首先研究地理,先是现代地理,然后是古代地理。倘若只是按照今天的地名、河流名、山川名去找寻古代遗址,甚至探寻官方史料中没有记载的部族踪迹,绝对不是明智之举。”[3]

追根溯源,瓦西里耶夫对地理因素的重视在很大程度上应该是受中国史籍的影响,比如,他多次提到并参考的《满洲源流考》,就是采用历史与

---

① Васильев В.П., География Тибета, СПб., 1895г., предисловие.

② Васильев В.П., География Тибета, СПб., 1895г., предисловие.

③ Васильев В.П., Записки о Нингуте, ——《Записки имп. Русского географического общества по общей географии》[ЗИРГО], 1857г., Т. Х11., стр. 79.

地理并重的阐述方式，甚至在该书成书之后也是作为史部地理类被收入《四库全书》和《清史稿·艺文志》中，书中地理方面的内容之多由此可见一斑。再如，宋代宇文懋昭撰写的《大金国志》、明代宋濂等人撰写的《元史》以及清代脱脱等人撰写的《辽史》等，在这些瓦西里耶夫参考较多的中国史籍中，普遍列入了大量有关城池、山脉、河流等地理因素的内容，正如俄罗斯学者斯莫林所讲，“在中国，自古以来就有将地理著作列入史籍的传统。”① 因此，瓦西里耶夫受此影响，将对地理的研究视为阐释人类历史的一个重要方面也就不难理解了。

（三）批评性研究方法

瓦西里耶夫对中国文献资料真伪的辨别与考证贯穿于他对中国文化研究的各个领域，其中在历史研究方面尤为突出。如前所述，在《10～13世纪中亚东部的历史和古迹》和《元明两朝关于满族人的资料》等历史著作中，瓦西里耶夫以批判和怀疑的态度对待中国史籍，对中国史料的真实性和可信性提出严正质疑。正如瓦西里耶夫本人明确表述的自己在整个中国历史研究中所遵循的原则，即“为了对某一个别历史事件拥有一个完整的概念，弄清事件的真相，必须全身心地投入到工作中去，对所有记录这一事件的史学著作进行筛选阅读，用批评的态度对待中国历史，不断提出问题。”②

瓦西里耶夫的这种研究方法，一方面，带有本国“怀疑”学派的思想倾向，另一方面，体现了来自欧洲史学理论的影响。

众所周知，19世纪30年代初，在俄国史学研究中出现了一个新的派别——“怀疑”学派，代表人物是莫斯科大学教授卡奇诺夫斯基，他在一系列的论文中成功地证明了俄国编年史提供的许多材料纯属无稽之谈，因此号召批判地研究编年史。而瓦西里耶夫在对中国历史进行阐述时所采用的批评性研究与“怀疑”学派的研究方法很接近，两者均将批判的矛头指向了编年史资料，均是通过考证史料的作者、成书时间等来辨别

① Смолин Г. Я. Васильев В. П. и преподавание истории Дальнего Востока в Петербургском университете во втором половине XIX в., История и культура Китая, Наука, 1974г., стр. 74.

② Васильев В. П. Сведения о маньчжурах во времена династий Юань и Мин, СПб., 1863г., стр. 15.

其真伪性。

另外,瓦西里耶夫在历史研究中坚持追本溯源、考证原始资料的实证主义研究方法,体现了来自欧洲的史学思想的影响。虽然,瓦西里耶夫不是一个专业的历史学家,但是在他所生活的时代,西方史学已经经历了从古希腊罗马时代的古典史学、中世纪史学、文艺复兴和启蒙运动时期的人文主义和理性主义史学,以及近代意大利学者维科(Giovanni Battista Vico, 1668~1744)始创、黑格尔和孔德进一步发展的历史哲学几个时期,到了被称作"历史的世纪"的19世纪,已经发展到了一个相当成熟的阶段。因此,瓦西里耶夫对中国历史的研究,或多或少应该受到西方史学思潮的影响。

俄国史学在开端之初就受到德国史学思想的深刻影响。据史料记载,18世纪,包括拜耶尔(Gottlieb S. Bayer, 1694~1738)、缪勒(Gerhard F. Muller,1705~1783)、施洛塞尔(August Ludwig von Schlozer,1735~1809)在内的著名德国学者或者应邀来俄国讲学,或者自动投效俄国。他们不仅把德国的史学理论带到了俄国,而且把史学思想植根在了俄国的土地上。20世纪以前,在西方史学界享有空前盛誉的又恰恰是德国实证主义史学大师兰克(Leopold Von Ranke 1795~1886)创立的兰克学派,这一派别极为推崇"科学方法"和"客观主义",有人曾对该派的思想特征进行过归纳,其中有这样一条:"要对原始资料进行精详的考证与批判。通过考察资料来源,也包括考察原始材料作者的心理和动机,辨别材料真伪,估价材料的可靠程度和可用范围。"① 而瓦西里耶夫在中国历史研究中对中国史籍真伪的怀疑、资料的考证,试图还中国历史一个真实面目的研究意图,明显带有兰克学派史学主张的痕迹。

归根结底,瓦西里耶夫学术观点的最初源头应该追溯到导师科瓦列夫斯基身上,他不仅将瓦西里耶夫引入佛学领域,而且对其学术兴趣的培养、观点的形成意义重大,用瓦西里耶夫自己的话讲,"我的发展,我的独特的学术观点和国家观念的形成应归功于科瓦列夫斯基教授!他曾经说过:"不要追名逐利,不要无凭无据地批评已经形成的事实,不要幻想能够永远解决某一问题。他的话铭刻在我心中,统领我的全部思想。"②

---

① 徐浩、候建新:《当代西方史学流派》,中国人民大学出版社,1996年,第32页。

② Венгеров С. А. Указ. соч., стр. 154.

总之，瓦西里耶夫对中国史籍的批评性研究，标志着他的史学思想已经开始具有近代社会科学的某些特点，这种追本溯源的治学方法无疑具有一定的进步意义，可以视为他为俄国汉学史上中国历史研究做出的重大贡献之一。不过，对原始资料进行考证与批判所花费的浩繁工作量使包括自己亲传弟子在内的许多后世年轻学者望而却步，奥登堡就曾经明确表述过这样的情绪，"我记得很清楚，他（指瓦西里耶夫——笔者注）的极度怀疑主义令我们年轻人大为震惊，以至于不自觉地对这种徒劳无果的、扼杀创造力的怀疑论产生了对抗情绪。"[①] 结果，绝大多数学生最终背弃了瓦西里耶夫的研究方法，其中格奥尔吉耶夫斯基是最具代表性的一个，前苏联著名汉学家列·瓦西里耶夫院士曾这样说过，"在他（指格奥尔吉耶夫斯基——笔者注）一系列对中国历史和中国文化进行研究的著述中，甚至在一些漏洞百出的汇编性作品中，舍弃了瓦西里耶夫的研究方法，比丘林时代的观念重又复活……，他对中国历史上一些至关重要的、被曲解的事件不作认真分析，在自己的作品中轻易接受那些并不真实的理想图景……"[②]这虽然是对格奥尔吉耶夫斯基的批评，但是从另一个侧面反映了瓦西里耶夫研究方法遭受冷遇的事实。难怪阿列克谢耶夫院士用"瓦西里耶夫悲剧"[③]来描述瓦西里耶夫的一生，而列·瓦西里耶夫院士则说得更明确，"瓦西里耶夫悲剧的实质在于，虽然他为俄国汉学做出了卓越贡献，但却不被理解和接受，最终落得孤独无助的下场。"[④]

三、瓦西里耶夫与俄国中国历史研究

瓦西里耶夫有关中国历史的著述大都是围绕中国北部的契丹、女真、蒙古等少数民族的历史展开的，其中满族主体组成部分的女真人的历史，以及与满族关系密切的蒙古人的历史占有绝对的比重：《10～13 世纪中亚

① Ольденбург С. Ф., Памяти Василия Павлович Васильева и о его трудах по буддизме, ——ИРАН, сер. Ⅵ, 1918г., №7.

② Васильев Л. С., Корифей русскоого китаеведения, ——《История и культуры Китая》, Наука, Москва, 1974г., стр. 17.

③ ［俄］阿列克谢耶夫著，阎国栋译：《1907 年中国纪行》，云南人民出版社，2001 年版，第 274 页。

④ Васильев Л. С., Корифей русскоого китаеведения, ——《История и культуры Китая》, Наука, Москва, 1974г., стр. 16.

东部的历史与古迹》中花费大量笔墨用以阐述女真族和蒙族的历史;《元明两朝关于满族人的资料》是对满族的专题性研究;另外,瓦西里耶夫大量实事评论性质的文章,绝大多数都是针对清王朝的内政、外交与社会现实的评价与看法,今天也应列入清史研究的范畴。可见,满族历史和满族人建立的清朝的历史是瓦西里耶夫中国历史研究的主要方面。

其实,满族历史问题长久以来一直是俄国汉学家关注的重点内容之一,而之所以会有这样的结果,与中俄两国的地缘关系和当时的政治语境密切相关。有俄国学者曾明确指出:"中国建立满族统治的清王朝长久以来一直影响着俄国人对于满语的兴趣,其中还有一个重要因素,即满洲地区是俄国人前往北京的必经之路,尤其在17世纪下半叶更为突出。因此俄国汉学从诞生之日起就与满学关系密切,学习汉语的同时大都要学习满语,而学习满语的同时也需要学习汉语。"① 而我们知道,满族历史研究是满学的重要组成部分之一②,它是随着满学研究的发展而发展的,在满族统治者登上中国的政治舞台之后更是备受瞩目,被大量研究。

俄裔美籍学者安德鲁·马泽洛莫夫曾说过,"俄国,由于它的文化处在欧洲文化和东方文化之间,因此富有把西方文化传播到东方去的'历史使命'。这种东方派里的极端分子却认为,俄国文化和东方文化的关系要比他和欧洲文化的关系更为密切,并且觉得把东方合并到俄罗斯帝国里,使两者融合到一起,是俄国的'历史使命'。"③ 因此,在19世纪下半叶,随着俄国对东方的野心变得更加强烈,在东扩过程中必须解决与中国东北部的少数民族相接触的问题是满族历史研究得以迅速发展的最直接原因,换言之,对这一地区的历史和文化,现实与未来进行研究是俄国政治形势发展的迫切需要。

(一)瓦西里耶夫之前俄国的中国历史研究

比较而言,早期的俄国汉学家在满洲源流问题上投注的精力较大。早在1784年,在列昂季耶夫(А. Л. Леонтьев, 1716~1786)和罗索欣(И. К.

---

① История отечественного востоковедения с середины 19 века до 1917г., М., Восточная литература, РАН, 1997г., стр. 324.

② 关嘉禄:"中国大陆满学研究的回顾与展望",载《中国社会科学辑刊》,1998年第6期。

③ [美]安德鲁·马洛泽莫夫著,商务印书馆翻译组译:《俄国的远东政策(1881~1904)》,商务印书馆,1977年,第47页。

Россохин, 1717～1761）根据《八旗通治》合译的题为《满洲民族和军队的产生及状况的详述》（Обстоятельное описание происхождения и состояния манджурского народа и войска в осми знаменах）一书中，就对“满洲”的来源作了如下推测，他们写道：“满洲汗的始祖平息了三姓动乱，为自己的统治奠定了初步基础，他和他的同盟被称为‘满洲’，而‘满洲’这个词的含义在满洲和中国的书中都没有解释，那他的意思是：挤满了人的国家，而由于这些词不仅不是满洲语言所固有，而且也不可能在他们的语言中留下什么痕迹，因此完全有理由推测，‘满洲’是那些被满洲最早的统治者骗到自己这边来的中国人想出来的，况且，辽东从古时起就住满了中国人，甚至连习俗——在新政府或新王朝建立时授予统治者封号——也是最古老的、最中国化的。”① 上述观点推测的因素过多，缺乏确凿的事实根据，而且存在理解上的偏差。不过，这并不影响列昂季耶夫和罗索欣成为最早对满洲源流问题进行研究的学者之一。

继列昂季耶夫和罗索欣之后，19 世纪俄国驻北京布道团人员戈尔斯基则被公认为研究满洲源流问题的始祖，他的两篇重要文章都是对早期满族历史的考察。在《满洲王朝的发祥和最初情况》（Начало и первые дела маньчжурского дома）一文中，戈尔斯基从历史渊源、地理位置、生活习俗、生产方式、神话传说、行政划分、军事等方面，论述了从 1616 年清太祖自封为“汗”至 1643 年太宗驾崩 30 多年间满洲的发展状况，从他的字里行间渗透出对太祖、太宗两代统治者丰功伟绩的敬仰，他认为，“满洲在两代人统治期间迈出了多么大的一步——这个起先势力范围不过两百里的小部落，后来发展成为一个强国，还控制了中国、朝鲜、蒙古，直至西藏与呼和浩特，这是多么伟大啊！明朝天子也亲自屈尊向太宗求和，朝鲜国王向他下跪祈求宽恕，蒙古王公和汗以藩属和进贡者身份向他叩首，甚至西藏的两大活佛，达赖喇嘛和班禅额尔德尼，也向他祝福并请他作黄教的保护人，从年幼的努尔哈赤到太宗是多么巨大的飞跃啊！”②

在另一篇文章《中国清王朝始祖的出身和满族名称的由来》（О

---

① Леонтьев А. Л. Обстоятельное описание происхождения и состояния манджурского народа и войска в осми знаменах состоящего совместно с И. К. Россохиным, СПб., 1784г., стр. 36.

② 曹天生主编：《19 世纪中叶俄罗斯驻北京布道团人员关于中国问题的论著》，中华书局，2004 年，第 83 页。

происхождении родоначальника ныне царствующей в Китае династии Цин и имени народа Маньчжу)中，戈尔斯基所依据的中文史料是满洲政府颁布的《八旗通治》、《开国方略》和《清文鉴》、《满洲源流考》等书，他既考察了《开国方略》中所记录的清王朝的始祖是天女之子、天赐名“爱新觉罗”、而他给本民族定名为“满洲”的神话传说，也分析了《清文鉴》中关于满洲的定义，即“太祖来自觉罗家族，出生于长白山下，这座山高二百里，方圆一千里。山顶有八十里方圆的塔蒙湖；三条大河发源于山脚：鸭绿、混同、瑷湖。爱新觉罗在长白山东坡，奥莫赫草原上的斡朵里城住下来，平定了叛乱，国号为‘满洲’。后来，皇宫搬到了赫图阿拉，现在的延登（汉语称为兴京）。”①

戈尔斯基通过对“满洲”一词来源的考察，最终得出如下结论：“第一，现统治中国的满洲王朝是女真人的后裔，女真人在公元 12 和 13 世纪统治北部中国，国号‘爱新’，汉语为‘金’；第二，现统治满洲民族的名称是由很久以前赐给现满洲地区的统治者的封号演变而来的。”②

纵观俄国学者针对满洲源流问题的研究成就，从列昂季耶夫和罗索欣的“挤满了人的国家”，到戈尔斯基对爱新觉罗乃天女之子的神奇传说的大篇幅介绍，比较而言，瓦西里耶夫的研究更具近代科学的特点，事实表明，他不但立足于殷实的史料基础之上，而且并未局限于对满洲源流问题的考察，而是在中国历史发展的框架内，将研究重点放在了介绍 10～17 世纪上半叶清朝建立前满族的历史和文化，现实与未来，包括政治、经济、军事、民族、宗教、民俗、民族关系等诸多方面，以及 19 世纪下半叶在东西方碰撞中处于劣势的清朝的政治状况与社会现实。可以说，瓦西里耶夫的研究成就，既是俄国汉学史上满族历史研究的一个重要环节，也代表了当时俄国在中国历史研究领域的最高成就。

（二）对俄国中国历史研究的影响

纵观俄国中国历史研究各个阶段的成果，在瓦西里耶夫之前，俄国汉

---

① 曹天生主编：《19 世纪中叶俄罗斯驻北京布道团人员关于中国问题的论著》，中华书局，2004 年，第 86 页。

② 曹天生主编：《19 世纪中叶俄罗斯驻北京布道团人员关于中国问题的论著》，中华书局，2004 年，第 113 页。

学家多以翻译、介绍为主。例如，第二届东正教团罗索欣1764年出版了根据图里琛的满文《异域记》翻译的《1714年前往伏尔加地区晋见卡尔梅克汗阿琦的中国使团》，以及根据《大清一统志》翻译的《阿尔泰山记》，而1750年前后根据满文翻译完成的五卷本《中国汗康熙征服鞑靼地区游牧民族卡尔梅克史》始终未得出版，一直以手稿的形式保存在档案馆中；俄国早期著名汉学家列昂季耶夫与罗索欣合译了《八旗通志》；第六届东正教团学员阿加福诺夫（А. Агафонов，1751～1794）于1788年出版的《中国皇帝简明年表》是根据《资治通鉴》节译完成的；第八届东正教团学员利波夫措夫（С. В. Липовцов，1770～1841）翻译了《明史》；第十届东正教团成员卡缅斯基（П. И. Каменский，1765～1845）翻译完成的《蒙古成吉思汗业绩史》和《通鉴纲目》手稿；第十一届东正教团诵经士罗佐夫（Г. М. Розов，1808～1853）根据满文翻译了《金史》；曾与瓦西里耶夫一同随第十二届东正教团到过中国的卡法罗夫的《中国关于成吉思汗的古老传说》是根据《皇元圣武亲征录》校本译著的。

当然，在瓦西里耶夫之前，还必须提到比丘林的中国历史研究。众所周知，比丘林曾在中国历史研究方面收获颇丰，他对中国历史的阐释非常准确，材料也很丰富，论据十分充分，结论也相当可靠，是一位出色的中国边疆历史学家。不过，瓦西里耶夫在《10～13世纪中亚东部的历史和古迹》中对比丘林研究成就的评价中，两者之间的区别略见端倪，他写道：

"比丘林的著作，如已经出版的《古代中亚民族史》（История о народах обитавших в Средней Азии）①、《成吉思汗王朝前四汗史》（История первых четырех ханов из дома Чингисова. Переведена с китайского монахом Иакинфом）、《公元前2282年至公元前1227年的西藏青海史》（История Тибета и Хухунора с 2288 года до Р. Х. до 1227 по Р. Х. с картою на разные периоды сей истории）、《准噶尔和东突厥斯坦的历史与现状》（Описание Чжунгарии и Восточного Тюркистана в древнем и нынешнем состоянии）等，提供了作者所收集的有关一些中亚国家和民族的各个历史时期的在中国官方史书中能够找到的所有最主要的资料。但是

① 1851年首版时为文中的题名，后于1950～1953年由俄罗斯科学院再版时改作《古代中亚各民族资料汇编》（Собрание сведений о народах，обитавших в Средней Азии в дрение времена）。

比丘林忽略了一点，那就是在我国能够使用这些文献资料的人还很少。在我看来，他在着手这项工作时，如果能够专门针对这些民族的历史进行阐述的话；在向读者介绍当地的风俗民情时，如果能够并非通过那些不完整的地理注释，而是更生动的图片的话；在简短介绍这些民族所属时期的中国历史时，如果能够做到内容只涉及中国历史的补充材料和附录，而不是在中国史书中已有记载的主要历史事件的话，那么这些著作将完全以另一副面貌出现，并且会取得更大的成功。

但是，拜读过比丘林的译著后我们发现，在中亚各民族历史至成吉思汗统治时期之间存在三百年的历史空白，致使我们对这些民族后来的命运和蒙古的历史舞台上何以会出现那样的昏暗时期一头雾水。我们不能因此而责怪比丘林，因为他向我们传达了在中国官方史书中所能找到的补充材料和附录，而在后来的史书中这些内容不再存在，比丘林的介绍也随之中止。也就是说，比丘林所掌握的中亚历史资料截至唐朝末年或公元10世纪初。中国从此陷入分裂状态，也一度丧失了对境外地区的影响力，甚至外部消息的来源都就此中断，因为在北部被西夏和契丹所阻隔。虽然我们对这两个国家的历史也有所了解，但是对与其相邻的北部民族的历史却一无所知，比丘林在《公元前2282年至公元前1227年的西藏青海史》中对西夏历史有所介绍，不过忽略了契丹和后来取而代之的女真人的历史。由于这已经不属于补充材料的范畴，而是一段完整而独立的历史，因此翻译起来需要花费很大精力。为了阐述得更明白，我们举例说明，一部《契丹史》就有两卷，一部《金史》有六卷，将其翻译成像比丘林已经出版的译著那样的作品将共有十五卷。鉴于在我国该方面的读者较少，倘若真的动手翻译，比丘林未必能够获得出版资助。但是，这两个国家的历史毕竟是中亚最重要的史实之一，没有了它们我们根本无法了解成吉思汗为什么会出现，以及他所领导的蒙古政权的存在状况。当然，对于能否在中国文献中找到有关这两个国家的资料，我也没有太大的把握。不过，在我的这部书中将尽一切可能，或通过翻译原著，或通过内容简介等形式，弥补上述不足。此外，我们还要向读者推荐由距离那个时代很近的一些私人史学家编著的史书，如《辽史》、《金史》、《元史》……这些史书中很少涉及与前朝毫无关系的天文、礼仪、财政、律法、管制等内容。相反，它们更多展示的是这些民族的本质特点，因此不失其存在价值。”①

瓦西里耶夫对中国北部边疆史的研究在一定程度上确实是为了填补比丘林著述的空白。俄国著名东方学家斯卡奇科夫也认为，“瓦西里耶夫有关中国及其邻近国家历史方面的大部分著作，尤其是《10～13 世纪中亚东部的历史和古迹》，在题材上是对比丘林开创的俄国汉学派别的继承。”② 另一位汉学家戈尔巴乔娃同样表述过类似的观点，“瓦西里耶夫是比丘林事业的直接继承者……瓦西里耶夫完成了比丘林所开创的与中国历史关系紧密的少数民族史的研究工作……直至今天，不单是对于中国历史，这两部著作（指《10～13 世纪中亚东部的历史和古迹》和《元明两朝关于满族人的资料》——笔者注）仍不失其学术价值。它们是研究 10～13 世纪生活在中亚地区的契丹、女真、唐古特等少数民族的重要文献资料，是对比丘林著作完成的《古代中亚各民族资料汇编》的成功补充。”③

不过，除了都是对中国北部少数民族史的研究，并且在材料上存在补充关系外，实际上两位汉学家在参考文献的选择、研究成果的类型等方面还是存在一定的区别。首先，比丘林的史学著述，除了 1834 年出版的《15 世纪至今的卫拉特，即卡尔梅克人历史述评》和 1851 年初版的《古代中亚民族史》属专著外，其他作品均属译著范畴，包括 1828 年出版的《西藏志》译自《卫藏图识》、1829 年出版的《成吉思汗王朝前四汗史》节译自《元史》前三卷和《资治通鉴纲目》、1829 年出版的《准噶尔和东突厥斯坦的历史与现状》的第一部分摘译自《前汉书》里的《西域传》，第二部分节译自椿园（七十一）《西域闻见录》的部分内容，1833 年出版的《西藏青海史》摘译自《廿三史》和《资治通鉴纲目》等。而瓦西里耶夫的《元明两朝关于满族人的资料》虽带有史料汇编的性质，但其中对中国史料的考证内容占有相当比重，其价值不容忽视，且是公认的研究性专著；至于《10～13 世纪中亚东部的历史和古迹》，虽然其中附有大量译文，但是毕竟以学者个人的论述为主，而且观点明确，论据充实，条理清晰。其次，与比丘林不同，瓦西里耶夫所使用的参考文献并不局限于中国官方史书，还包括大量私人著作完成的

---

① Васильев В. П., История и древности Восточной части Средней Азии от X до X111в., СПб., 1857г., стр. 1-4.

② Скачков П. Е., Очерки истории русского китаеведения, 1977г., стр. 213.

③ Горбачева З. И., Русский китаевед академик В. П. Васильев (1818-1900) ——《Очерки истории русского китаеведения》, СПб., Москва, 1956г., стр. 293-294.

史书、传记等，视野较为宽泛，材料更加充实。

瓦西里耶夫与比丘林中国历史研究的最大不同之处还在于研究方法。瓦西里耶夫的老师科瓦列夫斯基曾多次指出，在比丘林作品中存在将中国历史和现实理想化的倾向，他过于“相信”中国史料，而我们知道，别林斯基对比丘林的批评针对的恰恰也是这一点。因此，科瓦列夫斯基主张对中国官方史书中记载的史实进行重新思考。而事实证明，瓦西里耶夫继承了科瓦列夫斯基的史学研究方法，他采用了与比丘林完全不同的阐述方式，以批判和怀疑的态度对待中国史料，并对中国官方对待史料的态度进行了尖锐而深刻的批评。

综上所述，瓦西里耶夫不但深化了俄国的中国历史研究，而且推进了俄国的中国历史研究完成了从简单到复杂、从译介到研究的转变。他在这一转变过程中起了决定性作用，这不但是他为俄国中国历史研究所做出的重大贡献之一，而且是成为这一时期俄国中国历史研究杰出代表的重要依据。

与前人相比，瓦西里耶夫的中国历史研究成果显著、阐述方法进步，那么他对俄国后世中国历史研究的影响深远，主要体现在史料储备和人才培养两个方面。

首先，关于史料的储备，在《中国文学史资料》一书的“历史书籍”一栏，瓦西里耶夫共列有中国史籍 108 种。[①] 其中不但包括《史记》、《三国志》、《资治通鉴》、《五代十国志》、《唐书》、《隋书》等诸多名篇，而且《蒙古源流》、《满洲源流考》这样专题性著述也在其内，甚至还包括一些名不见经传的作品，如《各贤烈女氏姓谱》、《历代帝王年表》、《黑龙江纪事外记》等。另外，在每种书籍的后面都附有对该书内容和作者的简单介绍，以及汉俄对照的书名。这 108 种中国史书中既有编年史，也有断代史，还有一些专题性研究著述，其内容涵盖了中国历史发展的全部过程。这些丰富的史料既是瓦西里耶夫进行中国历史研究的重要依据，同时也是他为学生开设历史课的参考资料。毫无疑问，瓦西里耶夫为后来者提供了扎实的中国史料基础。

具体到满族历史和清史资料的储备方面，瓦西里耶夫的贡献尤其明

① Васильев В. П.，Материалы по истории китайской литературы，Лекции，читанные заслуженным проф. СПб-ского университета В. П. Васильевым，СПб.，1888г.，стр. 240-299.

显。首先，从19世纪50年代开始，瓦西里耶夫先后在喀山大学和圣彼得堡大学教授汉语和满语课程，他讲授满语语法、满语翻译、满族历史和满语文学史等课程，解读一些浅显易懂的满语文章，对满洲历史、地理、语言和文化都进行了深入系统的研究，在此基础上于1863年出版的《满语文选》的第三部分就是关于中俄关系的内容，为学生了解清朝历史和中俄关系史提供了相应的资料。其次，1850年从中国回国时瓦西里耶夫带回的包括历史书籍在内的满文藏书极大地丰富了喀山大学图书馆，科瓦列夫斯基和波波夫曾对此给予高度评价，他们称，"瓦西里耶夫先生不仅考虑自己的研究领域，而且顾及到将要利用图书馆的几代人的研究工作。他带回的满文书籍，加上原有的藏书，几乎囊括了可以在中国能够找到的所有满文书籍。"①

其次，瓦西里耶夫对俄国中国历史研究发展的重要影响主要还体现在他的嫡传弟子们身上，其中伊万诺夫斯基和格奥尔基耶夫斯基是最有代表性的两位。

伊万诺夫斯基于1885年毕业于圣彼得堡大学东方系，留校任教。1887年伊万诺夫斯基获得硕士学位，1890年他前往中国考察，搜集了大量的原始材料，回国后升任圣彼得堡大学东方系教授，主要教授汉语、满语和满族历史等课程。伊瓦诺夫斯基与瓦西里耶夫无论是在人生经历，还是事业上的一脉相承方面都有很多相似之处，他也是瓦西里耶夫最优秀的弟子之一。

伊万诺夫斯基尤其在中国少数民族史、特别是满族历史研究方面颇有建树。他的硕士论文《关于中国西南部地区异族的史料——元、明、清时期云南的异族人（附词汇表和两幅石印地图）》（Материалы для истории инородцев Юго-западного Китая… Юнь-наньские инородцы в период династий Юань, Мин и Дай-цин. С приложением словаря и двух литографированных карт）是在瓦西里耶夫《元明两朝关于满族人的资料》的启发下对中国西南部地区苗、彝、白等少数民族历史的研究。单就题目、材料的选择和结构设置而言，两文就存在极大的共同之处。当然，在瓦西里耶夫的教导和扶持下，伊万诺夫斯基将大量精力投注在了满族历史与文化的研究中，并且取得了卓越成绩。1887年，在圣彼得堡出版的《满族史概要》

① Хохлов А. Н. Васильев В. П. в Нижнем Новгороде и Казани, История и культура Китая, Наука, Москва, 1974г., стр. 60.

(Конспект истории Маньчжурии)[1]就是一项具有代表性的成果,全文共64页,四万字左右,简要介绍了满族的历史发展过程。而另一部著作《满语文学史纲要》(Очерк истории маньчжурской литературы)是伊万诺夫斯基1887~1888学年的讲义,是仿照瓦西里耶夫的《中国文学史纲要》写作完成的,其内容同样包罗万象,涵盖了历史、地理、哲学、律法、语文学、文字、宗教等诸多方面。

除了专著,伊万诺夫斯基还发表了一些对满族历史文化进行研究的文章,如发表在1891年《东方评论》(Восточное обозрение)第11期上的《北满的戏剧》(Театр в Северной Маньчжурии),以及分别于1892年和1893年发表在《俄国皇家考古学会东方部论丛》(ЗВОРАО)第七卷和第八卷上的《满洲的铜钱》(Медная монета Маньчжурии)、《北满的中国民歌》(Китайские песни Северной Маньчжурии),以及1894年发表的《满学1:索伦语和达斡尔语范例》(Mandjurica 1. Образцы солонского и дахурского языков)等。

可见,伊万诺夫斯基不但继承了瓦西里耶夫的研究传统,在满族历史文化研究方面取得了卓越成绩,而且他还超越了老师的研究范围,对满族的戏剧、北满的民歌进行了具体阐述与研究。换言之,在瓦西里耶夫的培养与指导下,伊万诺夫斯基的满族历史研究更加全面、深入,更具专业性。

瓦西里耶夫的另一位弟子格奥尔基耶夫斯基在中国历史研究方面也取得了一定的成就。他于1875年入圣彼得堡大学东方系学习,师从瓦西里耶夫,1880年毕业,后进入莫斯科一家与中国有茶叶贸易往来的商行工作,次年被派往中国,在中国期间曾到过北京、上海、天津、福州、汉口、张家口等城市考察。于1882年返回俄国,随即放弃在茶叶公司的工作再次进入圣彼得堡大学深造。1885年,格奥尔基耶夫斯基的硕士学位论文《先秦史》(Первый период китайской истории. До императора Цин-ши Хуан-ди)完成,顺利通过答辩。格奥尔基耶夫斯基的《先秦史》在对中国文献进行充分研究的基础上,对秦朝建立以前的中国历史作了系统阐述。圣彼得

---

① 在《俄苏中国学手册》和其他的一些地方,将该书译作《满洲史概要》,笔者认为不妥。第一,瓦西里耶夫在《元明两朝关于满族人的资料》中是把"满洲"作为部族名称来接受,并且对此有过明确论述;第二,该文的内容是介绍满族人的历史,倘若译作《满洲史概要》,不但不够准确,而且容易产生歧义。

堡一家报纸对他的论文做出了如下评语,“他(指格奥尔吉耶夫斯基——笔者注)在论文中论证了欧洲人和中国人自己记述的中国历史并不完全可信。只有在找到具有重要意义的考古实物的情况下,才能够使人信服。”[①] 这段评语说明,格奥尔吉耶夫斯基在中国历史研究中直接继承了瓦西里耶夫重视原始资料,以及批判性阐释方法。虽然,他后来对待中国史料的态度发生了重大转变,甚至达到“笃信”的程度,但是,无论如何,他的《先秦史》是受瓦西里耶夫治学思想深刻影响的明证,师生二人共同为俄国汉学在研究方法上向近代化进程的迈进作出了重大贡献。

综上所述,作为19世纪下半叶俄国中国历史研究的集大成者,成就卓著的瓦西里耶夫的中国历史研究主要表现出以下特点:第一,中文文献资料丰富、叙述翔实,其研究成就极大地丰富了文献学的内容,拓宽并深化了文献资料的应用;第二,历史与地理紧密联系的阐述方式的采用充分体现了瓦西里耶夫对地理条件的重视,对影响人类历史发展的综合性因素的强调;第三,以批判和怀疑的态度对待中国史籍,即批评性研究方法的应用,又体现了具有近代社会科学的某些特征的西方史学思想的痕迹;第四,重人民、轻英雄的解读方式和国家观念表明了瓦西里耶夫史学观的进步性,同时也体现了来自本国历史学家和革命民主主义者的深刻影响。当然,受时代和历史学科发展的限制,瓦西里耶夫中国历史研究也表现出一定的局限性,比如他的观点表述较为零散,同一观点常常分布在不同时期的各类著作中,缺乏系统性,有时甚至前后矛盾等。

瓦西里耶夫对俄国中国历史研究的主要贡献在于,他不但以自己卓越的研究成就、所采用的具有近代科学特点的研究方法,触动并在一定程度上改进了俄国中国历史研究的现状,而且为俄国中国历史研究的进一步发展奠定了丰富的资料储备和坚实的人才基础。

---

① Хохлов А. Н. К 100-летию со дня смерти выдающегося китаеведа Георгиевского С. М., Общество и государства в Китае, Двадцать пятая научная конференция, Часть 3, Москва, 1994г.

第三章
中国宗教研究

在俄罗斯汉学界，有人将瓦西里耶夫称作博学家，因其对中国文化进行研究时涉足了众多领域，而且做出了卓越成就。比较而言，中国思想与宗教是瓦西里耶夫最早涉足、最重要的研究领域。

一、研究成就综述

（一）佛学成就

在中国宗教研究领域，瓦西里耶夫是一位杰出的佛教研究者，有人甚至主张把他在佛教研究方面取得的成就看作是他对俄国汉学做出的最大贡献，而他的老师科瓦列夫斯基在这方面起了很重要的引导作用。据史料记载，1834 年瓦西里耶夫考入喀山大学历史语文系东方班学习时，曾明确表示要从事蒙古语和鞑靼语研究，实现学校重新组建蒙语教研室的计划①，因此他师从当时的蒙语教研室主任、著名蒙学家、杰出的佛教专家科瓦列夫斯基。这是一位在佛学研究领域造诣颇深的学者，早在 19 世纪 30 年代曾出版过《佛教宇宙学》等学术著作。他对瓦西里耶夫学术兴趣的培养和观点的形成影响很大，正是在他的建议和引导下，瓦西里耶夫开始从事在当时被认为是颇为复杂的、包括佛教在内的东方思想研究。1837 年 6 月，《佛教文献之精髓》（Дух буддийского сочинения под заглавием Хутукту Дегеду Алтан Герелту Судур Ногодун эркету

① Библиографический словарь профессоров и преподавателей Императорскго С-Петербургского Университета за истекшую третью четверть века его существования. СПб. , 1896г. ,т. I, А-Л, стр. 125.

хаган）顺利通过答辩，瓦西里耶夫获得候补博士学位；1839 年，他的硕士论文《论佛教的哲学原理》（Об основаниях буддийской философии）也完成答辩。

来北京之前，瓦西里耶夫对佛教的研究大都利用蒙文资料，而 1840～1850 年在中国期间，他则利用汉语和藏语文献系统研究中国宗教。在京期间的瓦西里耶夫勤勉刻苦、孜孜不倦，他在中国老师的帮助下阅读了大量佛经，做了很多有关佛教历史、哲学和教义的摘录，当然也取得了一系列丰硕成果。

1. 已出版的著译

在瓦西里耶夫大量的佛学研究成果中得以出版的寥寥无几，其中包括 1857 年出版的专著《佛教及其教义、历史和文献。第一部分：总论》（Буддизм и его догматы，история и литература ч. 1 Общее обозрение），1869 年出版的译著《佛教及其教义、历史和文献。第三部分：印度佛教史》（Буддизм и его догматы，история и литература ч. 3 История буддизма в Индии）以及六篇文章，它们分别是登载在 1855 年《喀山大学学报》第三卷上的《喀山大学图书馆所藏的佛教史书籍》（О некоторых книгах，относящихся к истории буддизма，в библиотеке Казанского университета），刊登在 1864 年《插图画报》（Иллюстрированная газета）第九期上的《西藏佛教》（Буддизм в Тибете），发表在 1895 年圣彼得堡出版的文集《东方评论》上的译文《根据毗奈耶（大乘）而发扬光大的佛教》（Буддизм в полном развитии по Винаям），1899 年分载在《科学院院报》第四、五、六期上的译文《佛教概述》（Заметки по буддизме），另有两篇刊登在俄国东方学家别列金（И. Н. Березин，1819～1895）编辑的《俄国百科辞典》（Русский энциклопедический словарь）里的《西藏达赖喇嘛》（Далай-лама в Тибете）和《喇嘛教》（Ламаизм）。

虽然问世的作品不多，但是自《佛教及其教义、历史和文献。第一部分：总论》出版以来，瓦西里耶夫的佛教研究成就逐渐获得了学术界的肯定，对此俄罗斯汉学家扎瓦茨卡娅曾写道，“这部著作一经出版就被译成了德文，获得了欧洲同行的普遍认可，被看作当时佛学研究领域的最高成就，学术界公认的佛学研究家布诺夫（Burnouf Eugène，

1801～1852)[①]被瓦西里耶夫远远抛在了后面。”[②]这样的评价未免存在夸大之嫌，因为被誉为“欧洲佛学研究之父”的布诺夫的佛学研究成就举世瞩目，而瓦西里耶夫在该领域的著作大都以手稿的形式保存在档案馆中，在学术界所产生的影响也因此而受限。不过，无论如何我们必须看到，瓦西里耶夫在佛学研究领域投注了大量精力，甚至制订了宏伟的研究计划，只可惜，当时俄国人对他的研究并不感兴趣，也没有哪一家出版社愿意出版如此厚重、深奥难懂的著作。瓦西里耶夫佛学研究计划的具体内容共包括五部分，即以佛教术语阐释的佛教教义；佛教文献述评；从藏文翻译印度佛教史；西藏佛教史；玄奘印度游记。[③] 对自己所从事的研究工作瓦西里耶夫有如下解释：

“作为一名学者，在科学领域中钻研得越深，就越发对自己的探索成果不满意，随之头脑中会出现一些此前并不成熟的新问题；他比任何人都清楚，结束研究只是表面现象，实际上并未引起别人注意的每一个字、每一句话都还需要斟酌。我相信，任何一个勤勤恳恳的著者面对自己劳动成果的出版都会心绪澎湃。”[④]

另一部得已出版的著述是《佛教及其教义、历史和文献：第三部分：印度佛教史》，简称《印度佛教史》，该书是根据藏传佛教格鲁派学者松巴·益西班觉的《如意宝树史(印藏汉蒙佛教史如意宝树)》的第二部分翻译而成，主要记述了1746年前发生在西藏的政治和宗教事件。这部译著在西欧也享有一定的知名度，如当代著名藏学家、意大利科学院院士图齐(Giaseppe Tucci，1894～1984)于1970年以德译本出版的《西藏宗教之旅》一书中，就将瓦西里耶夫的《印度佛教史》列入参考书目的“藏文史料之

---

① 法国佛学研究奠基人，于1884年出版《印度佛教史导论》(L‘ Introduction al‘ Historiedu Buddhism Indien)，对佛传及佛教义理有独到见解，且对《般若经》、《楞严经》、《华严经》、《金光明经》、《法华经》等大乘经典的内容作提要分析，具有划时代意义。这种主要依据梵文佛典，并参考汉文与藏文的版本，采取分析抉择的方式，为西人研究佛学开创一条新路。后来布诺夫又将《妙法莲华经》由梵文译成法文。由于他开研究佛学风气之先，故享有“欧洲佛学研究之父”的美名。

② Завадская Е. В.，В. П. Васильев——родоначальник буддологии в России，История и культура Китая，Наука，Москва，1974г.，стр. 106.

③ Васильев В. П.，Буддизм и его догматы，история и литература ч. 1 Общее обозрение，СПб. 1857г.，предисловие.

④ Васильев В. П.，Буддизм и его догматы，история и литература ч. 1 Общее обозрение，СПб. 1857г.，предисловие.

部”中。[①]

另外，在瓦西里耶夫于1888年出版的《中国文学史资料》[②]中，有关佛教的内容占全书近二分之一的篇幅，共分作三个大标题作以阐述，即“佛教”、“佛教历史”和“佛教书籍”。

在“佛教”一章中，共包括两部分：在第一部分中，瓦西里耶夫详细介绍了以下内容：佛教的教理基础，主要包括闻声乘、缘觉乘、小乘等；佛教的戒律，主要包括五无间业、五无间同类、八戒，以及波罗逸四条、僧伽婆尸沙、僧残、十三法有余、可救有十三和波逸提堕、九十波逸底伽法、波罗底提舍尼（四对说）等，瓦西里耶夫不但列出每条的具体内容，而且分别作了解释；佛教的修行方法，即犍度法；佛教的教义，瓦西里耶夫将之划分为四大体系，第一体系包括色蕴、受蕴、想蕴、行蕴和识蕴在内的五蕴；第二体系分为内六根和外六境两部分的十二处；第三体系包括四谛、三十七道品、八正道和十二因缘在内的初转法轮；第四体系即佛教教义重要的理论基础之一的因果论。其中，瓦西里耶夫对第三体系做了重点介绍，详细阐述了由苦谛、集谛、灭谛、道谛构成的“四谛”理论的深刻内涵，描述了分为四念处、四正勤、四神足、五根、五力、七觉支、八正道七个方面、共三十七种修行方法，对佛教所主张的通向涅槃解脱的八种途径，即正见、正思、正语、正业、正命、正精进、正念和正定都分别作了解释，并且逐一介绍了构成人的整个生命中的十二个环节，即无明、行、识、名色、六处、触、受、爱、取、有、生和老死；简要介绍包括婆伽婆、如来、阿罗汉、三耶三菩、明行足、修伽陀、路伽惫、无上士、世尊、释迦等在内佛教人物的称谓。第二部分“宇宙学”的文字较少，瓦西里耶夫概括介绍了佛教所主张的以须弥山为中心、由九山、八海、四洲和日月所构成的世界，并历数了佛经中提到的包括波罗奈、毗舍离、王舍城、舍菩提、菩提道场等在内的佛陀曾到过的地方。此外，瓦西里耶夫还描述了处于生死流转中的众生生存的场所三界，并对欲界、色界、无色界的概念分别作了解释。[③]

“佛教历史”一章所占篇幅较大，共由八部分内容组成，即研究中国佛

① ［意］图齐著，耿昇译：《西藏宗教之旅》，中国藏学出版社，2005年，第282页。

② 该书为18开本，手写体抄录的影印本。

③ Васильев В. П.， Материалы по истории китайской литературы， Лекции， читанные заслуженным проф. СПб-ского университета В. П. Васильевым， СПб.， 1888г.， стр. 185-292.

教的重要性、佛教史注释、佛教在中国南部的传播、寺庙的兴建、神话传说、经书的翻译、西行印度、元朝时期。

第一部分带有“引言”性质，瓦西里耶夫着重阐述了自己对中国佛教进行研究的目的，中文佛经之于佛教研究的重要意义，以及《中国文学史资料》中有关佛教的内容在其佛教研究中的重要性，他写道：

“佛教虽然诞生于印度，……在中国却保存了大量佛经，其丰富程度没有任何一个民族可以与之相比，这对佛教研究者来说具有极大的吸引力，……学者们坚信，佛经是佛教研究的理论基础，……我于1857年出版的《佛教及其教义、历史和文献。第一部分：总论》就像一个序言，最多只能看作真正的佛教研究的开端。”①

“佛教史注释”所占篇幅较大。首先，瓦西里耶夫根据佛经的记述，对佛教历史上出现的一些称谓作了介绍，如达赖、式耆弗弗、法王、道人等，着重介绍了佛教传入中国的时间、接受情况，以及所遇到的阻碍；其次，“佛教在中国南部的传播”文字较多，在这一部分中瓦西里耶夫简要介绍了三国时期“吴地佛教”的兴起、寺院的修建以及译经情况，重点介绍了东晋时期的中国佛教，内容包括：一、本无宗的道安法师的生平及其在佛教经录整理方面所取得的功绩；二、庐山僧团领袖慧远法师的生平及其著作《沙门不敬王者论》、《法性论》等经书的主要内容，他派遣弟子法净、法领西行求法、译经等业绩；三、详细描述了南朝宋齐梁陈时期佛教的发展情况，主要涉及的人物有齐蜀灵建寺的法琳、中山定林寺的法云、齐金城的保志等人的生平活动及业绩；四、简要概述了隋唐时期的佛教，内容包括隋文帝、隋炀帝时期为兴盛佛教在中国南方修建佛寺及译经等举措，唐高宗时期由傅奕奏请罢黜佛教而引起的佛道之争事件的经过，唐太宗时期兴建的佛教寺院，以及唐太宗为扶植佛教成为国教所采取的措施；“佛像与寺庙的兴建”内容不多，按照年代的先后历数了从公元267年至591年间在中国各地兴建的近40座佛教寺庙，如湖北荆州羊祜的当山寺、松江的通玄寺、杭州武林山的灵隐寺、福建的瓦官寺等；“神话传说”部分文字也较少，瓦西里耶夫简要介绍了有关天神听法庄诵经、杯度乘木杯渡水，以及能预知未来的保志等高僧的传说。这些内容所参考的资料主要是慧皎的《高僧传》，原文

① Васильев В. П., Матер722иалы по истории китайской литературы, Лекции, читанные заслуженным проф. СПб-ского университета В. П. Васильевым, СПб., 1888г., стр.1.

依次为第十二卷之“诵经”的“宋京师道场寺释法庄”，第十卷“神异下”的“宋京师杯度”、“梁京师释保志”等章节；“经书的翻译”内容也不多，作者主要列入了从梵文译成汉语的佛教经书，如《法华经》、《华严经》、《涅槃保藏经》、《三法度经》等，并简要概括了各经书的内容；“西行印度”全文不到一页，按照年代先后瓦西里耶夫列出六位于五六世纪曾经前往印度求取佛经的中国僧人，他们是庐山僧团领袖慧远的弟子支法领，以及昙无竭、法益、法献等。瓦西里耶夫在文中写道：

“公元408年，中国南方僧人支法领启程西行，在于阗得《华严经》后返回；公元420年，黄龙僧人昙无竭率25人前往印度，20年后一人返回宋朝都城幽州，从事经书翻译工作；公元465年，法益渡海西行印度，但是在广州遭遇海盗抢劫而止；公元475年，中国南方定林寺僧人法献启程前往印度，抵达于阗，获佛牙一枚及《法华提婆品》等后返回。”[①]

这段文字同样参照了梁慧皎撰写的《高僧传》一书。其中，关于昙无竭的记载在第三卷“译经下宋黄龙释昙无竭”一章中，开端这样写道，“释昙无竭，此云法勇，姓李，幽州黄龙人也。幼为沙弥，便修苦行，持戒诵经，为师僧所重。当闻法显等躬践佛国，乃慨然有忘身之誓。遂以宋永初元年(420)，召集同志沙门僧猛、昙朗之徒二十五人，共齐幡和供养之具，发迹北上，远适西方。”[②] 此外，原文还详细介绍了昙无竭在西域求法的经过；再如，关于法献的介绍在第十三卷，原文是这样的：“释法献，姓徐，西海延水人。先随舅至梁州，乃出家。至元嘉十六年(439)，方下京师，止定林上寺。博通经律，志业强悍。善能匡拯众许，修葺寺宇。先闻猛公西游，备瞩灵异，乃誓预忘身，往观圣迹。以(南朝)宋元徽三年(475)发踵金陵，西游巴蜀，路出河南，道经芮芮。既到于阗，欲度葱岭，值栈道断绝，遂于于阗而反。获佛牙一枚，舍利十五身，并观世音灭罪呪及调达品，又得龟兹国金锤鍱像，于是而返，其经途危阻，见其别记。”[③]

不过，与原文文献相比，瓦西里耶夫的介绍较为简略，他舍弃了许多细节描写，只简要介绍了人物姓名、出使时间、到达地点以及西行所获。

---

① Васильев В. П., Материалы по истории китайской литературы, Лекции, читанные заслуженным проф. СПб-ского университета В. П. Васильевым, СПб., 1888г., стр. 170.

② (梁)释慧皎:《高僧传》,中华书局,1992年,第93页。

③ (梁)释慧皎:《高僧传》,中华书局,1992年,第488页。

本章的最后一部分“元朝时期”是译文，摘译自元代僧人念常撰写的《佛祖历代通载》。摘译的内容主要集中在第二十一卷和第二十二卷，即“大元太祖皇帝”题头下的“庆寿海云印简大士”一节，文中介绍了“海云印简大士”的生平以及他在宣传佛法方面所做出的功绩；在“世祖皇帝(上)”题头下首先简要介绍了忽必烈在推广佛教方面所实施的各项举措，以及“圣旨僧道辨析”、“焚诸路伪道藏经碑”、“《辨伪录》随函序”和“《辨伪录》序”等节的主要内容；另外，还包括“世祖皇帝(下)”中关于“《辨伪录》”、“焚道藏伪经下火文”等节的简要内容；在译文之后，瓦西里耶夫补充了一段关于“道”之内涵的解释，并列出了道藏中大量典籍的名称。

在“佛教书籍”一章中，瓦西里耶夫简要介绍了《三藏》、《续藏》中所有经书的主要内容和册数，《续藏经目录》和《如来大藏经目录》两部佛经目录，以及《大藏全咒》、《御制重译金刚经》、《金刚经石注》、《禅宗心印》、《老佛五经》等佛教经书。

2. 手稿

相对于已经出版的著作和发表的文章来说，瓦西里耶夫遗留下的佛教手稿数量更多，其中包括：一部两卷本的《佛教术语词典(翻译名义大全)》(Буддийский терминолонический словарь. Махавъюпатти)，为32开本。其中，第一卷共615页，第二卷共475页。据史料记载，距辞世仅剩两周之际，瓦西里耶夫还曾不顾病痛亲自跑到俄国科学院建议出版该词典。[1] 前苏联著名藏学专家图比扬斯基对该词典评价颇高，他称“《佛教术语词典》囊括了有关各种具体佛教术语问题的文章”。[2] 另外，《阅藏知津 汉语三藏书目 经文翻译及简析》(Юэ-цзан-чжи-цзинь. Каталог китайской Трипитаки (1654 г.) Перевод и краткий анализ каждого сочинения)，译自智旭和尚于1654年编纂完成的《阅藏知津》，译文不但对经藏、律藏、论藏作了概述，而且翻译了包括“般若部”、“宝集”、“大集”、“大乘经”、“小乘经”、“大乘律”、“小乘律”等在内的大量汉文佛经，并对每部经文作了简要介绍与分析，全书共384页；《佛教各流派文献述评》(Обозрение буддийс-

---

① Завадская Е. В., В. П. Васильев——родоначальник буддологии в России, История и культура Китая, Наука, Москва, 1974г., стр. 104.

② Тубянский М. И., Предварительное сообщение о буддологическом рукописном наследии В. П. Васильева и В. В. Горского, ——Сообщение Академии наук СССР, часть В, №3, 1927г.

кой литературы по школам）共 112 页，译文参考了章嘉胡图克图的作品，共四章，即“小乘”、“有宗”、“空宗”和“律宗”；《佛教教义专论》（Этюды по буддийской догматике）节译自汉文和藏文的《百论》（Шаташастра. Балунь）释本，译文共 204 页，分为 4 个部分，依次为“小百论”、“四百论”、“中百论”、“广百论”，其内容是关于大乘中观学派的教义理论；《玄奘游记》（Путешествие Сюань Цзана）是瓦西里耶夫对唐代高僧玄奘的《大唐西域记》的全文翻译，译文共 334 页，完成时间要早于英国人毕尔、瓦斯特及其他译本；《佛教概论》（Заметки по буддизму）是瓦西里耶夫从 1890 至 1899 年用了近 10 年的时间完成的一部作品，全文共 382 页；译文《律藏集库》（перевод Цзигуй Винаи）共 82 页；根据蒙文和藏文资料完成的《关于宗喀巴[①]的生平资料》（материалы для биографии Цзонхавы），共 20 页；以及前文曾提到的候补博士学位论文和硕士论文共两篇等。此外，另有一些手稿已经散失或遭焚毁。

现今，上述手稿与已经发表和出版的著述一道藏于俄罗斯科学院档案馆圣彼得堡分馆（СПбФ Архива РАН）。按照俄罗斯学者的考证，瓦西里耶夫在各个领域的研究手稿共计 775 册，占 264 个储藏单位，其中仅佛教手稿就占去其中的 32 个单位。[②] 20 世纪二三十年代，在苏联科学院院士、著名佛学研究家谢尔巴茨科伊（Ф. И. Щербатской，1866～1942）的领导下曾出版过专门刊载俄苏佛学家研究成果的《佛学文库》，瓦西里耶夫的著作也被列入出版计划之中，其佛教手稿的整理工作由图比扬斯基负责。为此图比扬斯基专门复印了其中的 13 件，它们是：候补博士学位论文和硕士论文，《佛教术语词典（翻译名义大全）》的前言、《佛教各流派文献述评》、《佛教教义专论》、《阅藏知津 汉语三藏书目 经文译文及简析》以及《北京日记》、《致科瓦列夫斯基的信》和《致穆辛—普希金的信》等。由于瓦西里耶夫手稿中存在字迹模糊不清的地方，或者有些手稿原本已经破损，其内容根本无法辨认。因此，复印稿是经过图比扬斯基等人修正过的。正如青年学者戈洛霍夫斯基所讲，“实际上，这部分手稿已经并非纯粹出自

---

① 宗喀巴（1357～1419），藏传佛教教派之一格鲁派的创始人，宗教改革家，对西藏各喇嘛教支派的教义和教法兼收并蓄，创立了一个系统、完整、精密的宗教体系，并以创作宗教著作的形式宣传自己的宗教学说，如在《菩提道次第广论》一书中他概括出喇嘛教的基本教义。

② Гроховский П. Л.，Буддологическое наследие В. П. Васильева，——Материалы 13-й международной конференции молодых ученых 26-30 декабря 2002 г.，СПб.，2002г.，стр514.

瓦西里耶夫一人之手了。”[①]

综上所述，瓦西里耶夫在佛教研究方面可谓成就卓著，是19世纪下半叶俄国汉学史上佛教研究的集大成者，他本人被称作“佛学家”[②]、“俄国佛学奠基人”。[③]

(二)《东方宗教：儒、释、道》

作为对中国宗教进行综合研究的著作，瓦西里耶夫的《东方宗教：儒、释、道》于1873年在圣彼得堡出版，编辑工作由巴·巴拉绍夫负责完成。该书为32开本，共183页，由七部分组成，即原文缺标题，儒教，佛教，道教，神话传说中的名道、名仙，原文缺标题，原文缺标题。纵观全篇，笔者认为，第一部分可视为“前言”，其余六部分可视为“正文”。另外，该书未设目录和参考书目，行文中共有脚注111处，不过均是对中文古籍、宗教术语、宗教称谓，以及中国古代思想家生平介绍等诸多方面内容的解释，并非引文注释。

1. 前言

“前言”占15页多，在书中居于统领全篇的地位。瓦西里耶夫重点论述了“东方”的概念，俄国对东方宗教进行研究的目的、“启蒙东方”的神圣使命、东方宗教的特点三个方面。

首先，瓦西里耶夫对“东方”的概念作了明确界定，在他看来，东方并不单指某个地域，而是指那里的人、他们所建立的行政机构、世界观等，东方是对古代许多国家的统称，他写道：

“被我们称作东方的各国在居民、制度、信仰和历史等方面存在很大差异。对于俄国来说，东方是不存在的，因为它的地理位置在我们的南方——而且我们不应忘记，耶路撒冷位于莫斯科的西方。所以，为了谨慎起见，我们只把东方限定于乌拉尔山脉、里海、印度以东的国家和地区。从

---

① Гроховский П. Л., Буддологическое наследие В. П. Васильева, ——Материалы 13-й международной конференции молодых ученых 26-30 декабря 2002 г., СПб., 2002г., стр. 514-515.

② Ольденбург С. Ф., Памяти Василия Павлович Васильева и о его трудах по буддизме, ——ИРАН, сер. Ⅵ, 1918г., №7.

③ Завадская Е. В., В. П. Васильев——родоначальник буддологии в России, История и культура Китая, Наука, Москва, 1974г., 104.

前的某一时期，旧大陆被划分为面积大小几乎相同的两部分，在新时代到来之前人们各自按照自己的独特方式生活着，彼此之间鲜有往来，而在他们的接触中发生了世界性的历史事件。那时，我们不把古埃及人、腓尼基人、巴比伦人和犹太人的历史称作东方历史，而上述国家对欧洲现在所继承的希腊罗马文明的发展曾产生过重大影响。"①

也就是说，瓦西里耶夫对东方的界定，与原有的东西方概念并不相同，他是以俄国为基准点，而且对东方人和他们所建立的制度给予了特殊关注，虽然地理范围远远小于传统意义上的东方概念，但突出强调了东西方关系。

其次，瓦西里耶夫还明确指出了俄国汉学家对东方宗教进行研究的目的，按照他的表述，包括俄国人在内的欧洲人来到东方并不是为了支持它的原有秩序，而是为了在东方，尤其是在中国推行行之有效的改革，最终目的是传播欧洲文明。但是，为了顺利实施这一伟大计划，必须对欧洲文明将要植根的土壤有所了解，即必须对东方文化进行解读。瓦西里耶夫认为，"宗教能够帮助我们最好地认识人、了解人"，因此，研究一个民族的文化，必须研究决定其行政、政治和社会体制的、处于核心地位的宗教。在此基础上，瓦西里耶夫进一步论述指出，"俄国人对研究东方和东方宗教有着特别的兴趣，它所激发的不是对科学的肤浅认识，而是我们的本质要求，因为向东方传播文明是俄国的历史使命。"②这段论述包含着深刻内涵，代表了 19 世纪下半叶部分汉学家的观点，即研究东方文化是西方人向东方推广欧洲文明的重要手段之一，所以在瓦西里耶夫看来，处于文化核心的宗教必然被列为研究的重点，而且由于地理位置的特殊性，东方之于俄国的意义更是非同一般。更准确地说，瓦西里耶夫的这种表述反映了 19 世纪俄国知识分子所承担的"莫斯科即第三罗马"的伟大使命，凸显了俄国在宗教领域的雄心：俄罗斯民族是上帝优选的民族，它将代表上帝在地球上行使"救世使命"，它负有重新恢复基督教世界统一和使俄国成为整个基督教世界的政治中心的重任。在民族意识日益强烈的 19 世纪，这一观点

---

① Васильев В. П. Религии Востока: конфуцианство, буддизм, даосизм, СПб., 1873г., Санктпетербург, стр. 8.

② Васильев В. П. Религии Востока: конфуцианство, буддизм, даосизм, СПб., 1873г., Санктпетербург, стр. 3.

在部分俄国人中很受欢迎，也反映了俄国不甘心被排除在国际事务之外，仍试图以强国身份出现在世界舞台上的强烈愿望。对此著名学者尼·别尔嘉耶夫曾经做过这样的总结，"俄罗斯的使命是成为真正的基督教、东正教的体现者与捍卫者……'俄罗斯'人规定了'东正教'，俄罗斯是唯一的东正教王国，同时在这个意义上也是全天下的王国，正如同第一罗马和第二罗马一样，在此基础上形成了东正教王国强烈的民族性。"①

第三，瓦西里耶夫以西方宗教为参照物，以中国宗教为主要阐述对象，对东方宗教的特点进行了概括。按照他的观点，东方与西方的区别在宗教方面表现得尤为突出，主要表现为以下几点：首先，西方宗教具有强大的精神力量，而包括中国宗教在内的东方宗教恰恰缺少这种为了某一原则而英勇奋斗、甚至不怕流血牺牲的精神力量。幻想是西方宗教的缺点，但是在某种程度上它又是一种强大的精神支撑，西方所取得的巨大进步正是源于这种支撑力。其次，中国宗教存在冷漠主义现象。瓦西里耶夫列举出一系列生活中的实例用以证明中国人对宗教的冷漠，他写道，"皇帝在迎接春节的时候，不但拜谒萨满教的神庙，祭祀儒教的祖先，而且参拜佛教和道教的神像；夏季，人们为了求雨，不但要去寺庙烧香，而且还要到道观作法。所有这些现象，归根结底，都是由于东方宗教并没有深入人心，或者说，在中国根本没有信仰可言。"② 再次，东方宗教不是深入人心的宗教，只是一种长篇训诫，在这种训诫中萎靡不振的精神状态不可能对传统文化进行深入研究，而是致力于阐述圣人地位的高低、内在精神是否存在、物与空之间的异同等。另外，东方宗教的民众之间，即非教徒和教徒之间缺少紧密的联系，信仰哪一种宗教完全凭借个人喜好，缺少严格的教规。

实际上，中国学者自己也曾对中国民众的宗教意识进行过概括，总结出八大特征，即中国民众宗教意识存在客观性、原始宗教的孑遗与民众宗教意识的蒙昧特性、民众宗教意识的实用风格、中国民众宗教意识的多神性与混乱性、中国民众宗教意识的社会整合性、中国民众宗教意识的包容

---

① ［俄］尼·别尔嘉耶夫著，雷永生、邱守娟译：《19世纪末至20世纪初俄罗斯思想的主要问题》，三联书店，1995年，第8页。

② Васильев В. П. Религии Востока: Конфуцианство, буддизм, даосизм, СПб., 1873г., Санктпетербург, стр. 13.

性、中国民众宗教意识的实践形态、中国民众宗教意识的地区差异和趋同性。[①] 无论是中国民众宗教意识的实用风格，还是多神性与混乱性、包容性，这些特点的实质都指向了瓦西里耶夫所说的中国宗教的冷漠主义现象，或者用中国学者自己的话讲，叫作无可无不可的超然意向。关于这一问题费孝通曾指出，中国民众中存在对佛教一无所知的人却去云游、和尚做不成后又混入基督教堂的现象，以此生动说明中国民众对于宗教及其内在精神不甚了解的社会现实。还有人将中国民众对宗教的淡漠情志、不定的态度作了更加形象的描述，"中国民众也许会走进某个寺庙宫观烧香磕头祈祷祭拜，也许会供奉某个偶像或神灵，但是在思想意识中并没有一种极为虔诚的信仰，因为礼俗性的祭拜无论如何也不等同于专一的宗教精神……中国民众的宗教意识就是如此。他们毫不困难地、没有任何心理障碍地在信与不信之间摇摆不定，在没有理解的情况下礼遇宗教，并外化为一种狂妄的方式；可有些时候，又异常冷漠，甚至并无遗憾地加以遗弃、背离。"[②]

由此可见，瓦西里耶夫早在 19 世纪下半叶对中国宗教本质特点的概括是较为客观、准确的，与后世中国学者的观点存在相通之处，基本上总结出中国宗教在组织形式、各宗教之间的关系，以及民众的宗教心理等方面的主要特征。

2. 正文

如前所述，"正文"共包括六章：

第一章"儒教"篇幅较长，全文共 34 页半。在这一部分中，瓦西里耶夫首先介绍了孔子的生平与功绩，同时对《春秋》、《论语》等古籍的成书时间和作者进行了考证。不过，此章阐述的重点，瓦西里耶夫放在了论述儒教产生的社会历史背景、教义以及对中国的负面影响等问题上。

第二章"佛教"篇幅不大，22 页左右。瓦西里耶夫简要介绍了佛教早期发展史，包括传说中有关佛祖释迦牟尼的情况，以及佛教在印度的传播与发展情况，如寺院修行和严格的戒律的出现等。[③] 此外，本部分还囊括

① 侯杰、范丽珠：《世俗与神圣——中国民众宗教意识》，天津人民出版社，2001 年，第 7 ~ 16 页。

② 侯杰、范丽珠：《世俗与神圣——中国民众宗教意识》，天津人民出版社，2001 年，第 65 页。

③ Васильев В. П. Религии Востока：конфуцианство，буддизм，даосизм，СПб.，1873г.，Санктпетербург，стр. 50-60.

了藏传佛教的戒律戒规，以及佛教传入中国后其教义理论的发展情况等。①

在《东方宗教：儒、释、道》中，虽然瓦西里耶夫将"佛教"列为专门的一章，但是比较而言，对于世界宗教之一的佛教，此处的介绍过于简略。尤其是其内容主要阐述了印度佛教的产生和发展情况，对中国佛教提及不多。虽然瓦西里耶夫在内容上的这种编排方法与书名《东方宗教：儒、释、道》之间并不存在矛盾，但是无论如何，该书中佛教内容的简略，尤其是中国佛教内容的简略，应是他在中国宗教研究方面的一大缺陷。

除瓦西里耶夫外，另有研究者持有与他相类似的观点。如，在俄国汉学史上较早介入佛教研究领域的第十二届东正教驻北京布道团大司祭卡法罗夫在《古代佛教历史概述》（Исторический очерк древнего буддизма）中，主要论述了早期佛教在印度的演变历程，以及他所翻译的《佛陀传》（Жизнеописание Будды）和《迦毗罗的学说》（Учение Капилы），内容大都是有关印度佛教的。继瓦西里耶夫之后，有人甚至将佛教排除于中国宗教之外而对中国文化进行解读。如，作为社会学古典理论三大奠基人之一的德国学者马克思·韦伯（Max Weber，1864～1920），在他于 1915 年出版的《儒教与道教》一书中，只将土生土长的儒教和道教视为中国宗教，通过其与社会的其他层面、理念与利益（包括精神和物质）在中国文明的整体发展上的互动关系、理性内涵和伦理观念的分析，来凸显异于其他文明的西方文明的特质。也就是说，马克斯·韦伯的态度更为明确，他从根本上摒弃了佛教的内容。

第三章"道教"的篇幅与前一章的"佛教"相近，共 22 页左右。作者分析介绍了中国本土宗教道教产生的历史背景、源流、自身特点，老子、庄子及其著作等，以及在戒律、教义等方面道教对佛教的模仿，尤其突出强调了道教的养生术、炼丹术等迥异于其他宗教的方面。

首先，瓦西里耶夫借助中文文献资料《史记》、《神仙传》、《源鉴类函》等介绍了亦仙亦道的老子，对他西行游历、著《道德经》的传说作以描述，并节译了《道德经》一书中对儒家礼教和仁爱思想进行直接批判的内容。

---

① Васильев В. П. Религии Востока：конфуцианство，буддизм，даосизм，СПб.，1873г.，Санктпетербург，стр. 62-72.

在介绍庄子时，突出了他与儒教的对抗，对仁义礼智思想的批驳，[①]并摘译了《庄子》一书中“儒士们最为反感的一篇”[②]，即《庄子·外篇》的“胠箧”的全文。[③]

其次，瓦西里耶夫列举了一系列道教的养生方法和长寿方法，如关于“不食五谷，吸风饮露”的辟谷术，他写道：

“在饮食方面，据《神农经》记载：吃粮食的人，不会长寿；吃丹药的人不会衰老；吃草药的人会长寿；吸元气的人会长生不死。”[④]

再次，关于气功养生，瓦西里耶夫写道：

“我们首先要介绍一些道教推崇的养生方法。之所以患上缩减寿命的疾病全是寒热侵害身体、精气丧失所致。久看伤血，久躺伤气，久坐伤肉，久站伤骨，久走伤筋等。为了健康长寿，道教还建议模仿虎、鹿、熊、猴、鸟等的姿势。虎式即双脚站立，双手下垂，伸缩脖颈，前后跳跃等；鹿式即双脚站立，双手下垂，伸缩脖颈，双眼向后看，向下、向前踢动双腿；熊式即双手抱膝站立等。练习到额头出汗为止。经常叩牙，牙齿牢固；经常用舌头调息，至生出津液咽下也对身体有益；经常用手摩擦双眼，眼睛会明亮；经常用手揉搓双耳，听觉会好；经常用手揉太阳穴，并将头发向上拉，有利于血脉畅通，不患头疼病。但是最重要的是饮食，佛教戒荤，而道教想在这方面超过佛教，因此主张戒五谷，食自然雨露，以达到长生的目的。为此道教建议食津液，认为它是最好的食物，倘若能够掌握正确的咀嚼方法，就永远不会有饥饿感；津液能养精蓄锐，是长生健体的金匙，头发的生长也取决于津液。”[⑤]

其实，对于中国人来说这些养生方法并不陌生，例如在《逍遥子导引诀》中对调息法、叩齿法等有清晰记载，文中写道，“平明睡醒时，即起端坐，凝神息虑，舌抵上颚，闭口调息。津液自生，渐生满口，分作三次，以意

---

① Васильев В. П. Религии Востока: конфуцианство, буддизм, даосизм, СПб., 1873г., Санктпетербург. стр. 79.

② Васильев В. П. Религии Востока: конфуцианство, буддизм, даосизм, СПб., 1873г., Санктпетербург. стр. 80.

③ Васильев В. П. Религии Востока: конфуцианство, буддизм, даосизм, СПб., 1873г., Санктпетербург. стр. 80-81.

④ Васильев В. П. Религии Востока: конфуцианство, буддизм, даосизм, СПб., 1873г., Санктпетербург. стр. 88.

⑤ Васильев В. П. Религии Востока: конфуцианство, буддизм, даосизм, СПб., 1873г., Санктпетербург, стр. 88.

送下。久行之则五脏之邪火不炎，四肢之奇穴流畅，诸疾不生，永除后患，老而不衰”①，以及“侵晨睡醒时，叩齿三是流通，以舌搅牙龈之上，不论遍数，津液满口，方可咽下，每作三次乃止。”② 另外，在瓦西里耶夫专门提及的《渊监类函》中也有“定气通无，念真存元，颐神养性，吞津咽液，栖山卧云，练气绝食”③等描述。

另外，瓦西里耶夫还详细介绍了道教的炼丹术，他写道：

“虽然与佛教轮回理论有所不同，不过道教所主张的健身、长寿、长生不老理论也与阴阳两界理论有关。他们先是宣传一些中医上使用的方法，也许是由于收效甚微，所以开始依赖一种神奇的力量。按照我的记忆，其中包括玉液、金丹、烧金等，最终目的是得道成仙。按照一个方子的记载，炼制丹药所需物品按其重要程度依次为朱砂、金、银、奇珍异草、玉粉、云、白珍珠和大麻。”④

除了外丹，瓦西里耶夫还简要描述了内丹修炼法，以及“天地人三合一致太平”等思想。⑤

第四章“神话传说中的名道、名仙”的篇幅最小，只有十页半。据笔者考证，该部分内容所依据的材料主要是明朝学者俞安期撰写的《渊鉴类函》，即第三百一十八卷“道部一”的第一节“道教”和第二节“仙”，以及第三百一十九卷“道部二”的第一节“道士”，此外，还参考了葛洪的《神仙传》，以及司马迁的《史记》。具体说来，瓦西里耶夫在叙述时，参考《渊鉴类函》中的相关资料，将“仙”和“道士”两部分内容合在了一起，简要介绍了神话传说中三十多位道教人物的身世以及修炼情况等，包括老子、尹喜、东王公、西王母、赤松子、广成子、太乙真人、彭祖、河上公、太上老父、白石先生、蓝采和、吕洞宾、何仙姑以及东方朔、张陵、鬼谷子、陶弘景等。其中，关于老子、尹喜的内容取自“道部一”的第一节“道教”；而关于东王公、西王母、赤松子、广成子、太乙真人、彭祖、河上公、太上老父、白石先生、蓝采

---

① （明）逍遥子：《逍遥子导引诀》，人民体育出版社，1990 年，第 183 页。

② （明）逍遥子：《逍遥子导引诀》，人民体育出版社，1990 年，第 187 页。

③ （清）张英、王士祯等纂：《渊鉴类函》，中国书店，1985 年，第 139 卷，“道教部二 · 养生四”。

④ Васильев В. П. Религии Востока：конфуцианство，буддизм，даосизм，СПб.，1873г.，Санктпетербург，стр. 90.

⑤ Васильев В. П. Религии Востока：конфуцианство，буддизм，даосизм，СПб.，1873г.，Санктпетербург，стр. 92-94.

和、吕洞宾、何仙姑等的信息取自“道部一”的第二节“仙”；最后，有关东方朔、张道陵、鬼谷子、陶弘景等道教名士的内容则取自“道部二”的第一节“道士”。只是，在叙述顺序上与《渊鉴类函》不同，原文中有关老子的内容本是在广成子、西王母、彭祖等人之后，但瓦西里耶夫首先介绍的就是老子，这与葛洪的《列仙传》的行文顺序是一致的。

第五章在全书中篇幅最长，大约 44 页左右。在篇首，瓦西里耶夫便对最后两章，即第五章和第六章的内容作了简要概括，他写道：

“前文我们已经简要介绍了三大宗教早期的主要特点，而对其后来发展将不再作以描述，也不会再涉及具体细节，虽然那同样值得研究。但是，我写作《东方宗教》的目的并不是为了将读者弄得疲惫不堪，而是要向他们展示，曾经令人精神振奋的宗教幻想又是如何使人萎靡不振的，那些试图证明幻想的真实性的思想家们又将走向何方，以及脱离现实的伪科学的命运面临着怎样巨大的转折。因此，我们的叙述只限于晚期的三大宗教，即它们的终极追求……但是，这里我们不再对道教作单独阐述，因为前文在叙述道教对儒教的排斥，以及对道教对佛教的借鉴时，已经谈及这一问题。”①

也就是说，最后两章的内容主要是阐述佛教和儒教的终极目标，目的是证明二者的幻想性，非科学性。

在第五章的开端瓦西里耶夫指出，佛教的终极目标是追求“死后重生”。② 他主要阐述了以下问题：

第一，佛教是一门注重发展理论的宗教。一方面，佛教自身这样强调；另一方面，包括法国著名佛学专家布诺夫在内的众多西方学者确实对佛教理论进行了大量研究。同时，他强调，佛教单纯注重发展理论的主要原因在于，它是在基督教的间接影响下产生的，是被曲解的基督教。为此瓦西里耶夫还列出了佛教与基督教之间的几点相似性，即：创造了共同的有别于其他宗教的僧侣生活方式；两者的一些宗教传说很相似；彼此拥有一些共同的宗教术语（如救赎）；服饰方面也存在相似之处。③

---

① Васильев В. П. Религии Востока：конфуцианство，буддизм，даосизм，СПб.，1873г.，Санктпетербург. стр. 104.

② Васильев В. П. Религии Востока：конфуцианство，буддизм，даосизм，СПб.，1873г.，Санктпетербург. стр. 105.

③ Васильев В. П. Религии Востока：конфуцианство，буддизм，даосизм，СПб.，1873г.，Санктпетербург. стр. 105-107.

第二，瓦西里耶夫分析了佛教的修行方法“八正道理论”——正见、正思、正语、正业、正命、正精进、正念和正定中的“五正道”，即正见、正思、正精进、正念和正定，详细介绍了每个修行过程的艰难和复杂，指出达到佛教所说的最终正定状态，即“解脱”状态，是一种无法实现的幻想。显而易见，瓦西里耶夫的这段论述旨在说明佛教终极追求的非现实性。①

第三，藏传佛教。瓦西里耶夫简要介绍了佛教最初在吐蕃的传播情况，突出强调了遭受冷遇和迫害后佛教徒对其原有理论的改造，重点介绍了活佛转世制度，详细分析了藏传佛教中所描述的彼岸世界的三个等级及其义理。最后指出，藏传佛教是印度佛教与西藏当地以巫术为核心内容的本教相融合的结果，无论是它的修行方法，还是终极追求，都充满了神秘主义色彩。②

第六章的篇幅也较多，大约32页。主要内容是阐述儒教的虚幻性。

首先，瓦西里耶夫从儒教的发生、发展入手，指出儒教的前身是以祭祀为核心的中国古代宗教，被孔子及其后继者纳入儒学范畴后方在人类社会典章制度中拥有了自己的雏形，并简要介绍了中国古代宗教的重要内容之一——祭祀。

其次，瓦西里耶夫从阐述儒教教义入手，重点表述了对《易经》归属问题的看法，介绍了《中庸》、《论语》等儒家典籍的主要内容。针对《易经》，瓦西里耶夫写道：

“《易经》是一部古籍，但有很长一段时间未被列入儒家典籍范畴内。与今天一样，当时儒士们也非常喜欢引用《易经》中的话，那么为什么在古代书籍中却对它只字不提。距孔子生存年代较近的后继者们常常引用《尚书》，其思想也与《尚书》的关系较为密切，至于历史方面的作品，则与《尚书》和《论语》较为接近。还是没有提到《易经》，只有一处地方，即在《论语》中，好像说到孔子晚年的时候曾学过‘易’（是‘易’，而非《易经》——瓦西里耶夫注），如果将其理解为《易经》，那一定是后代儒士们出于对《易经》的尊崇，以及想把它列入儒家典籍之列的企图而附会上去的。不过更

---

① Васильев В. П. Религии Востока: конфуцианство, буддизм, даосизм, СПб., 1873г., Санктпетербург. стр. 108-121.

② Васильев В. П. Религии Востока: конфуцианство, буддизм, даосизм, СПб., 1873г., Санктпетербург. стр. 121-150.

大的可能是原文破损了,或者是阐述上的牵强所致……无论如何,我们都不认为《易经》属于儒家典籍,何况道教徒对《易经》抓得更紧,确实,比较之下,《易经》与道教更相符。"[①]

此外,瓦西里耶夫还插入了《中庸》的译文,占原文的绝对篇幅。如:

对"道"、"教"内涵的介绍,以及达到"中和"状态的重要性,原文为"天命之谓性,率性之谓道,修道之谓教"和"自诚明,谓之性。自明诚,谓之教","道也者,不可须臾离也,可离非道也。是故君子戒慎乎其所不睹,恐惧乎其所不闻。莫见乎隐,莫显乎微,故君子慎其独也。喜怒哀乐之未发,谓之中。发而皆中节,谓之和。中也者,天下之大本也。和也者,天下之大道也。致中和,天地位焉,万物育焉。"

"君子之道"的重要性,如何修"道"及得"道"的重大意义,原文为"君子之道,费而隐。……君子之道,造端乎夫妇;及其至也,察乎天地","人之为道而远人,不可以为道……忠恕违道不远,施诸己而不愿,亦勿施于人",以及"君子素其位而行,不愿乎其外。素富贵,行乎富贵。素贫贱,行乎贫贱。素夷狄,行乎夷狄。素患难,行乎患难。君子无入而不自得焉。在上位,不陵下。在下位,不援上。正己而不求于人,则无怨。上不怨天,下不尤人。……视之而弗见,听之而弗闻,体物而不可遗",目的是"使天下之人,齐明盛服,以承祭祀,洋洋乎如在其上,如在其左右,……故大德必得其位,必得其禄,必得其名,必得其寿。故天之生物,必因其才而笃焉。故栽者培之,倾者覆之。……故大德者必受命(天成为主宰者——瓦西里耶夫注)。"

至诚的重要性,原文为"唯天下至诚,为能尽其性也。……,唯天下至诚为能化。……故至诚如神。……诚己,仁也;诚物,知也。性之德也,合外内之道也,故时措之宜也。……唯天下至诚,为能经纶天下之大经,立天下之大本,知天地之化育"。

崇礼尊德的重要性,原文为"大哉圣人之道!洋洋[②]乎发育万物,险峻于天。优优大哉!礼仪三百,威仪三千,待其人而后行。故曰:苟不至德,至道不凝焉。故君子尊德性而道问学,至广大而尽精微,极高明而道重用,

---

① Васильев В. П. Религии Востока: конфуцианство, буддизм, даосизм, СПб., 1873г., Санктпетербург. стр. 155.

② 这里,"洋洋"的原意本是形容"众多"或"丰盛",瓦西里耶夫将其错译为"像海洋一样"。

温故而知新,敦厚以崇礼。……非天子,不议礼,不制度,不考文。今天下车同轨,书同文,行同伦。……是故君子动而世为天下道,行而是为天下法,言而世为天下则,远之则有望,近之则不厌。……"[①]

可见,瓦西里耶夫所节译的内容,始终围绕君子如何修道立教这一主题。瓦西里耶夫不惜笔墨翻译大段原文,主要是为了论证,作为儒学重要典籍之一的《中庸》所内含的宗教性。也就是说,在瓦西里耶夫看来,在《中庸》一文中,无论是对"道"、"教"的解释,对达到"配天达天之大德"的崇高境界的描述,还是对君子为了实现这一终极追求而必须修道、至诚、崇礼尊德等条条框框的罗列,都具有鲜明的宗教内涵。在译文之后瓦西里耶夫得出如下结论,"很显然,《中庸》与其他典籍一样,可以证明儒学不仅是一门国教,而且它比世界上的任何一门宗教都更具宗教性……"[②]

再次,瓦西里耶夫介绍了新儒学,即两宋理学产生的社会历史背景,依次阐述张载的"天(宇宙)人(伦理)合一"理论;理学开山者周敦颐在《太极图说》中所建构的"无极"—"阴阳"—"五行"—"男女"—"万物"的宇宙生成图式,文中甚至列出了"阴静阳动"之际的图表;以及邵雍在《观物篇》中所提出的"先天象数学",为了便于读者理解,瓦西里耶夫不但节译了原文,如第一卷"观物内篇上"的第一篇中的部分文字,"天生于动者也。地生于静者也。一动一静交而天地之道尽之矣。动之始则阳生焉。动之极则阴生焉。一阳一阴交而则天之用尽之矣。静之始则柔生焉。静之极则刚生焉。一柔一刚交而地之用尽之矣。"[③]而且列出了动、静、阳、阴、刚、柔的关系表,即:

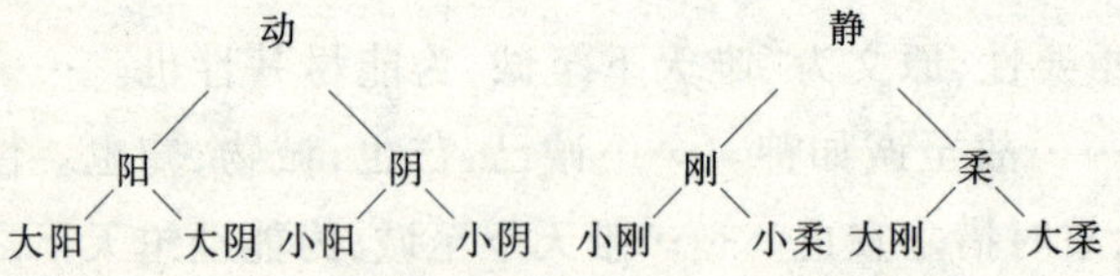

[④]

---

① (先秦)老子:《中庸》,中国国际广播出版社,1992 年,第 1037 ~ 1044 页。

② Васильев В. П. Религии Востока: конфуцианство, буддизм, даосизм, СПб., 1873г., Санктпетербург. стр. 160.

③ (宋)邵雍:《观物篇》,上海古籍出版社,1992 年,第 1 页。

④ Васильев В. П. Религии Востока: конфуцианство, буддизм, даосизм, СПб., 1873г., Санктпетербург. стр. 168.

另外，同样通过节译原文的方式，瓦西里耶夫将邵雍的“天人合一”理论与《中庸》、《论语》中的孔子思想相比较，并分析了程颢、程颐的“天理”论后指出，“新儒学更倾向于道德方面，而非义理……。它浸润着神秘主义色彩。”①

最后，瓦西里耶夫详细介绍了“新儒家思想孜孜不倦的研究者和发展者”②朱熹，在简要概括了朱熹的研究成就后，瓦西里耶夫摘译了朱熹《家礼》中的部分章节，译文的标题依次为祠堂、居家杂仪、冠礼、婚礼、丧礼、家祭。

第一部分译文“祠堂”原文为《家礼》第一卷“通礼”中的第一节“祠堂”，只是瓦西里耶夫在翻译时省去了文前的小序，直接从“君子将营宫室，先立祠堂于正寝之东”切入；第二部分译文“居家杂仪”的原文是第一卷的第三节“司马氏居家杂仪”，此部分也省去了文前的小序，直接从“凡为家长，必谨守礼法，以御群子弟及家众”切入；第三部分译文“冠礼”的原文为第二卷“冠礼”中的第一节“冠”；第四部分译文“婚礼”的原文为第三卷“昏（婚）礼”中的全部内容，即将“议昏（婚）”、“纳采”、“纳幣”、“亲迎”、“妇见舅姑”、“朝见”、“婿见妇之父母”七节合在一起翻译而得；第五部分译文“丧礼”的原文为第四卷“丧礼”中的第一节“初终”，第六节“成服 ”，第四节“小殓”，第五节“大殓”，第九节“闻丧 奔丧”，第十节“治葬”，第十一节“还柩 朝祖 奠 赙 陈器 祖祭”，第十三节“发引”，第十四节“及墓 下棺 祠后土 题木主成坟”，第十五节“反哭”，第十六节“虞祭”，第十七节“卒哭”，以上十二节内容被瓦西里耶夫以“丧礼”为统一标题合译而得；第六部分译文“家祭”为意译，所参考的原文为第五卷“祭礼”的全部内容。只是，相对于原文，瓦西里耶夫的译文极为简略，只用寥寥数语概括而得，译文为：

“家祭主要是祭祖，在四季之中每一季的中间月份进行③，确切日期在事前占卜而定。此外，冬至祭始祖，立春祭先祖，秋季的最后一个月份祭祢，三月上旬扫墓。”④

---

① Васильев В. П. Религии Востока：конфуцианство，буддизм，даосизм，СПб.，1873г.，Санктпетербург. стр. 172.

② Васильев В. П. Религии Востока：конфуцианство，буддизм，даосизм，СПб.，1873г.，Санктпетербург. стр. 175.

③ 这里出现误译，瓦西里耶夫将原文的“仲月”错误地理解为“中间的月份”。

④ Васильев В. П. Религии Востока：конфуцианство，буддизм，даосизм，СПб.，1873г.，Санктпетербург. стр. 182-183.

在最后两章中，无论是对藏传佛教神秘主义色彩的论证，对道教迷信成分的介绍，还是对儒教虚幻性的分析，都与瓦西里耶夫在“引言”中明确提出的向东方推广东正教文明的理论相一致，达到了前后呼应的目的。

(三)《中国文学史资料》中的宗教研究

除《东方宗教:儒、释、道》外，在瓦西里耶夫的另外两部著作——《中国文学史资料》和《中国文学史纲要》中，也对儒、道问题作了相应阐述。不过，关于“儒”问题，因两书阐述的是作为中国古代哲学派别之一的儒学，而并非作为世界宗教之一的儒教，其叙述重点放在了介绍《春秋》、《左传》、《尚书》、《论语》、《孟子》、《礼记》、《孝经》等中国古典经籍上，因此我们将在“中国文学研究”一章中对此作以介绍。关于“道”的问题，稍显复杂，因为在《中国文学史纲要》中，虽然标题明确列为“道教”，实质上，无论是关于墨子、荀子、老子、庄子、淮南子、列子、吕不韦等诸子的生平介绍，还是关于《道德经》、《道藏辑要》等典籍的概述，以及对研究道藏的必要性及重要意义的强调，均是对作为中国古代哲学派别之一的道家学说，而非对真正意义上的道教的阐述，因此，这部分内容也归入“中国文学研究”一章。也就是说，在宗教范畴内，我们只需要介绍瓦西里耶夫在《中国文学史资料》一书中关于道教的论述。

在《中国文学史资料》中，关于道教的内容共分为三小节，即道教，道教史之补充，神话传说中的名道、名仙。全文共计95页。其中，第一节“道教”的篇幅最大，有73页之多，大约占全文的四分之三左右。一开篇，瓦西里耶夫就对道教的起源问题进行了论述，他批驳了一些西方学者提出的道教外来说的观点：

“目前，道教在欧洲还鲜为人知，也很少被研究。一些西方学者推测认为，道教与佛教一样，其源头都可以追溯到印度的婆罗门教。而这需要更多的史料来证明，在印度与西方接触时期中国的确与印度发生联系。但是，在此之前道教的创始人就已经出现了。在汉朝以前中国就开始与西方接触，确切地说是与突厥接触，但是没有任何证据证明突厥信奉婆罗门教。虽然在整个道教发展史上并非一直如此，但是我们依旧有理由认为，道教并不局限于宫廷，它是一种民间宗教。"[①]

瓦西里耶夫认为，道教是土生土长的中国宗教。他历数了秦汉时期就已经出现的一些道教称谓，如方士、太上、木公、紫微、北极等，以及道教历史上的一些仙人、道士，如赤松子、李绍君、张道陵、寇谦之等，详细介绍了老子及其著作《道德经》，并节译了《道德经》的部分段落，简要介绍了历史上对《道德经》一书进行注释的学者，如汉代的吴澄、明代的焦竑等，还详细介绍了杨朱撰写的《列子》、庄周撰写的《庄子》等古籍，并节译了其中的部分内容。

在这一节中，瓦西里耶夫重点介绍了北宋张君房编著的《云笈七籤》，他强调指出，该类书"收录了宋以前全部中国古代道教典籍，无疑是研究早期道藏的重要文献"。[②] 瓦西里耶夫详细解释了《云笈七籤》中出现的道教词汇，如"太和"、"太无"、"混元"、"混沌"、"神明"等；历数了典籍中出现的神仙称谓，如"太一"、"东王父"、"西王母"等地名称谓，如"祖洲"、"瀛洲"、"玄洲"、"炎洲"等以及用以描绘神仙世界的词汇，如"黄天"、"苍天"、"三界"等。另外，他还简要概述了该类书所收录的道教经籍，如《太上大道君洞真金玄八景玉录》、《太神州七转七变舞天经》、《天关三图七星移度经》、《老君太上虚无自然本起经》、《老子中经》等。最后，瓦西里耶夫还概括介绍了道教形成之前的鬼魅之术、巫术等。

第二节"道教史之补充"的文字很少，只有三页左右。瓦西里耶夫简要介绍了有关"五帝"的传说。

第三节"神话传说中的名道、名仙"与《东方宗教：儒、释、道》第四章的内容完全一致。

比较而言，《中国文学史资料》与《东方宗教：儒、释、道》两部著作关于道教的内容，既有相同之处，又有所区别，前者主要倾向于道教文献的介绍，后者更偏重于道教理论的阐述。

（四）《中国的伊斯兰教》

在中国宗教范畴内，除了儒、释、道教，瓦西里耶夫还对伊斯兰教进行

---

① Васильев В. П. , Материалы по истории китайской литературы, Лекции, читанные заслуженным проф. СПб-ского университета В. П. Васильевым, СПб. , 1888г. , стр. 89.

② Васильев В. П. , Материалы по истории китайской литературы, Лекции, читанные заслуженным проф. СПб-ского университета В. П. Васильевым, СПб. , 1888г. , стр. 119.

了研究，其成果收录在文集《中国的发现》中的文章《中国的伊斯兰教》（Магометанство в Китае）。全文共33页，由“正文”和“译文”两项内容组成。

“正文”共包括三部分内容，被横线自然隔开，且原文中均缺少标题。在第一部分中，瓦西里耶夫主要阐述了三个问题，即：

第一，明确指出了《中国的伊斯兰教》一文的主要内容和研究目的，他写道：

“中国是否是一个伊斯兰教国家？这就是本文将要研究的问题。

……随着至少占世界人口总数三分之一的中国对伊斯兰教世界关注程度的增加，必将引起全世界政治关系的改变。西起直布罗陀海峡东至太平洋的伊斯兰教世界有可能重新崛起，再次对基督教世界产生威胁。而原本为世界所需的中国人的和平行动，在强硬的宗教狂热政治的掌控下，有可能摇身变为束缚其他民族的桎梏。

但是，不仅仅是世界政治的变化取决于此。倘若思想家对西方思想战胜了无生气的东方思辨的能力持有坚定的信心，那么，他必须深入思考，人类在追求建立在科学和启蒙基础上的进步的旅程中将会遇到哪些阻碍。

……有人说，在中国，西方传教士所遭遇的并非更容易接受真理的多神教教徒，而是狂热的伊斯兰教教徒。”①

此外，瓦西里耶夫还通过考证中国文献，查找其中关于穆斯林的记载情况，他指出，“中国文献主要是事无巨细地记录下每一位学者、官吏的生平传记，描绘每座城墙的高度与宽度，每座建筑物的空间，中国地理记载了所有居住在本国领土上的异族的名称，却忽视了几百万同胞对待伊斯兰教的态度。”②

第二，瓦西里耶夫论述了19世纪下半叶以来困扰清政府的伊斯兰教问题。他简要概述了经过太平天国运动等一系列的社会动荡之后，于1862年发起于陕甘地区的哲合林耶派以伊斯兰教为旗帜发起的反清斗争，并强调指

---

① Васильев В. П., Магометанство в Китае, ——Открытия Китая и другие статьи академика В. П. Васильева, СПб., 1900г., стр. 106-107.

② Васильев В. П., Магометанство в Китае, ——Открытия Китая и другие статьи академика В. П. Васильева, СПб., 1900г., стр. 107.

出，只是最近三四年来伊斯兰教问题才被中国政府和西方所关注。[①]

第三，阐述伊斯兰教传入中国的路径及中国穆斯林的分布情况。瓦西里耶夫明确指出，历史上曾征服过中国的蒙古族、满族等，虽然也试图强迫其放弃自己的原有信仰，但是最终却成为中国思想与文化的俘虏，能担负这一重任的只有根基强大的穆斯林。[②] 为此，他根据自己在京期间所搜集的中国报刊资料[③]，详细介绍了穆斯林在中国的分布情况：北部包括甘肃、陕西、山西等省份以及满洲地区、北京地区，南部依次为浙江、江苏、湖南、湖北、广东、广西、云南、四川等省。瓦西里耶夫重点介绍了伊斯兰教传入中国的两条路线，即由安西经中亚至波斯和大食的陆上交通要道，和从巴士拉出发、沿波斯海岸和印度海岸航行的通往中国的海上路线。另外，瓦西里耶夫详细介绍了曾到过中国的阿拉伯商人、作家对中国所作的描述，其中包括马斯欧迪（al-Mas' oudi）在《黄金草原和珠玑宝藏》中记录了黄巢率领军队进入广州城时对包括穆斯林在内的城内居民大肆屠杀、洗劫的情况；伊本·巴图塔（Ibn Bathoutha）对中国各个港口、河流、物产等的详细描述；商人苏莱曼（Suleiman）对广州、杭州、温州等中国商埠、广州与印度洋沿岸各国的交通，以及中国旧俗等的记述；以及由阿布·赛义德（Abu Zaid）续写完成的《中国印度见闻录》，该书描述了中国的城市、居民、物产、风俗、海上贸易等方方面面的情况，文中这样表述对中国的整体印象，"中国更美丽，更令人神往。印度大部分地区没有城市，而在中国人那里则到处是城墙围绕的城市。……中国人比印度人更为健康，……在中国，所有的土地军备耕种，全国各地人口密集。……中国人比印度人好看得多，在衣着和所使用的牲畜方面更像阿拉伯人。"[④] 瓦西里耶夫更感兴趣的是《中国印度见闻录》对中国西部九姓回纥部落和吐蕃人的可汗部落的地理位置的描述，以及广州等沿海城市的穆斯林的生活情况的详细记载。他明确指出，阿拉伯作家、商人在对中国进行描述时过于夸大其好的方面，而意大利

---

① Васильев В. П., Магометанство в Китае, ——Открытия Китая и другие статьи академика В. П. Васильева, СПб., 1900г., стр. 108.

② Васильев В. П., Магометанство в Китае, ——Открытия Китая и другие статьи академика В. П. Васильева, СПб., 1900г., стр. 110.

③ Васильев В. П., Магометанство в Китае, ——Открытия Китая и другие статьи академика В. П. Васильева, СПб., 1900г., стр. 110.

④ ［印］阿布·赛义德：《中国印度见闻录》，中华书局，1983年，第24～25页。

人马可·波罗的来华在很大程度上就是受阿拉伯作家们的蛊惑。[①]

瓦西里耶夫突出强调了明朝时期伊斯兰教的迅速发展。他认为,明政府采取的利用宗教安抚少数民族的政策促进了穆斯林的汉化进程,“明朝建立之初,在中国境内居住着各个少数民族,如蒙古人、契丹人、女真人和唐古特人等。来到沿海经商的穆斯林也因此成了中国的臣民。明太祖下令不许骚扰少数民族的生活,从而逐渐消除了长期以来汉族对少数民族的仇恨情绪。自此,这些少数民族开始汉化。不过,即使接受了汉语、汉服,他们也不可能彻底忘记作为外来民族的身份,这主要体现在他们更加坚守自己原有的、有别于中国本土的宗教信仰上。”[②] 瓦西里耶夫明确指出,他所参考的资料包括清乾隆年间撰写的《明史》、明朝时期的长诗《回鹘御览》,以及其他资料中描述的唐皇与阿拉伯人的接触情况,并简要介绍了在长安、建宁(今南京)和广州等地修建的清真寺,他总结道:

“中国境内的穆斯林不仅仅是回鹘,或者像他们自己所说的是穆罕默德统治时期派遣到中国来的阿拉伯人的后裔。……回鹘语所说的唐古特人,在穆斯林中流传的中文名称与此不同,被称作党项族。而在这个名称下最为中国人所熟知的就是阿拉伯人。穆斯林利用了这个偶然的巧合,目的是阐明自己不是回鹘人,而是阿拉伯人的后裔。”[③]

第二部分的文字较少,只有短短的三页,主要分析了清代穆斯林暴动的原因。首先,瓦西里耶夫指出,“穆斯林扩大伊斯兰教影响的愿望、对本民族宗教的狂热和排斥其他信仰的特点是人所共知的事实。在中国历史上,本朝的穆斯林运动并非首次,明朝末期也曾发生过穆斯林暴乱,当时的冲突更严重。”[④] 按照瓦西里耶夫的观点,清代穆斯林暴动的主要原因在于:虽然穆斯林遍布中国社会的各个阶层,但是政府对其信仰却不闻不问,中国文献也不做记载,伊斯兰教只在下层百姓中流传;允许穆斯林男子娶汉族女子为妻,同时鄙视穆斯林女子外嫁的事实充分证明,穆斯林以广收

---

① Васильев В. П., Магометанство в Китае, ——Открытия Китая и другие статьи академика В. П. Васильева, СПб., 1900г., стр. 117.

② Васильев В. П., Магометанство в Китае, ——Открытия Китая и другие статьи академика В. П. Васильева, СПб., 1900г., стр. 123.

③ Васильев В. П., Магометанство в Китае, ——Открытия Китая и другие статьи академика В. П. Васильева, СПб., 1900г., стр. 124-125.

④ Васильев В. П., Магометанство в Китае, ——Открытия Китая и другие статьи академика В. П. Васильева, СПб., 1900г., стр. 126.

新教徒的方式来扩大影响；西方天主教传教士的到来打破了穆斯林原本的平静生活，前者宣传天主教与儒教在思想上的一致，而且用金钱拉拢穷苦百姓入教；最初，清政府佯装对伊斯兰教信徒漠不关心，继而采取各种方法，如服饰打扮、仕途等限制汉族入教，后来慢慢撕下伪装，公开限制。[①]

此外，瓦西里耶夫还对伊兰教在中国的发展前景作了展望：

"东方缺乏西方那种宗教狂热，他们不是靠心生活，而是物质。儒教、佛教、道教根本没能激发追随者对其发自内心的崇拜，而我们也多次表述过，本质上，佛教和道教是一种献身者的宗教，而非世上普通人的信仰。中国人对宗教的这种冷漠情绪可以轻易被任何一种西方宗教所利用，但是，在目前状况下，这种绝佳的机会就出现在了伊斯兰教身边。"[②]

第三部分的文字最少，只有一页多。瓦西里耶夫简要概述了罗马亚历山大大帝东征过程中西方思想对中亚，尤其是对印度的影响。

"译文"部分的标题是"汉文大布告的译文"，共五页左右。在脚注中瓦西里耶夫明确指出，这份公告的原文是卡法罗夫从中国带回俄国的，文中附有阿拉伯文，他是在著名东方学家卡杰姆贝克的帮助下译成汉语的。[③] 关于这份大字布告，中国学者也曾提及，"1872 年，即清同治十一年，俄国驻北京总主教帕雷狄斯发现一张汉文大字布告，说此布告译自阿拉伯文。布告序言述说伊斯兰教初传中国的事迹。称唐贞观六年(632)，穆罕穆德母舅依宾哈姆撒率徒众三千人，携《古兰经》来至中国，受到唐太宗的礼遇，筑清真寺以居之。日后信徒日众，在江宁、广州建清真寺分住。"[④]瓦西里耶夫的译文既包括"布告序言"，还包括具体的十四项条款。

二、儒教

(一)评价孔子

无论是中国本土学者，还是国外的汉学研究者，在阐述有关儒学和儒

① Васильев В. П., Магометанство в Китае, ——Открытия Китая и другие статьи академика В. П. Васильева, СПб., 1900г., стр. 126-131.

② Васильев В. П., Магометанство в Китае, ——Открытия Китая и другие статьи академика В. П. Васильева, СПб., 1900г., стр. 131.

③ Васильев В. П., Магометанство в Китае, ——Открытия Китая и другие статьи академика В. П. Васильева, СПб., 1900г., стр. 133.

④ 周燮藩、沙秋真：《伊斯兰教在中国》，华文出版社，2002 年，第 39 页。

教的问题时，无可避免地会首先谈及孔子，瓦西里耶夫也不例外。

俄国学术界在将中国思想与宗教纳入自己的研究视野时，大多对孔子给予了很高的评价。例如，在瓦西里耶夫之前，俄国东正教驻北京第十届传教士团学员克雷姆斯基（К. Г. Крымский，1796～1861）就曾对孔子大加赞赏，他说："孔子富于洞察力，思维敏捷，记忆力极强……孔子把知识和美德结合起来。他温和、宽宏大度、克己忍耐，他谦恭贤明、大公无私、蔑视财富，他庄重而毫不阴沉忧郁或盛气凌人，他对人体贴入微而有礼貌，所有这些都是他不可改变的品质。"① 在瓦西里耶夫之后，格奥尔吉耶夫斯基对孔子做出了更高评价，在他笔下，孔子是一位"人所共知的公民教育家"，"伟大的道德家、积极的思想家"，"风俗改革家和哲学家"②，按照格奥尔吉耶夫斯基的观点，孔子不但自己具备了一切美德，而且还开创了"中国生活的原则"③，"孔子是一个正直的人，他具有为博得周围人的完全尊敬所必需的一切品质。"④

关于孔子，首先，瓦西里耶夫认为他是一个冒险家，对此他提出了三点依据：

1. 具备冒险家的性格特点。瓦西里耶夫特别强调了孔子富于传奇性的一生——从出身低微，到最后成为鲁国的丞相。在瓦西里耶夫看来，孔子为了将自己的理论付诸于实践，四方游历，到各国谋取职位，竭尽全力推行自己的思想主张，把它看作是一副济世的灵丹妙药，孔子具有冒险家所特有的高亢的行动热情，在他身上集中了冒险家的典型性格特点。

2. 孔子拥有冒险家们所必须具备的人们对他的崇拜，尤其是他的弟子们，在他们眼里，"假如孔子在哪个国家立足，那么这个国家一定会成为群龙之首。"⑤

3. 理想屡屡受挫。瓦西里耶夫认为，孔子像所有冒险家一样，四处碰壁，其思想长期不被统治者接受，最后，失意的孔子才不得不转向了人民，结果从为统治阶级服务的初衷转而站在了统治者的对立面。瓦西里耶夫

---

① Крымский К. Г. Очерк сущности учения Конфуция, Пекин, 1906г., стр. 2-6.

② Георгиевский С. М. Принципы жизни Китая, СПб., 1888г., стр. 298.

③ Георгиевский С. М. Принципы жизни Китая, СПб., 1888г., стр. 355.

④ Георгиевский С. М. Принципы жизни Китая, СПб., 1888г., стр. 298.

⑤ Васильев В. П. Религии Востока: конфуцианство, буддизм, даосизм, СПб., 1873г., Санктпетербург, стр. 40.

指出，这在某种程度上体现了中国的统一并非得益于儒教。

其次，瓦西里耶夫突出强调了孔子作为人民教育家的身份，他写道：

“孔子是中国历史上第一位人民教育家，他是第一个将科学、教育变成人民财富的人，他是第一个使人民了解统治者政策及他们自身的人。……如果在孔子之前就有学校存在，那也都是官办学校，还没有出现过人民教育家。所以，虽然孔子受自己杜撰出来的道德原则的束缚，一生都没能超越它，但是在中国历史上能够出现一个关心人民、教育人民的人已经是莫大的进步了。”①

最后，瓦西里耶夫认为，孔子是一位生在乱世的中国古代史学家和哲学家。他写道：

“孔子创作完成了中国古代史籍《春秋》，这是他在中国历史和哲学领域做出的重大贡献之一。……孔子之所以创作这部作品，主要因为对当时的一些编年史作品不满，认为它们既不是伟大的范例，内容又充满了自相残杀的战争、一个又一个的阴谋、良知泯灭的野蛮行径和可耻的背叛行为。出于对现实的极度失望，孔子主张复古，其目的是从古代帝王成功治理国家的范例中汲取经验，从而为当时的统治者提供借鉴。”②

绝大多数俄苏学者对孔子及其思想的评价充满溢美之词。而作为19世纪下半叶俄国汉学研究集大成者的瓦西里耶夫，显然与克雷姆斯基、格奥尔吉耶夫斯基等的观点不同，他对孔子其人的阐述已经不仅仅局限于简单的褒扬，相比之下，冒险家的定位更具人性化，教育家、历史学家、哲学家的评语切中关键。

（二）作为国教的儒教

瓦西里耶夫针对儒教，着重论述了以下问题：

1. 承认儒教的现实存在

关于儒家学说的性质及评价问题，即孔孟之学到底是儒学还是儒教，在学术界一直存在争议。最早否认儒学是宗教的应是明末来华的耶稣会

① Васильев В. П. Религии Востока：конфуцианство，буддизм，даосизм，СПб.，1873г.，Санктпетербург，стр. 30.

② Васильев В. П. Религии Востока：конфуцианство，буддизм，даосизм，СПб.，1873г.，Санктпетербург，стр. 20.

士利玛窦，而最早明确提出儒教非教说的是中国学者梁启超。大部分中国学者支持梁启超的观点，认为儒学是一种人生哲学，一门如何做人的学问。与此同时，很多外国学者将它视为宗教，其中，马克思·韦伯是这一观点的代表。他的理由可以归纳为三点：从价值取向上与终极目的上看，儒学是一门宗教；儒学的天道观与佛教的“法”极相类似；从宗教社会学角度看，儒学作为一门正统宗教束缚了中国资本主义的发展。

有人认为，韦伯把儒学划归为宗教，从宗教最基本的特征来说是不对的，因为儒学不尊神，不讲彼岸世界，而这两点恰恰是宗教之所以为宗教的基本点，但同时又指出，“韦伯从价值取向、人生的超脱依附等宗教本质性方面来看待儒学，无疑又是深刻的和具有说服力的。”① 与此同时，还存在另一种观点，法国学者大密拉博不但视儒学为儒教，而且指出，“孔子礼教的目的在于恢复人类的天性，不再为愚昧和情欲所隐蔽，所以他教人敬天、畏天、爱人，战胜物欲，勿以情欲去衡量行为，应以理性为标准。凡是不合理性的，叫他们勿动、勿思、勿言。”② 另一位中国著名学者任继愈也是儒教是教论的支持者，他在《论儒教的形成》、《儒家与儒教》等文章中明确提出并阐释了这一观点。

在《东方宗教：儒、释、道》一书中，瓦西里耶夫赫然列入了儒教的内容，这本身已经说明他对儒教这一现实存在的承认。此外，他还对这一问题作了专门阐述，提出了以下论据：

其一，提出儒教具备作为宗教的必要条件，即具有解惑作用，拥有自己的教徒和教义形式，享有人们对它的狂热崇拜。瓦西里耶夫写道：

“我们发现，如果不是考虑到在汉语中将佛教、道教、基督教、儒教均称之为‘教’③，恐怕就不能把儒学列入宗教之列；更何况，孔子本人也拒绝谈论彼岸世界。这样看来，我们所说的儒学最多不过是一种社会政治学说。……但是，即使儒学仍然维持孔子创立时的原貌，依据它在儒士中所享有的声誉，以及人们不仅在理念上，而且在行动中对它所表现出的狂热，难道不可以将其称作宗教吗？要知道，儒学也拥有自己的信徒。我们认为，那

---

① 启良：《神论》，花城出版社，2002 年，第 94 ~ 95 页。

② J. C. Powell, China and Europe, Intellectual and Artistic Contacts in the Eighteeth Century, London, 1925, 104.

③ 这里，瓦西里耶夫使用的俄文词是：учение，并在后面标注了汉语发音“jiao”。实际上，俄文词“учение”可译为“理论”、“学说”，由此可见，瓦西里耶夫也兼顾到儒教的另一重身份。

些随着时间的推移具有解释疑惑，采纳了只能解释、不能证明的教义形式的所有力量，都可以被称作宗教。”①

由此可见，在承认儒教这一现实存在的同时，瓦西里耶夫也顾及到中国学者所指出的儒学不尊神、不讲彼岸世界，从而不能称其为宗教的观点，不过他仍然与众多西方学者一样，将儒学视为宗教。至于他对宗教所下的定义，即“那些随着时间的推移具有解释疑惑，采纳了只能解释、不能证明的教义形式的所有力量，都可以被称作宗教”，虽然受时代发展的限制，在科学性上还存在一定的欠缺，但与今天一些学者对宗教一词的界定，如“借助非现实的力量，或者用非现实的方式，解决现实问题的一种社会现象”②，实际上存在相通之处，

其二，瓦西里耶夫指出，祭祀是一种宗教形式，而儒学提倡祭祀，这是将其视为宗教的有力依据。他写道：

“儒学中‘礼’的字面意义与宗教最初的涵义一致；儒家典籍《礼记》阐述了婚、丧、嫁、娶及其他方面的礼仪；国事和民事程序按照律法进行，皇帝也不例外；孝顺父母长辈，忠于国君是天理法规；按照儒家理念，皇帝是天之子，能够登上皇位是上天的赐予。

而且，很多中国古代典籍阐述祭祀问题。依据这些典籍，拒绝谈论彼岸世界、鬼神、异端的孔子却要求人们虔诚恭敬地进行祭祀仪式，仿佛那些享受祭品的鬼神真的存在。……祭祀是一种宗教仪式，却堂而皇之地存在于儒学中。一本名为《五礼通考》的中国典籍详细阐述了祭天、祭地、祭风、祭山、祭祖等仪式。问题在于，孔子及其后继者使这种宗教处于极其发达的程度，并广为人们所接受；使之变成了唯一的、人所共知、无与匹敌的古代宗教。儒士们根本不反对这种仪式，孔子与他们的观点一致，他只关心如何使这种古代信仰更加深入民心，并为此一生都在搜集民间典籍与作品。除此之外，在中国民间还能找到更传统的宗教仪式吗？当然，在它之前还没有先例，因此也无从借鉴，所以它成为诞生在中国本土的土生土长的中国宗教……而它无疑被儒学所吸纳，并与其自身的理论相融和。”③

---

① Васильев В. П. Религии Востока：конфуцианство，буддизм，даосизм，СПб.，1873г.，Санктпетербург，стр. 150.

② 李申：《儒学与儒教》，四川大学出版社，2005 年，第 497 页。

③ Васильев В. П. Религии Востока：конфуцианство，буддизм，даосизм，СПб.，1873г.，Санктпетербург，стр. 150-152.

在瓦西里耶夫看来，以祭祀为核心的中国古代宗教与儒家思想相结合从而发展成为今天的儒教。而瓦西里耶夫阐述儒教是教的这一论据与后世中国学者的观点存在相通之处，如“应该指出，长期以来，学界讨论孔子对鬼神的态度，主要依据《论语》。然而孔子自称‘述而不作’，以诗书礼乐教人，这里就有一个值得人们深思的问题：六经所载的那些天命鬼神信仰，孔子对之持什么态度？再深入一下，自从独尊儒术之后，儒经是儒者识字、达礼、做人的基本教材，那么所有的儒者又是怎样对待儒经中那些天命、鬼神的文字的呢？只要深入思考就会发现，儒经中那些上帝鬼神信仰，是所有儒者、包括孔子在内的思想和行为的基础，然而我们多年来的传统文化研究，却偏偏忽略了这个基础。”①

其三，瓦西里耶夫认为，儒教的古代性是不容置疑的，而对于宗教来说古代性是至关重要的，是宗教赖以存在的基础。他认为，“如果说，任何一门宗教都竭力从古代挖掘精神力量和存在依据，那么可以说，儒学的出现可以追溯到中华民族诞生之初。古代性在人类的内心深处占据重要位置，它甚至是宗教得以产生的基础。”②

其四，瓦西里耶夫强调指出，世界上任何一门宗教都诞生于两种不同影响的并行作用之下，儒教也不例外，儒家学说和自然力就是在儒教诞生过程中产生过重大影响的两种客体。其中，他重点阐述了自然力，文中写道：

“毫无疑问，所有古代宗教的诞生都是源于两种不同影响：一方面，是给人类带来喜怒哀乐的大自然，它养育着人类，同时也毁灭着人类，它在人类最初发展过程中必定对其产生过影响。我们发现，与其他民族一样，中国也存在自然崇拜，如对提供了森林、野兽、衣服、食品的山神的崇拜，对提供了鱼的河神的崇拜，对给植物生长提供了所需光的太阳神的崇拜。”③

瓦西里耶夫将儒教的本源归结为儒家学说和自然崇拜，而这与中国学者任继愈先生的观点很相近，后者认为，儒教的来源，一是殷周时期的天命

---

① 李申：《儒学与儒教》，四川大学出版社，2005 年，第 113 ~ 114 页。

② Васильев В. П. Религии Востока: конфуцианство, буддизм, даосизм, СПб., 1873г., Санктпетербург, стр. 17.

③ Васильев В. П. Религии Востока: конфуцианство, буддизм, даосизм, СПб., 1873г., Санктпетербург, стр. 152.

学说和祖宗崇拜的宗教思想，一是孔子创立的儒家学说。[1]

最后，瓦西里耶夫通过对《中庸》等儒家典籍的分析，得出以下结论："儒教不仅是一门国教，而且比其他宗教更具宗教性……佛教有人、神之分；儒教恰恰相反，在这里，生命转瞬即逝的人，比佛教中被人们普遍尊崇的神更具有唯一的前所未有的极乐体验；在这里，人就是我们所说的上帝、创世者。儒教中没有上帝这一称谓，不过将这种创造力赋予了天、地、人；人帮助天孕育众生，天、地的和谐甚至也取决于人的自我完善程度。"[2]

按照瓦西里耶夫的观点，儒教并不缺少上帝的存在，天、地、人的和谐统一即构成儒教的最高神。瓦西里耶夫从儒教的始祖、教义、古代性，以及来源、崇拜对象、祭祀方式等方面入手，对儒教是教的论证观点明确，论据充分，论述合理他对儒家思想及儒教的研究在当时曾具有较高学术价值。

2. 考证儒家典籍

在《东方宗教》一书中，瓦西里耶夫花费大量笔墨对儒家典籍的成书过程、真伪性和古代性进行考证。其中，他对《春秋》给予了很大关注。首先，他认为，"《春秋》是中国第一部按时间顺序记述历史事件的真正的编年史，起始时间是公元前723年。语言简洁，没有经过精心加工，但晦涩难懂。"[3] 瓦西里耶夫提出编年史《春秋》出现的时间与汉字产生的时间相近，在公元前8世纪左右。

众所周知，在中国历史上关于史书《春秋》存在争议，争论的焦点就是该书到底是不是孔子所著。孟子和司马迁都认为《春秋》为孔子所著。孟子在《孟子·滕文公下》中写道，"世衰道微，邪说暴行有作，臣弑君者有之，子弑其父者有之。孔子惧，作《春秋》，天子之事也……"，可见，孟子不但认为《春秋》是孔子所作，还进一步指出了孔子作《春秋》的原因和目的；汉代著名史学家司马迁也是这一观点的坚持者，他在《史记·孔子世家》中写道，"孔子在位听讼，文辞有可与人共者，弗独有也。至于为《春秋》，笔则笔，削则削，子夏之徒，不能赞一辞。弟子首《春秋》，孔子曰：'后世知丘者以《春秋》，而罪丘者亦以《春秋》'"。此外，董仲舒、王充等均认为该

① 任继愈："论儒教的形成"，载《中国社会科学》1980年第1期。

② Васильев В. П. Религии Востока: конфуцианство, буддизм, даосизм, СПб., 1873г., Санктпетербург, стр. 160.

③ Васильев В. П. Религии Востока: конфуцианство, буддизм, даосизм, СПб., 1873г., Санктпетербург, стр. 18.

书是孔子所作。但是,自唐代开始,著名史学家刘知几就以“惑经”为题,对《春秋》提出嫉恶、弑、善恶、盟等“未谕者十二”,以及“推避以求全,依达以免祸”等“虚美者五”①的责难。此后,后世学者也纷纷提出怀疑,如王安石、刘克庄、朱彝尊、梁启超等,都是持此种观点的学者。有人甚至明确指出《春秋》是孔子所作的观点是错误的,“孔圣人修《春秋经》的说法是没有根据的。”② 显然,瓦西里耶夫是孟子观点的支持者。

另一部吸引瓦西里耶夫关注的儒教典籍是《尚书》,即《尚书》。根据中国史书记载,孔子编次的《尚书》在流传的过程中历经劫难。先逢秦火,又遭项羽烧秦宫室,《尚书》被毁过半,到了汉代仅存伏生壁藏29篇,皆用隶书著成,被世人称作《今文尚书》。另有古籍记载,鲁恭王在拆毁孔宅的时候,在墙壁中发现古文写的《尚书》,及孔氏家传的《尚书》残本,比《今文尚书》又多出了16篇,史称《古文尚书》。后来,经过汉末变乱和西晋永嘉兵乱,《今文尚书》和《古文尚书》相继散佚。

瓦西里耶夫对《尚书》的流传方式和作者提出了质疑。首先,他否定了《尚书》是由伏生口述、其孙女翻译、学者们记录下来的说法。他认为,在当时由于各地方言差别很大,用一种统一的语言记诵下某一部作品是不可能的。因此,瓦西里耶夫认为,《尚书》应是孔子的弟子们的作品,他们为《尚书》虚构出身,只是想假借孔子之名来抬高这部书的地位。瓦西里耶夫提出了以下三点论据:

(1)针对《今文尚书》,瓦西里耶夫指出,“该书在秦始皇统治时期被焚毁,流传下来的部分是由80岁老者伏生背诵下来,因除了老人的孙女外,没人能听懂他所讲的话,所以《今文尚书》是由伏生口述、其孙女翻译、一些学者记录下来的。但是,伏生口述的说法与《今文尚书》本身晦涩难懂的语言不符,……可见这种说法是中国人自己杜撰出来的。”③

(2)针对《古文尚书》是在鲁恭王拆除孔子的宅邸时被发现的说法,瓦西里耶夫认为也不可信。他说,“假如孔子当初预见到会被驱逐而将书藏在墙壁里的说法是真的,那么也就是说,到书被发现的时候这所房子已经

---

① (唐)刘知几著,(清)浦起龙释:《史通通释》(下),上海古籍出版社,1978年,第398~414页。

② 姚曼波:《〈春秋〉考论》,江苏古籍出版社,2002年,第17页。

③ Васильев В. П. Религии Востока: конфуцианство, буддизм, даосизм, СПб., 1873г., Санктпетербург, стр. 19-20.

存在了几百年，但是当时的中国，由于深受沿海气候的影响，建筑物的寿命并不是很长。”①

(3)瓦西里耶夫将《尚书》与《春秋》所记述的内容比较后指出：“假如《尚书》确实出自孔子之手，那么由此会得出怎样的结论呢？第一，该书缺乏连续的、准确的编年表；第二，其语言并不带有古代语言的痕迹。《尚书》的语言的确晦涩难懂，但在叙述上却比《春秋》完整得多。……成书较晚的《春秋》关于古代史的内容却很少，其内容多是关于古代国君的语录、与臣子的对话，以及臣子的抱怨、誓言和劝谕……成书较早的史籍可能比后来的史籍在内容上更全面、更完整吗？”②

关于《尚书》的问题颇为复杂，瓦西里耶夫对包括《尚书》在内的儒家典籍进行考证与分析，体现了他在研究中所采用的批判主义阐释方法，以及对待学术问题的认真态度。

3. 分析儒教产生以及存在的社会历史原因

瓦西里耶夫对孔子所生活年代的社会历史背景，以及儒家学说受到统治者重视的原因作了深刻剖析，他写道：

“战祸连绵，黩武主义盛行，国家之间的交往缺乏道德准则的约束，子女反抗父母，妻子不忠于丈夫。总之，根本看不到仁爱祥和的踪影。……秦国灭亡的时候，人人都想当皇帝，最后，一个普普通通的屯长刘邦成了汉朝的创建者。但是，他当时的处境非常危险：臣子和下属不但不认为自己应该对君王毕恭毕敬、唯命是从，反倒从刘邦身上看到倚靠钻营也可以飞黄腾达。军队里毫无纪律可言，所以加强法纪和制度建设是当务之急，而这些在儒家学说中早已存在：这就是政府为什么向儒家学说求助、把权力交给儒士的原因……不过最初，汉朝统治者对儒家学说并不欣赏，他们更崇尚道教和妖术邪说，更信奉它们，但是问题在于，只有儒家学说能够提供法纪和礼仪。也就是说，统治者为了维护自己的利益，不得不把儒家学说拉上了中国历史舞台。”③

---

① Васильев В. П. Религии Востока：конфуцианство，буддизм，даосизм，СПб.，1873г.，Санктпстсрбург，стр. 20.

② Васильев В. П. Религии Востока：конфуцианство，буддизм，даосизм，СПб.，1873г.，Санктпетербург，стр. 21.

③ Васильев В. П. Религии Востока：конфуцианство，буддизм，даосизм，СПб.，1873г.，Санктпетербург，стр. 42.

与此同时,瓦西里耶夫还分析了儒教自身的合理因素。按照他的观点,儒家思想中存在早期民主和君主立宪的成分,它在一定程度上抑制了君主专制,因此被广大人民所接受,从而具有了发展为宗教的必要条件。他指出,这主要表现在儒学典籍中包含爱民和轻君思想,如对百姓不幸遭遇的同情,对捐税制度和奢华作风的批判,对统治阶层的质问,在瓦西里耶夫看来,这些思想和主张使本来就对官府持怀疑态度的百姓更加崇拜儒家学说,尤其在诸侯争战期间,获得了更快的传播,很快为更多人所接受和崇拜,从而最终发展成为宗教。[1] 瓦西里耶夫指出,最初,儒士们一直期待着统治者对自己的召唤,但是随着这一希望的落空,他们对统治阶级的批判便更加犀利了,到秦始皇统一中国后,彻底失望的儒士们已经完全站在了统治者的对立面,这种敌对关系的形成,只是因为"秦始皇没有按照儒家思想统一中国,没有邀请他们参政议政。"[2]

瓦西里耶夫认为,如果把"焚书坑儒"事件看作统治者对儒教进行反击的证明,那么秦王朝的灭亡就应是统治者对百姓和儒教的蔑视所付出的高昂代价。同时指出,儒家学说在汉朝时期成为官方正统思想,逐渐与人民远离。他这样写道:

"汉朝的当权者在这方面做得更聪明:他们看到了人民思想的强大力量,于是招揽儒士参政议政。而手中已经掌握权力的儒教徒,为了对统治者表示感谢,在各种典籍中、文稿中,尤其在校注中,都留下了对统治者逢迎的痕迹。他们陪驾在君王左右,与百姓脱离开来,表面上虽然他们还在为老百姓说话,但实际上,他们只做一件事,即引经据典排斥一切新举措,一心只关注自己手中的权力。"[3]

4. 解读儒教教义

按照瓦西里耶夫的观点,《礼记》是儒教教义的伦理道德基础,而仁、义、礼、智,是儒教教义的主要内容。其中,瓦西里耶夫对"礼"给予了特别关注。他认为,"'礼'的内涵比'道德'还要宽泛,它集宗教意义、生活方式

① Васильев В. П. Религии Востока: конфуцианство, буддизм, даосизм, СПб., 1873г., Санктпетербург, стр. 26.

② Васильев В. П. Религии Востока: конфуцианство, буддизм, даосизм, СПб., 1873г., Санктпетербург, стр. 32.

③ Васильев В. П. Религии Востока: конфуцианство, буддизм, даосизм, СПб., 1873г., Санктпетербург, стр. 33.

和国家体制于一身。"[1]在简要介绍了《礼记》中所记载的婚丧嫁娶等各种礼仪形式后，瓦西里耶夫对"礼"的内涵，即道德层面进行了进一步剖析。

首先，瓦西里耶夫突出强调了中国人对道德准则的高度重视，他写道：

"说实话，世界上没有任何一个民族接受过像中国人那样的行为准则教育，也没有哪一个民族的公共道德理念发展到如此高度。也就是说，在中国，如果有人违背了道德准则，那么至少他自己清楚错在哪里。而在欧洲，并不是每一个人对人格、正直、体面，以及其他操行都拥有明确的概念。新教徒甚至主张，不行善事也能成为圣徒。"[2]

此外，瓦西里耶夫还进一步阐述了道德行为准则在中国人生活中所占据的重要地位，他写道：

"在世界上的其他国家，这些准则在各个层面，比如哲学和行政领域，都没有占据如此高位，更没有体现在人民的整个历史生活之中。当然，中国能保存这种独立性和独特性，在一定程度上要归功于这些准则。中国人以此为荣，也因此而鄙视其他民族，对外国文化一概拒绝。中国人认为这些准则是正确的，几千年来一直把它们视为生活的基础……"[3]

其次，瓦西里耶夫节译了《礼记》中的两段话，第一段话译自"礼运"篇，即"是故夫礼，必本于天，殽于地，列于鬼神，达于丧、祭、射、御、冠、昏、朝、聘。故圣人以礼示之，故天下国家可得而正也"[4]；第二段话译自"儒行"篇，前两句话是完整的翻译，后面只是摘译了一些关键性的句子，即：

"儒有席上之珍以待聘，夙夜强学以待问，怀忠信以待举，力行以待取。其自立有如此者。

儒有衣冠中，动作慎；其大让如慢，小让如伪，大则如威，小则如愧；其难进而易退也，粥粥若无能也。其容貌有如此者。"

在瓦西里耶夫看来，这些被中国人广泛接受的行为准则，在欧洲人眼里却很难理解。西方人感兴趣的是中国人所遵循的处理人际关系的准则。按照瓦西里耶夫的观点，这些准则不仅反映了儒教本身的特点，而且折射

---

① Васильев В. П. Религии Востока: конфуцианство, буддизм, даосизм, СПб., 1873г., Санктпетербург, стр. 37.

② Васильев В. П. Религии Востока: конфуцианство, буддизм, даосизм, СПб., 1873г., Санктпетербург, стр. 38-39.

③ Васильев В. П. Очерк истории китайской литературы СПб., 1880г., стр. 72.

④ 陈戍国：《礼记校注》，岳麓书社，2004 年，第 154 页。

出整个中国社会的特点。[1]

瓦西里耶夫对中国人道德准则产生的社会历史背景进行了分析。他认为，儒士们之所以致力于道德准则的确立和家庭关系的完善，是在战祸连绵、百姓流离失所的历史背景下，对外部社会失望之余的无奈选择，他写道：

"作为儒生，藏身于室内的思想家，他们在目睹了文官的市侩和武将的狡猾后，退而寻找一种更坚固的东西，能够平稳人类的内心和政权得以确立的东西。这只能是道德准则，建立在家庭关系基础之上的道德准则。"[2]

在后来出版的《中国文学史纲要》中瓦西里耶夫进一步发展了这一观点，他认为，儒士们对家庭关系的重视得自于《诗经》的启发，其中的很多篇章都是抒写女子在与丈夫、心上人、亲人们被迫分离时的哭诉，以及遭受丈夫遗弃的妻子的哭诉，在瓦西里耶夫看来，这些哭诉不但生动地反映了中国当时的社会和政治状况，而且是亲情的最好展示，对家庭关系准则的创立在一定程度上起了启蒙作用。[3]

此外，瓦西里耶夫还参照《礼记》、《孝经》对父子关系、夫妻关系、君臣关系进行了详细介绍与分析。按照他的观点，父子关系是中国人生活准则的基础，作为儿子，最重要的品质就是孝道。[4] 这一观点应是瓦西里耶夫对《孝经·圣治章第九》中"人之行，莫大于孝，孝莫大于严父……"一句的准确概括。为了更清楚地阐释自己对这一关系的理解，瓦西里耶夫从《礼记》、《孝经》中摘选了三项在孝道方面儿子应该严格遵守的准则，一是守孝期为三年，最初的三个月儿子不能剃须、不能与女人亲近、不能娱乐，甚至不能弹奏琴瑟，即《礼记·三年问》中的"三年之丧，二十五月而毕"，《礼记·曲礼下》中的"不蚤剪、不祭食、不说人以'无罪'、妇人不当御、三月而复服"，以及《礼记·杂记下》中所记载的"父有服，宫中子不与于乐。母有服，声闻焉，不举乐"和《孝经·丧亲章第十八》中的"闻乐不乐"；二是得到父母去世的消息，身处异国的儿子，哪怕他是诸侯或天子都应该抛下一切奔赴到父母灵柩前，以示孝道，这也就是《礼记·奔丧》中所说的"唯父母

---

① Васильев В. П. Религии Востока: конфуцианство, буддизм, даосизм, СПб., 1873г., Санктпетербург, стр. 40-41.

② Васильев В. П. Очерк истории китайской литературы СПб., 1880г., стр. 72.

③ Васильев В. П. Очерк истории китайской литературы СПб., 1880г., стр. 72.

④ Васильев В. П. Очерк истории китайской литературы СПб., 1880г., стр. 42.

之丧，见星而行，见星而舍”；三是儿子不仅无权自杀，而且还无权让自己的身体遭遇危险，因为它们取自父母[①]，即《孝经·开宗明义章第一》中的“身体发肤，受之父母，不敢毁伤，孝之始也”。在瓦西里耶夫看来，中国父子关系的主要特点是父权无限大，他甚至将儿子与奴隶相比较，“儿子的权利与奴隶有些不同，实际上奴隶的地位还要高些。儿子是可以打的，但是如果主人过于严厉，或者对待奴隶过于残酷，就会被认为有失体面，不道德，跪在主人面前的奴隶同时享有自由说话的权利。”[②] 这段感慨主要是针对《礼记》中的两段文字而发，一是“曲礼上”中的“见父之执，不谓之进，不敢进；不谓之退，不敢退；不问，不敢对。此孝子之行也”，以及《内则》中的“父母怒，不说，而挞之流血，不敢疾怨，起敬起孝”。瓦西里耶夫在父子关系中所看到的是欧洲文化背景下无法理解的人与人之间的不平等现象。

关于夫妻关系。在瓦西里耶夫看来，中国的道德准则只单方面对妻子做了严格要求，即绝对忠贞、顺从自己的丈夫，他这样写道：

“丈夫死后妻子应该守节，甚至陪葬，……妻子无权与丈夫同坐，丈夫不接受妻子用一只手递过来的东西，夫妻不能一同外出做客，……而作为丈夫一方，只要把家庭主母的名分给了妻子，再娶多少个女人都是允许的。”[③]

这段描述在《礼记》中有明确记载，如“檀弓下”中提及妻子询问为死去丈夫殉葬的事宜，“郊特性”中明确规定“异与之齐，终身不改，故夫死不嫁”，在“曲礼上”一章中写道“男女不杂坐，不同椸，不同巾栉，不亲授”，在“昏仪”中甚至言及妇女的四德，“教以妇德、妇言、妇容、妇功。教成之，牲用鱼，芼之以蘋、藻，所以成妇顺也”。瓦西里耶夫从夫妻关系中看到的是旧礼教对妇女守节、顺从等德行的重视，以及男女之间的不平等现象。不过，他在惊讶于这种不平等的夫妻关系的同时，又特别强调“中国的大部分家庭，由于礼教的严格束缚，与其他国家相比，家庭生活上更加和平亲睦。除了基督教国家，未必有哪一国家的女人像中国女人那样受人尊敬……在中国，女人执政甚至当皇帝并不少见；在古代，女人写诗、编纂史书；音乐、

① Васильев В. П. Очерк истории китайской литературы СПб., 1880г., стр. 43.

② Васильев В. П. Религии Востока: конфуцианство, буддизм, даосизм, СПб., 1873г., Санктпетербург, стр. 45.

③ Васильев В. П. Религии Востока: конфуцианство, буддизм, даосизм, СПб., 1873г., Санктпетербург, стр. 44.

诗歌、绘画、刺绣是女人打发时间的方式；女人甚至举办自己的宴会。"①

至于君臣关系，瓦西里耶夫认为，这是父子关系的延伸，只不过将"孝"改成了"忠"，即对于臣子来说，最重要的品质就是对国君无限忠诚，他可以受贿、盗窃、镇压百姓，只要不背叛自己的国君，那么一切罪行都可以原谅。② 瓦西里耶夫还突出强调了臣子表达忠心的方式，他这样描述：

"他们上吊、投井，先烧死自己的妻儿，然后烧掉整个家宅，以此来表示自己的忠诚。但是，在中国人眼里，最忠勇的死法是臣子有机会痛斥自己国君的敌人，羞辱他、诅咒他，目的是逼迫敌人失去耐心而杀死自己。这样的例子数不胜数，这些人的名字能排成册。"③

瓦西里耶夫对中国人的道德行为观念进行的分析与评价有失准确，更多是他从书本中挖掘出来的理论教条，离真实的中国还存在一定的距离。不过，他的阐述确实在一定程度上反映了外国学者对中国文化的关注点，即迥异于本国文化的道德思想和行为准则。对此日本学者大限重信在《东西方文明之调和》一书中做了更为抽象的概括，他写道，"中国道德思想的根本特质始终是在于实际、直觉和情绪。连美德的种类和内容也都是实际的，都是特别明显的情绪性的。特别是以家族制度为中心的和平、亲睦，实际的美德占据着主要地位，这种实际的美德的扩大，立即被解释为道德，这正是中国道德的特色。"④

5. 将儒教视为造成中国停滞落后的罪魁祸首

有人曾指出，瓦西里耶夫属于尊孔者的行列。⑤ 实际上，在瓦西里耶夫看来，儒教的道德准则并不像中国人自己所认为的那样完美无缺，历史已经对它做出了批判，只不过批判的不是准则本身，而是对其应用效果的

① Васильев В. П. Религии Востока: конфуцианство, буддизм, даосизм, СПб., 1873г., Санктпетербург, стр. 45.

② Васильев В. П. Религии Востока: конфуцианство, буддизм, даосизм, СПб., 1873г., Санктпетербург, стр. 45-46.

③ Васильев В. П. Религии Востока: конфуцианство, буддизм, даосизм, СПб., 1873г., Санктпетербург, стр. 46.

④ [日]大限重信著，卞立强、[日]依田熹家译：《东西方文明之调和》，中国国际广播出版社，1992年，第73页。

⑤ [俄]尼·伊·维谢洛夫斯基编，北京第二外国语学院俄语编译组译：《俄国驻北京传道团史料》第一册，商务印书馆，1978年，中译本序言。

批判，对这些准则强加给历史、科学的禁锢的批判。①

按照瓦西里耶夫的观点，儒教建立在科学的基础上，而造成中国停滞的原因恰恰是由于儒教的存在，用他的话讲，“保守可以在民主中找到支持，而科学如果走错了方向，必将变为停滞不前的源头……被界定在一定框架内的儒教是伪善的，而被置于道德之下的科学也变成了骗人的勾当或者空谈。被抬得高高在上的道德贬低知识，对一切新生事物打击排斥，实际上毫无道德可言。”②

因此，瓦西里耶夫认为，儒教根本不可能发展到承认科学是道德的源泉的高度，儒家思想只是一门治理国家的学问。他以中国的科举考试制度为例，对儒家思想进行了批判，他认为“中国的道德准则实实在在抑制了科学的发展，那些高中状元的人一下子就成了历史学家、哲学家、法学家，甚至负责监管建筑、农业、水利、军事等，总之，在中国人眼里是无所不能的人。”③

此外，瓦西里耶夫还以自然条件和历史发展为切入点，论证指出是儒教直接导致并造成了中国文明的停滞落后。他对东西两半球的自然状况进行比较后指出，两者的明显区别在于西半球地中海周围地区的自然条件优越，居民生活富足，文明程度也很发达，各国国力都很强盛；而在东半球，绵延着荒无人烟的中亚高地，沙漠广布，居民的生活方式与西方截然不同，文明只在一些重要的城市才存在。与此同时，瓦西里耶夫也承认，历史上东方国家也曾经有过辉煌时期，比如中国曾一度把自己的统治推进到吉尔吉斯草原和贝加尔湖一带，甚至管辖过印度本土地区，而中亚游牧民族也曾侵占印度和中国，印度佛教传教团也曾大批东进，并且所到之处都取得了成功，用瓦西里耶夫的话讲：

“东方人的物质生活水平也曾获得过高度发展，创立出了优秀的、在精神上强化自我的公民体制，但是东方人的精神生活缺乏向前推进的动力，因为他们一直立足于同一土壤上、同一种族中，不接受外部源头和思想的

① Васильев В. П. Религии Востока: конфуцианство, буддизм, даосизм, СПб., 1873г., Санктпетербург, стр. 32.

② Васильев В. П. Религии Востока: конфуцианство, буддизм, даосизм, СПб., 1873г., Санктпетербург, стр. 32.

③ Васильев В. П. Религии Востока: конфуцианство, буддизм, даосизм, СПб., 1873г., Санктпетербург, стр. 32.

注入,从而导致生活方式和精神世界单调贫乏,且始终处于萌芽状态。……问题最严重的就是中国和印度,至少两千年间一直保持单一的生活方式不变,以至于现在,我们正目睹曾经独立的东方正处于政治、思想和道德的衰落时期。……如果东方不接受以民主为主要特色的西方文明,必将在封闭中消亡。"①

综上所述,按照瓦西里耶夫的观点,儒教的行为准则严重束缚了中国人的思想,是科学发展的主要禁锢,是造成中国停滞落后的罪魁祸首,是阻碍中国接受西方文明的绊脚石。对此有些学者持有不同的看法,如有人认为,从亚里士多德到黑格尔的欧洲中心主义者视19世纪以前的中国已经陈腐、愚昧,那只是欧洲人的话语,因为"如果没有西方的入侵,没有西方价值观的参照,按照中国原有的历史模式而发展,很难断定它是否'陈腐',是否必然'死去'。"② 由此可见,中外学者对造成19世纪下半叶中国的落后状况的原因持有截然不同的两种观点:一种观点认为是中国文化本身的弊病,另一种观点认为是西方文明入侵的结果。而我们认为,这种巨大的反差除了其他方面的因素,与各自的立场不无关系,作为中国传统文化的维护者,中国学者把批判的矛头指向了西方文化,而作为身处中国文明之外的瓦西里耶夫,其主要目的是证明东正教文明的优越性,以及向东方推广欧洲文明,所以坚持认为儒教束缚了中国的发展,导致东西方文明发展水平差距的产生,是中国落后于西方的主要原因。

三、道教

(一)瓦西里耶夫笔下的老子形象

关于老子,瓦西里耶夫作了详细介绍,他写道:

"在司马迁的作品中老子本是一位历史人物。后来,并非受佛教的启发,最大的可能是通过与西方的接触,道教徒了解了幻化的思想,于是解释说,老子是道教最高的神,被称作太上老君,他可以幻化重生。老子第一次

① Васильев В. П. Религии Востока: конфуцианство, буддизм, даосизм, СПб., 1873г., Санктпетербург, стр. 9.

② 启良:《西方文化概论》,花城出版社,2000年,第4页。

现身发生在公元前1500年，当时老子脱离开仙界，容身在一个玉女的腹中，在那里一呆就是81年（这就是他为什么一生下来头发就是白的且年老的原因）。传说中他的出生地是楚苦县厉乡曲仁里，与司马迁的说法一致。他从母亲左肋出生，降生在李子树下，出生后指着李子树说，'这就是我的姓'。他白发、黄脸、长耳、大眼、浓须、粗脖、方嘴，牙齿稀少，双手捧着十字架。在周文王统治时期（约公元前1150年）老子出任守藏史；在周武王统治时期（公元前1134年之后）仍为掌管图书的官吏，并到过遥远的西方国家——大秦（罗马）等国游历，公元前1078年从西方返回，仍任史官；公元前1029年骑着一头青牛出函谷关，并把自己游历路线通告了尹喜；公元前1027年抵达四川，后和尹喜一起越过流沙，拜访了一些蛮夷之邦；在公元前1001年的周穆王统治时期再次回到中国；公元前502年与孔子会面，被后者尊奉为龙；公元前305年又离开中原，飞往昆仑山；在秦朝时他降临到天河岸边，这就是他为什么被称作'河上公'的原因；他将自己的学说传给了安期先生；在汉孝文帝统治时期（公元前179年至公元前157年）他以广成子之名而著称于世；皇帝宣他觐见却被拒绝，不得以亲自来见他，见面的时候他竟然不参拜，于是皇帝说道，'虽然你是得道之人，却是我的臣民，高官厚禄皆由我定'。这时广成子一跃飞上百米高空，说，'我现在置身于空中，不像普通人一样脚要置地，那么陛下，你的奖赏与我何干！'皇帝想了想，走下车辇，向他致歉。广成子给了他两本书，是关于道和德的（这种说法印证了我关于《道德经》成书较晚的猜测）。"①

这段文字关于老子的出生地、孔子问礼，以及老子西行游历、见尹喜、著《道德经》等内容与司马迁在《史记·老子韩非列传》中的记载如出一辙，原文为：

"老子者，楚苦县厉乡曲仁里人也，姓李氏，名耳，字聃，周守藏室之史也。孔子适周，将问礼于老子。老子曰：'子所言者，其人与骨皆已朽矣，独其言在耳。且君子得其时则驾，不得其时则蓬累而行。吾闻之，良贾深藏若虚，君子盛德容貌若愚。去子之骄气与多欲、态色与淫志，是皆无益于子之身。吾所以告子者，若是而已。'孔子去，谓弟子曰：'鸟，吾知其能飞；鱼，吾知其能游；兽，吾知其能走。走者可以为网，游者可以为纶，飞者可以

① Васильев В. П. Религии Востока: конфуцианство, буддизм, даосизм, СПб., 1873г., Санктпетербург. стр. 94-95.

为缯。至于龙,我不能知其乘风云而上天。吾今日见老子,其犹龙耶!'老子修道德,其学以自隐无名为务。居周久之,见周之衰,乃遂去。至关,关尹喜曰:'子将隐矣,强为我著书。'于是老子乃著书上下篇,言道德之意五千余而去。莫知其所终。"①

至于老子的出世、外貌则参考了俞安期在《渊监类函》中的记载,原文是这样的:

"其母怀之八十一岁乃生,生时剖其母左掖出……,生而能言,指李树曰,以此为吾姓,又有老聃之号。老子鹤发、龙颜、黄色、美须、广颈、长耳、大目、疏齿、方口、厚唇……。"② 但是,瓦西里耶夫的介绍比原文多了"双手捧着十字架"一句。

在这段文字的后半部分中,瓦西里耶夫将老子、河上公、广成子合为一人。关于汉孝文帝向广成子问道事件,存在误读现象。按照《渊鉴类函》和《神仙传》的记载,应是汉孝文帝问道于河上公,而非广成子。如《神仙传》的原文为"河上公,莫知姓名也。汉孝文帝时,结草为庵于河之滨。常读老子道德经。时文帝好老子之道。……即遣诏史齐所疑义问之。公曰:'道尊德贵,非可遥问也。'帝即驾幸诣之。公在庵中不出。帝使人谓之:'普天之下,莫非妄图。率土之滨,莫非王民。域中之大,而王居其一。子虽有道,犹朕民也。不能自屈,何乃高乎?朕能使民富贵贫贱。'须臾,公即拊掌坐跃,冉冉在空虚之中。去地百余尺,而止于虚空。良久,俯而答曰:'余上不至天,中不累人,下不居地,何民之有焉?君亦能令余富贵贫贱乎?'帝大惊,悟知是神人。方下辇,稽首礼谢曰……河上公即授素书老子道德经章句两卷。……"③《渊鉴类函》的这部分内容,是根据《神仙传》改写而成,言辞更为简略,内容基本一致。

至于瓦西里耶夫将老子、河上公、广成子错误地理解为一人,也许是由于《渊鉴类函》一书未使用标点符号,而关于老子和河上公的文字又是前后相连,从而造成误读的产生。不过,为什么把传说中生活于黄帝时期的广成子也放进来,无从查证。

另外,虽然瓦西里耶夫是参考并综合中文文献《史记》、《神仙传》等书

① (汉)司马迁:《史记·老子韩非列传》,中华书局,1997年。
② (清)张英、王士祯等:《渊鉴类函》第十三册,中国书店,1985年,第三百一十八卷。
③ (东晋)葛洪:《神仙传》,上海古籍出版社,1990年,第46~47页。

的记载，向俄国读者介绍老子的，但是他笔下的老子形象与中文史料之间仍存在一定差别。众所周知，无论是司马迁，还是葛洪，均将老子描述成现实生活中的真实存在。《史记》中，老子“周守藏使”的身份、确切的出生地等内容，加强了老子作为历史人物的可信性；而在葛洪的《神仙传》中，老子则被塑造为“好养精气”者①，《抱朴子》一书则承认“老子，得道之圣也”，②“以长生久视为业”，③以及“老君真形者，思之，姓李名聃，字伯阳，身长九尺，黄色，鸟喙，隆鼻，秀眉长五寸，耳长七寸，额有三理上下彻，足有八卦，以神龟为妆，金楼玉堂，白银为阶，五色云为衣，重叠之冠，锋铤之剑，从黄童百二十人，左有十二轻龙，右有二十六白虎，前有二十四朱雀，后有七十二玄武，前道十二穹奇，后从三十六辟邪，雷电在上，晃晃昱昱，此事出于仙经中也。见老君则年命延长，心如日月，无事不知也。”④

由此可见，中文资料所描述老子形象并非自然神灵，而是积学所得。而瓦西里耶夫笔下老子形象的独特之处在于，他以一个几经变身、长生不死的神仙形象出现，不但超越于时空，而且无所不能。

（二）考证《道德经》

关于《道德经》一书，瓦西里耶夫写道：

“司马迁指出，老子的著作包括两部分，即道和德，全书共五千字。让人奇怪的是司马迁对该书字数的强调，他这样做仿佛是为了增加这部书的确存在的可信性……

老子的语言很独特，书中所阐述的思想也比较深奥，与《论语》相比，语法更正确；与庄子、孟子的语言相比，更简单易懂。”⑤

而瓦西里耶夫对《道德经》的质疑，主要集中在成书时间上，按照他的观点，《道德经》的成书时间要晚于老子所生活年代：

“证据很明显，虽然书中阐述了老子的清静无为思想，但是同时也表述了他对儒家礼教的批驳，以及仁爱思想的反驳。也就是说，《道德经》应该

① （东晋）葛洪：《神仙传》，上海古籍出版社，1990 年，第 3 页。
② （东晋）葛洪：《抱朴子内篇》，中华书局，1985 年，第 138 页。
③ （东晋）葛洪：《抱朴子内篇》，中华书局，1985 年，第 253 页。
④ （东晋）葛洪：《抱朴子内篇》，中华书局，1985 年，第 273 ~ 274 页。
⑤ Васильев В. П. Религии Востока：конфуцианство，буддизм，даосизм，СПб.，1873г.，Санктпетербург. стр. 76-77.

创作于儒家理论已经发展到比较健全的年代,此时儒家思想所拥有的知名度足以促使其他派别的思想家主动对它做出评价。”①

为了论证自己的观点,瓦西里耶夫节译了《道德经》一书中对儒家礼教和仁爱思想进行直接批判的内容,其译文和原文对应如下:

“如果不尊崇圣贤,那么就不会使百姓之间发生争执。”②即第三章中的“不尚贤,使民不争”;

“天和地没有仁,圣贤没有仁”,即第五章中的“天地不仁……,圣人不仁”;

“大道丧失,才会有仁和义;智慧产生于伪诈;家庭和谐被破坏,才会出现子孝父慈;国家昏乱,才会有忠臣出现”,即第十八章中的“大道废,有仁义;智慧出,有大伪;六亲不和,有孝慈;国家昏乱,有忠臣”;

“当‘道’失去才会有德出现;‘德’失去才会有‘仁’出现;以此类推,才会有‘义’、‘礼’出现。礼是忠信的不足,否则它就是祸乱的开端。”③ 即第三十八章中的“故失‘道’而后‘德’,失‘德’而后‘仁’,失仁而后义,失义而后礼。夫礼者,忠信之薄,而乱之首。”④

瓦西里耶夫认为:《道德经》并非公元前6世纪的作品,他写道:

“倘若老子的著作确实如人们所说,是公元前6世纪的作品,那么我们有充足的理由相信,在中国,公民意识很早就得到了发展。老子是人类历史上最崇高的哲学代表,问题是,当时这样的哲学并不存在的。”⑤

为了进一步增加论证的力度,瓦西里耶夫仍旧采取节译的形式。他摘译的内容依次如下,第七章的“是以圣人后其身而身先。外其身而身存。非以其无私邪?故能成其私”,第八章的“上善若水。水善利万物而不争,处众人之所恶,故几于道”,第九章的“金玉满堂,莫之能守;富贵而骄,自遗其咎。功遂身退,天之道也。”⑥ 最后,瓦西里耶夫指出:“这些观点与佛

① Васильев В. П. Религии Востока: конфуцианство, буддизм, даосизм, СПб., 1873г., Санктпетербург. стр. 77.

② 此处瓦西里耶夫对“争”的理解出现错误,译文不正确,并非取争论、争执之意,而是指争名夺利。

③ Васильев В. П. Религии Востока: конфуцианство, буддизм, даосизм, СПб., 1873г., Санктпетербург. стр. 77.

④ 陈鼓应:《老子著译及评价》,中华书局,1984年,第23、87、89、93页。

⑤ Васильев В. П. Религии Востока: конфуцианство, буддизм, даосизм, СПб., 1873г., Санктпетербург. стр. 77.

⑥ 陈鼓应:《老子著译及评价》,中华书局,1984年,第71、78、134、212页。

教徒对世界的看法之相似简直令人惊讶。难道这只能解释为，人类的同一种思想在不同地点同时诞生是一种巧合吗？”①

在瓦西里耶夫去世22年后，即1922年3月，中国学者梁启超发表了题为《论老子书成于战国之末》的文章，自此，关于《道德经》书成于何时的争论一直以来都是众说纷纭，从孔子后到刘安前都有，时间的差距近四百年。其中，梁启超与瓦西里耶夫的观点存在相近之处，前者认为“老子的话太自由了，太激烈了，像‘民多利器，国家滋昏；人多伎巧，奇物滋起；法令滋彰，盗贼多有’；‘六亲不和有孝慈，国家昏乱有忠臣’。这一类的话，不大像春秋时人说的话。”②

瓦西里耶夫和梁启超都主张《道德经》一书所出现的时间并不是老子所生活的春秋时期，而且都是从该书的内容和所反映的思想着手的，不同的是，梁启超具体指出《道德经》成书于战国末期，只不过两人都没能对此做出有力的论证。另一位中国学者刘节在《古史考存·老子考》中提出《道德经》出现在西汉文景之间，而顾颉刚在《从吕氏春秋推测老子成书时代》一文中，则认为该著成书于《吕氏春秋》和《淮南子》之间。据《古史辨》的搜集，这样的文章共有30篇，按照他们的主张可以分为两大派，一派主张《道德经》书成于战国或秦汉之际，另一派主张成于春秋或老子遗言而由门徒记录下来。后又有众多学者加入到对这一问题进行的研究行列之中。

总的来说，虽然瓦西里耶夫的论据很单薄，说服力并不是很强，与梁启超以六个“可疑”而断定《道德经》写于战国末期，以及冯友兰以三个“盖此”而直言老子的著作是战国时期的作品相比，瓦西里耶夫的阐述的确过于简略，缺乏具体分析，没有详细论证。不过，即便如此，也充分显示了他在中国文化研究方面丰富的知识积累和远见卓识。

（三）道教的本质

1. 定义

关于道教，瓦西里耶夫解决了定义问题。他写道：

---

① Васильев В. П. Религии Востока: конфуцианство, буддизм, даосизм, СПб., 1873г., Санктпетербург. стр. 78.

② 梁启超：《论〈老子〉书作于战国末》，载自《梁启超全集》，北京出版社，1999年。

“虽然有人认为，道教是生长于中国本土的、彼此之间没有任何联系的各种宗教观念和形式的总和，它们的共同点是将老子尊为自己的祖师……，但是，我们认为，道教各种体系之间的共同联系在于一致排斥儒教，不接受儒教理论，以此将所有反对者联合在一个阵营里。为此道教接纳了一切，其中包括当时还未被儒教证明的，以及还没有从人民的历史生活中吸收的文化内容，甚至包括外来文化在内一切被儒教拒绝接受的内容。从这一观点出发，我们尝试着将道教的范围扩大。中国文献的全部内容，甚至包括儒教文献在内，只要不属于阐述人生职责的伪正统文章，或者新儒学范畴，均可以划入道教之列。这样，中国文学中就出现了大量的传奇小说，戏剧中也出现了传奇作品，作家喜欢利用它来做某种暗示，传奇甚至进入了一些真实的历史人物的传记中，他们的生活建构在神话传说的基础之上。中国文学中的所有这类作品，所有反映民间信仰的作品，哪怕它是科学的，都可以被列入道教范畴之内。我们还想把那些神秘主义的观点纳入道教，因为它们也在与儒教做抗争，‘神秘’一词和护身符本身一样，均体现了道教的本质。”①

瓦西里耶夫对道教的概括在一定程度上已经具有了现代道教定义的雏形，如同中国学者任继愈认为的，“道教产生的源头众多，从古代宗教、民间巫术、神仙传说、方士方术、老庄哲学、黄老思想、儒家理论、阴阳五行说、易学，到原始体育卫生知识及古代医学等，举凡汉代之前及汉代所存在的各种思想、观点和信仰，道教都加以吸纳糅合。”②

瓦西里耶夫进一步论证指出，道教为了驳倒儒教同时强大自己，曾试图从历史中挖掘依据，他写道：

“虽然中国文献极为丰富，但儒士们已经抢先一步将最优秀的典籍占为己有，而且在这方面做了很多工作，有了一定的发展。当时只剩一部古书还未进入儒教之列，这就是《易经》。该书在语言上前后缺乏联系的特点证明了它的古代性。迷信思想在中国民众及其统治者中盛行，占卜贯穿了整个历史发展进程，尤其是战争年代，人们对美好生活更加向往。当然，战争促进了医学发展，在迷信思想泛滥之际，在人们眼里医学也变得更加

① Васильев В. П. Религии Востока：конфуцианство，буддизм，даосизм，СПб.，1873г.，Санктпетербург. стр. 72-73.

② 任继愈：《中国道教史》，上海人民出版社，1990 年，第 9 页。

神奇。我们发现，中国古代就出现过能招雨的术士，这种人为什么会存在？当然是农业生产的需要。儒教掌控了现实，掌管着人们的现实生活。最初，儒教避免谈论阴间、与鬼神之间的联系等问题。儒教当然无法彻底摆脱迷信，但是如果它主张祭祀，那么是把祭祀看作一种被普遍接受的风俗传统，而且宣扬祭祀能给人们带来好处的思想。我们曾经说过，秦始皇没有焚毁历法、医学和农业方面的书籍。可以这样认为，农业书籍中有迷信思想存在；在儒教书籍中我们也发现了历法的存在。也就是说，占卜和医学与迷信联手共同支撑着道教与儒教进行抗争。"①

这里，瓦西里耶夫对道教与儒教的对抗给予了更多关注，他甚至不惜笔墨翻译了《庄子·外篇》"胠箧"的全文，用以阐述庄子在文中极力宣扬的"圣人不死，大盗不止，……此重利盗跖而使不可禁者，是乃圣人之过也"②的思想。

不过，瓦西里耶夫在论述道教与儒教的关系问题时，单纯强调了道教对儒教的排斥与对抗，与许多中国学者多是关注道教从儒家思想中汲取营养，即主张儒道之调和观点大相径庭。这方面的例子很多，如道教明确肯定儒教的三纲五常六经，以与儒教"君亲师"相近似的"君父师"为道教三宝，认为"此三行而不善，则天地人鬼神必共责之"。再如，道教集大成者葛洪认为，仙道与礼教不但不相悖，而且修道者必须营礼教，即"为道之士，不营礼教，不顾大伦，侣狐貉于草泽之中，偶猿猱于林麓之间，魁然流摈，兴木石为邻，此亦东走之谜，忘葵之甘也。"③以及北魏寇谦之所主张的"天师道以礼度为首，而加以服食闭炼"④的观点，同样带有儒家思想的烙印。比较而言，如瓦西里耶夫这样，完全将道教立于儒教的对立面的阐述方式并不多见。由此可见，瓦西里耶夫忽略了道教对儒家思想及儒教的吸收运用，忽略了一些道家学者将忠孝仁义等儒家伦理和儒教视为修行成仙的必要条件和重要内容的观点，因此，他的论述存在一定片面性。

另外，瓦西里耶夫对儒教和道教当时的处境作了对比，他写道：

"早期，儒教只在百姓中流传，从未得到过皇帝或是诸侯们的支持，中

---

① Васильев В. П. Религии Востока: конфуцианство, буддизм, даосизм, СПб., 1873г., Санктпетербург. стр. 73-74.

② （战国）庄周：《庄子》，吉林文史出版社，2004年，第65页。

③ （东晋）葛洪撰，王明注：《抱朴子内篇校释》，中华书局，1985年，第188页。

④ （北齐）魏收等：《魏书》第一百一十四卷之"释老志"上，中华书局，2003年，第3051页。

国统一后，秦始皇第一个站出来反对儒教、迫害儒士，汉朝统治者在迫不得已的情况下才邀请儒士来整顿法纪。……秦始皇和早期的汉朝统治者大都是道教徒，著名史学家司马迁也是道教的追随者，可以说，当时所有反对儒教的人都信奉道教。"①

瓦西里耶夫的这段论述主要是想证明道教在中国所拥有的强大势力，从而强调其本土性及普及性，对此，当代中国学者牟钟鉴也表述过类似观点，他称，"从宗教文化学的角度看，道教正式教徒人数之有限与道教文化影响之广大成鲜明对比，这在其他宗教极为少见。道教信徒历来是五大宗教中最少的，从未超出几十万人。但道教对中国文化的影响却远远超出教徒的范围而达到社会各阶层、各领域、各地区，其影响是全局性的、持久的。"②

2. 道教的幻想性

按照瓦西里耶夫的观点，道教是一门建立在迷信基础上充满幻想的宗教。为了阐述道教的幻想性，瓦西里耶夫主要从以下几个方面着手：

第一，在《东方宗教：儒、释、道》一书中，瓦西里耶夫以"神话传说中的名道、名仙"为题对一些道士、仙人作了详细介绍，以此证明道教的幻想性。瓦西里耶夫对道教仙人的重视反映了海外汉学界道教研究的共同特点，正如安娜·塞德尔所许，"很难找到哪一种道教研究不是以这样那样的形式提到神仙，但是又很少有人能清晰无误地说明神仙是怎么回事。对神仙的定义和简短的特性描写，'真人'等，在许多一般的道教研究中都能找到。"③ 这种状况不但发生在19世纪，20世纪许多欧洲汉学家仍旧钟情于这一研究课题，如1953年卡顿马克翻译的《列仙传》出版，他对其中的神话进行了研究，同年，康德谟（Kaltenmark Maxime）的《〈列仙传〉译注》也问世；1988年甘茨克将葛洪的《神仙传》译成德文；另外，施博尔（Schipper Kristofer M.）在1965年出版的《道教传说中的汉武帝》一书中从原始神话和宗教仪式的渊源关系出发考察汉武帝形象；卡西尔·苏珊娜·E（Cahill Suzanne E.）在1982年出版的《中世纪中国文献中的西王母形象》和1986

① Васильев В. П. Религии Востока: конфуцианство, буддизм, даосизм, СПб., 1873г., Санктпетербург. стр. 73.

② 牟钟鉴、张践：《中国宗教通史》（上），社会科学文献出版社，2003年，第260页。

③ [法]安娜·塞德尔著，蒋见元等译：《西方道教研究史》，上海古籍出版社，2000年，第15页。

年出版的《道教女炼师——古代中国妇女的保护神西王母》中系统研究了中国道教诸神中的女神形象，涉及这一内容的还有德斯皮克斯·凯瑟琳（Despeux Catherine）1990 年出版的著作《古代中国的千日红花——道教的女炼师》，该书容纳了丰富的原始资料，阐述了女性神仙在道教中的作用、她们的传说以及她们在内丹修炼中的特殊实践。综上所述，如果将俄国与其他欧洲国家针对道教神仙的研究状况作以对比的话，很显然，瓦西里耶夫早在 19 世纪下半叶的论述表明，俄国与西欧一样，都曾对神话传说中的仙人产生过兴趣，并给予了较大关注。

第二，为了论证道教是一门充满幻想的宗教，瓦西里耶夫列举了一系列的道教养生方法、长寿方法。如“在饮食方面，据《神农经》记载：吃粮食的人，不会长寿；吃矿石粉炼制的药丸的人不会衰老；吃草药的人会长寿；吸元气的人会长生不死。”[①]

众所周知，道教主张避谷养生，认为五谷杂粮，在体内经过消化变成粪便等污秽之物，就会使身体污浊，很难得到昌盛；而服食芝、玉、菊等稀有的清香草药，甚至甘露则能使人清净无秽，就能达到长生不老的目的。道家著名代表人物庄子在《庄子·逍遥游》中也曾提及“不食五谷，吸风饮露”[②]的仙人形象。而在瓦西里耶夫看来，这些都是道教幻想出来的。

此外，瓦西里耶夫还花费大量笔墨详细分析了道教的练功法、呼吸法，甚至列出了一些长寿药方，用以证明道教的幻想性。他的论据很庞杂，有的是道教为祛病健身、达到长生不老的目的而从古代医药学和养生学方面吸取营养所提炼的养生长寿之道，如气功、辟谷法等，有的完全是巫医术士所倡导的、在民间广泛流传的迷信，如丹药、长寿药方等。无论是对饮食方法、呼吸方法的介绍，还是对长寿药方、练功方法的分析，瓦西里耶夫归根结底是为了证明，道教建立在迷信的基础之上。值得注意的是，瓦西里耶夫关于道教幻想性、迷信等方面的论述，与后世一些研究者的论述存在相通之处，如中国学者周积明在《中华文化史》中曾指出，“作为宗教的一大流派，道教具有宗教的一般性特征。他所信仰和崇拜的神仙，实际上就是

① Васильев В. П. Религии Востока：конфуцианство，буддизм，даосизм，СПб.，1873г.，Санктпетербург. стр. 88.

② 庄周：《庄子》，吉林文史出版社，2004 年，第 4 页。

支配着人们日常生活的外部力量在人们头脑中的幻想反映”;[①]另一位中国学者牟钟鉴在考察了道教的历史渊源后明确提出,道教的来源中包括古代宗教、民间巫术、神仙传说和方士方术,而这几种来源都与迷信有着密不可分的关系,有的本身就是迷信。[②]

比较而言,瓦西里耶夫关于道教的论述与早期耶稣会士的观点存在更多的共通之处。如卫匡国的老师基歇尔在《中国图说》中曾写道,道教“起源于和孔子同时代的一位哲学家,他们说他生前在其母亲的子宫中生活了80年。这是这个哲学家被称为老子的原因。这一派的教旨是允许由精神与肉体构成的人们有一个天堂。在庙宇中,他们放置了一些人的偶像,并且说这些人到了天国。他们制订一些训练,其中包括坐的姿势、祈祷的方法,甚至用药的次数。通过这些方法,他们使自己相信:他们在崇拜的诸神的帮助下能够长寿。这部分僧人的特殊任务就是用他们罪恶的祈祷来驱逐恶魔。他们用这两种办法来达到目的,一种使用墨水在黄纸上画出可怕的魔鬼形象,把这些魔鬼像贴在房屋的墙上,然后他们就满屋大喊大叫,以至于他们自己似乎就是魔鬼。第二种办法就是以符咒来使干旱的天气降雨。”[③]柏应理在《中国哲学家孔子》中也谈到了道教,他写道:“中国还有另一个极为重要的宗教——道教。他在中国的历史比佛教还早,普通纯朴的中国人,甚至受过教育的人也都是它的信徒。道教充满迷信,它的信徒们宣讲人活在世上可以长生不老的道理。”[④]

由此可见,无论是基歇尔、柏应理,还是瓦西里耶夫,作为一名他者,在对另一种文化类型进行解读时,更多着眼于异己部分,符咒、长生、驱鬼、招雨等,他们往往将这些迥异于本国宗教的方面作为阐述的重点。按照德裔法籍汉学家安娜·塞德尔的观点,这主要是由于研究者在思想观念上存在盲点,“在十七、十八、十九世纪的欧洲,中国的形象是由基督教的传教士们来描述的。这些传教士受他们的儒家老师的影响,因此,他们向欧洲读者所描述的中国文化,更近乎一种不可知论的和井井有条的儒家理想社会,而不是真实的中国人的生活。以传教士的眼光来看,中国百姓所尊奉的宗

① 冯天瑜、何晓明、周积明:《中华文化史》,上海人民出版社,1997年,第520页。
② 牟钟鉴、张践:《中国宗教通史》(上),社会科学文献出版社,2003年,第260~262页。
③ Athansius Kircher, China illustrate, p.165, Indian University, 1986.
④ 张西平:《中国与欧洲早期宗教和哲学交流史》,东方出版社,2001年,第322~323页。

教是一种与基督教完全不相容的'迷信'。除了一些受到儒家老师尊重的书本之外,他们对道教还是茫无所知……而且,传教士没有能力区别道教和民间迷信之间的不同。他们将明显是将佛教以外的宗教现象都看成是粗鄙的,将曾经一度是'纯粹的'道教哲学的老子和庄子的学说变为渣滓。这种误解在中国知识分子中是特有的,再加上传教士们梦想创造一个新'儒教'的中国,净化所有的迷信,并使之皈依基督教,因而使得这种误解长久地存在下去,非常顽固。"① 这段论述充分解释了20世纪以前很多西方汉学家将道教与迷信混为一谈的主观原因。

3. 道教与佛教的关系

有中国学者主张,"儒家对佛教,排斥多于调和;佛教对儒家,调和多与排斥;佛教和道教互相排斥,不相调和。"② 这种主张佛教与道教相互排斥、不相调和的说法并不正确。中国史料证明,道教由东晋开始明显从佛教中吸取营养,南北朝时则从义理、仪规等层面全面融会佛教。具体表现为,在义理上,佛教的因果报应说、五道轮回、地狱托生等思想屡见于道教,如北魏道人寇谦之在《太上老君诫经》中主张"本得无失,谓前生过去已得此诫,故于今身而无失也",以及在《老君音诵诫经》中宣扬"六道轮回"思想,告诫世人端正行为,免受惩罚。另外,道教还在一定程度上援引了佛教主"空"思想,以支持自己的以"无"为本思想,如在《灵宝经》中写道,"当知三界之中,三世皆空,虽有我身,皆应归空。名归空理,便能忘身。能忘身者,岂复爱身?身既不爱,便能一切都无所爱,唯道是爱。"③ 除了义理,在仪规上道教也在很大程度上得益于佛教,道教仿效佛教逐步设立了一套戒规义理制度,其中陆修静编著了道教仪范方面的书一百余卷,制定了一整套仪典斋戒,逐渐使道教斋仪趋于规范化、制度化。

瓦西里耶夫不但明确指出道教对佛教的融汇,而且还从经书、义理、戒律等方面进行了具体论证。他指出,道教这一宗教形式的最终确立是在佛教在中国传播开来以后,早期的佛教徒就是一些被中国人称称作"道人"

① [法]安娜·塞德尔著,蒋见元、刘凌译:《西方道教研究史》,上海古籍出版社,2000年,第1~2页。

② 范文澜:《范文澜全集》第八卷,《中国通史简编》(下),河北教育出版社,2002年,第442~443页。

③ 冯天瑜、何晓明、周积明:《中华文化史》,上海人民出版社,1990年,第537页。

的术士。[①] 按照瓦西里耶夫的观点，道教对佛教的模仿主要表现在经书出版、原神创立、义理和经文等方面，他写道：

"道教徒仿照佛教经书出版道教著作，仿照佛教的组织形式将老子尊为最高的神——太上老君；佛教徒认为天地无始，道教徒创立了因果报应说；佛教徒阐述世界的三重存在，道教徒借用了这一说法，甚至使用同一个名称，就连道教诸神的生活方式、衣着服饰也与佛教类似；佛教主张自己的理论是由继承而来，道教徒就宣扬，老子的理论也是代代相传下来的。……佛经中有十二因缘理论，道教徒创立了《三宝经》；第一部翻译到中国的佛经叫《四十二章经》，道教徒就有三十九篇经文，每篇称作宝经之一。在许多书籍里，其名称甚至与佛教中的一样，二者之间的不同之处在于，道教徒增加了更多的想象，或者最好这样说，他们只是在文字堆砌上下了一番工夫。"[②]

按照瓦西里耶夫的观点，道教五戒十善的制定同样借鉴了佛教。他特别强调指出，道教的某些理论，即使表面看来有别于佛教，但是仔细推敲后会发现，两者之间仍然存在相似之处，他写道，"道教所主张的从健康到长寿、再到不死的观点，与佛教的轮回理论确有差别，但是二者的终极追求是一致的，于道教叫做得道成仙，于佛教称作成佛，实质上都是升天。"[③]而"追根究底，在本质上道教与佛教关系密切。"[④]

与此同时，瓦西里耶夫还明确阐释了佛道之争的起因，按照他的解释，主要起因于道教徒不但不承认对佛教的模仿，而且极力掩盖，企图向世人证明，如果道教经书与佛教经书存在相似之处，那也是佛教在盗用道教。为此，道教"甚至著书立说，杜撰出老子是释迦牟尼之师的传说……实际上，佛教徒并不在意道教对自己的模仿，却无法容忍对佛祖的污辱，他们对此深恶痛绝。因此，佛教徒想尽办法试图销毁道教书籍，最后，在忽必烈统

---

① Васильев В. П. Религии Востока: конфуцианство, буддизм, даосизм, СПб., 1873г., Санктпетербург. стр. 81.

② Васильев В. П. Религии Востока: конфуцианство, буддизм, даосизм, СПб., 1873г., Санктпетербург. стр. 82-83.

③ Васильев В. П. Религии Востока: конфуцианство, буддизм, даосизм, СПб., 1873г., Санктпетербург. стр. 85.

④ Васильев В. П. Религии Востока: конфуцианство, буддизм, даосизм, СПб., 1873г., Санктпетербург. стр. 84.

治下的元朝时期终于如愿以偿。”[1]

关于佛道的调和，有后世汉学者持有与瓦西里耶夫相近的观点，如周积明主张，“作为宗教，佛教与道教具有相近的目标取向，其间隐藏着统一性或一致性。由于道教在组织结构上、宗教伦理与宗教仪式上都远不如佛教那么严密，于是道教在对抗佛教的同时，不断从佛教中吸取营养以完善自身……佛教在社会上的巨大影响，也促使一些道教徒‘依傍佛教’。”[2]他列举的例子有，陶弘景的《真灵位业图》是受佛教曼陀罗观念的启示，道书中的《真步虚品偈》直接改造于佛教的《妙法莲花经》，以及道教的沐浴、忌荤、寝卧之法也深受佛教的影响等。由此可见，瓦西里耶夫对道教的研究比较深入，在论述上也较有条理，正是因为如此，他所提出的一些富有开创性的见解今天仍然具有参考价值，并不断被后世学者们所研究和阐述。

（四）“索隐主义”倾向

在道教研究中，瓦西里耶夫对中西文化关系给予了特殊关注，甚至体现出“索隐派”的某些痕迹。所谓索隐派，指在华的法国耶稣会士试图在中国古代典籍中发现《旧约》人物的一个派别，人数较少，成员包括白晋(Joachin Bouvet, 1656～1730)、马若瑟(Joseph de Premare, 1666～1735)、傅圣泽(J. Franciscus Foucque, 1665～1741)等。以白晋和马若瑟为代表的索隐派不但推崇中国古籍，而且以研究《易经》为基础，相信它是中国最古老最重要的经籍。早在1697年，白晋就提出了关于索隐主义的三个重要命题：在正确理解的前提下，中国人信奉的哲学中没有违背基督教律令的内容；“太极”即上帝，为万物之源；《易经》是中国最上乘的道德与自然哲学的浓缩。[3]

1710年，白晋奉康熙皇帝之命着手研究《易经》，耗时六年，最后撰成《易经大意》，只是该书未曾出版，至今都以手稿的形式藏于巴黎国家图书馆。除了《易经》，索隐派还对《道德经》投入了很大的热情。其中，白晋是第一个在其《天主三论》中力图从《道德经》中寻找到证明基督教三位一体

---

① Васильев В. П. Религии Востока: конфуцианство, буддизм, даосизм, СПб., 1873г., Санктпетербург. стр. 84.

② 冯天瑜、何晓明、周积明：《中华文化史》，上海人民出版社，1997年，第538～539页。

③ 张国刚等：《明清传教士与欧洲汉学》，中国社会科学出版社，2001年，第192页。

意义的预言的欧洲学者，而曾与白晋、傅圣泽共同探讨《易经》、《春秋》、《道德经》等古籍的马若瑟则试图从中寻找到与天主教教义相吻合的词句，证明《道德经》中有耶和华的存在。

而瓦西里耶夫的中国道教研究明显带有索隐主义倾向。首先，他不但承认《易经》是中国最古老的经典，而且对其作了重点阐述；其次，他指出，无论是司马迁，还是中国古代的传说，都证明老子曾去过西方，而且"《道德经》是在西行途中完成，他们这样做似乎是在暗示这书本与西方的联系"①；最关键的一点是，瓦西里耶夫提出了与马若瑟基本一致的观点：

"有人给这部书（指《道德经》——笔者注）取的名字是耶和华，虽然他被用中文转写，但是让人惊讶的是中国典籍一般不超过两个字符，而该书却是三个，尤其是这三个字符所反映的思想与上帝的概念很接近，此前的东方人们对此还一无所知。"②

事实上，瓦西里耶夫以中国典籍字符的多少作为寻找《圣经》人物的依据过于牵强。现存最早的《老子》的传本是甲乙本帛书，乙本上片的尾题是《德》，下篇的尾题是《道》，但都未称为"经"；甲本则无尾题。司马迁在《史记·老子韩非列传》中所记述的也只是"老子乃著书上下篇，言道德之意五千余言"，并未出现"经"的提法。据吴幼清先生考证，"《道德经》三字连用应在西京之际，所谓《道德经》，乃各以篇首第一自来名篇，后人合两篇篇名而称之。因而，扬雄《蜀王本纪》、边韶《老子铭》、《列仙传》、葛洪《老子续》中都已称为《道德经》。"③

另外，瓦西里耶夫对老子西行游历的理解也较为牵强。根据他的叙述，其资料来源应该有两个途径：一方面是司马迁在《史记·老子韩非列传》中的记载，另一方面得自于道教经典。这也就是在《史记·老子韩非列传》中所说的，"（老子）居周久之，见周之衰，乃遂去"。所谓的老子西行，按照中国史料的记载，在诸侯征战硝烟不止的情况下，失望至极的老子离开故土，骑着一头青牛缓缓向西而行，目的是出关入秦隐居。途中，他来到函谷关，拜访了老友关尹。两位老朋友阔别了几十年，一朝相见，欣喜之

① Васильев В. П. Религии Востока: конфуцианство, буддизм, даосизм, СПб., 1873г., Санктпетербург. стр. 77.

② Васильев В. П. Религии Востока: конфуцианство, буддизм, даосизм, СПб., 1873г., Санктпетербург. стр. 76-77.

③ 孙以楷等：《老子百问》，安徽人民出版社，1992 年，第 296 页。

情可想而知，所以才有司马迁笔下的“至关，关尹喜曰”的描述。对此，葛洪却持有另一种观点，他在《抱朴子》中写道，“老子西游，遇关令尹喜于散关。”[①] 这里的散关是秦国西部关口，出了散关就是西域，葛洪的言下之意是指老子西出散关而去，这与“老子化胡说”不谋而合。

“老子化胡”说是佛道之争的产物，是道教徒为了抬高道教，贬低和排斥佛教而杜撰出来的。西晋道士王孚巧妙地利用了《史记·老子韩非列传》中老子西游的说法，并在东汉末年襄楷时的某些人提出的“……闻宫中立黄、老、浮屠之祠，……或言老子入夷狄为浮屠”[②]的基础上，著作了一部道教经典《老子化胡经》，书中宣扬老子曾经西出阳关，渡流沙，入天竺，化为佛陀，教化胡人，创立佛教。这一说法将老子抬高至佛教创始人，甚至宣扬释迦牟尼是老子的弟子。

瓦西里耶夫对老子是否为佛教创始人的观点不感兴趣，不过，他在中国人的论述中找到并接受了老子曾经游历西方并著书的信息，并且进一步提出，老子及道教深受西方文化影响的观点。而且，他强调指出，在道教的神话故事中保存了与西方首次接触的记载，比如出现了一些中国文化中原本不存在的词汇：赫斯珀里得花园[③]、乌托邦、死海，以及镶嵌着绿宝石的宝剑、能把断了的绳索重新粘在一起的胶等。他尤其强调中国神话传说中道教圣山——西王母的宫殿也坐落于西方的说法，并非是一种偶然现象。[④] 他的结论是，道教原本乐于接受来自于西方的、对自己信仰起支持作用的因素，它这样做的目的是“试图帮助中国从排斥异己的儒教思想的禁锢中解脱出来，按照西方范例描绘美好生活和世界上的其他国家”。[⑤]

其实，瓦西里耶夫对中西文化联系的关注不仅体现在对道教的研究中，针对《诗经》的阐述同样体现了这一点。在他看来，《诗经》对于中国文学来说具有特殊意义，它是儒家的主要文献，是整个中国思想的基础，“它不但引起研究中国问题专家的兴趣，而且引起对古代人类发展问题进行研

---

① （东晋）葛洪：《抱朴子》，上海古籍出版社，1990 年，第 152 页。

② （南朝宋）范晔：《后汉书·襄楷传》，岳麓书社，1997 年，第 461 页。

③ 赫斯珀里得——希腊神话中看守金苹果的仙女。

④ Васильев В. П. Религии Востока：Конфуцианство, буддизм, даосизм, СПб., 1873г., Санктпетербург. стр. 75.

⑤ Васильев В. П. Религии Востока：Конфуцианство, буддизм, даосизм, СПб., 1873г., Санктпетербург. стр. 74-75.

究的学者的兴趣。”[①]为了证明《诗经》与西方文化的关系，他翻译了“国风”中的一首《简兮》。

这首诗之所以引起瓦西里耶夫的兴趣，原因在于文中出现了“西方之人”的字样。按照瓦西里耶夫的理解，这首诗应该创作于中国人发现西方之后而且阐释者对“西方之人”并没有揶揄、嘲笑，或者一味同情他的遭际。换言之，在瓦西里耶夫看来，《诗经》中的这首诗表达了对来自于“西方之人”好感。[②]

笔者认为，瓦西里耶夫对“西方之人”的理解存在偏差，他的论述存在牵强附会之嫌，在一定程度上带有美化“西方之人”的倾向。这也从另一个侧面证明了瓦西里耶夫竭力在中国文化中探寻西方文化影响的痕迹，在研究中流露出的“索隐派”倾向。

综上所述，瓦西里耶夫因其卓越的研究成就，在俄国汉学界道教研究史上占据举足轻重的位置，其研究特点可以简单归纳为：

（1）内容丰富、全面。他不仅阐述了作为中国早期哲学派别之一的道家，而且介绍了晚期道教的基本状况。除了对《道德经》进行分析外，还利用了其他道教书籍作为参考资料，如《易经》、《太上感应篇》、《道藏辑要》等。俄罗斯学者陶奇夫认为，瓦西里耶夫不仅阐述了作为中国哲学派别之一的道家学说，而且详细研究了从道家演变为道教后的宗教理论，是俄国汉学史上唯一掌握大量晚期道教文献的学者。[③]

（2）篇幅不大。在《东方宗教》、《中国文学史纲要》和《中国文学史资料》三部著作中，有关道教和道家学说的内容总共只有134页，不过，在有限的篇幅中，瓦西里耶夫却对道教的本质、典籍，以及一系列重要问题作了成功阐述。而且，瓦西里耶夫是俄国汉学史上第一个提出研究《道藏》的必要性的学者，他对道教典籍的研究至今仍具有较高的学术价值。

（3）在道教研究中，瓦西里耶夫对老子其人其作、道教的性质、道教与西方文化的关系给予了极大关注。

---

① Васильев В. П. Очерк истории китайской литературы СПб. , 1880г. , стр. 32.

② Васильев В. П. Религии Востока：конфуцианство, буддизм, даосизм, СПб. , 1873г. , Санктпетербург. стр. 28.

③ Торчинов Е. А. Труды Васильева В. П. и актуальные проблемы изучения даосизма, Общество и государства в Китае, Двадцать вторая научная конференция, Часть 3, Тезисы и доклады, Москва, 1991г. , стр. 23.

另外，作为19世纪的汉学家，瓦西里耶夫对道教的研究带有鲜明的时代烙印：他突出强调了道教的迷信色彩，对道教仙人作了专门论述，对晚期道教的否定一方面影响了俄国后世汉学家对道教的研究，另一方面也说明以传教为主要目的的俄国东正教使团对中国本土宗教的轻慢。

四、瓦西里耶夫与俄国儒、释、道研究

中俄两国正式交往发生在明隆庆年间。随着两国关系的加深，包括宗教在内的中国文化开始慢慢渗入俄国。早期，关于中国思想与宗教的信息，俄国社会主要通过以下两个渠道获得：一是直接得自于俄国政府派往中国的东正教使团和留学生。沙皇彼得一世执政时期(1682～1725)，为了达到向东方扩张领土的目的，曾向中国多次派遣东正教传教士，1715年5月由俄国政府正式委派组成的第一个"北京传教士团"抵达北京，自此，直到1860年共有13批东正教传教士来华，其中包括部分留学生。二是间接通过与欧洲其他国家来华的耶稣会士的交往。法国耶稣会士宋君荣(Antonius Goubil, 1689～1759)便是深受俄国欢迎的一位汉学家，他于1722年来华，在京生活37年，精通天文学、历史学和哲学，将《尚书》、《易经》、《礼记》、《诗经》译成法文。作为法国科学院和巴黎文学院院士，以及伦敦皇家科学院合作院士的宋君荣，曾为彼得堡俄国皇家科学院提供了不少汉文和满文书籍。此外，1774～1777年被译成俄文的、法国传教士杜赫德编著的《中华帝国通志》，对俄国社会了解中国的经书和教育情况帮助很大。不过，总体上说，俄国对中国思想和宗教研究取得跨越性的发展还是在19世纪下半叶，瓦西里耶夫对此做出了卓越贡献。

(一)对儒家思想与儒教研究的影响

最早向西方报道中国人精神生活特点的是西班牙耶稣会士沙勿略(Efrancois Xavier,1506～1552)，只是他一直被拒于中国国土之外，所以他的报道难免存在片面、肤浅之嫌。继沙勿略之后，利玛窦、曾德昭、卫匡国、柏应理等都向欧洲介绍过中国思想，虽然他们的主要目的是在中国传播天主教，但是客观上促进了儒家思想进入欧洲的进程，其中卫匡国的《中国上古史》、柏应理的《中国哲学家孔子》都是儒学西传史上的重要文献。

俄国汉学在这方面起步较晚，而且在发端之初，在华东正教士的汉学

研究多以翻译中国古代典籍和著述为主,如第三届传教士团的列昂季耶夫翻译了儒家典籍《四书集注》等;俄国汉学奠基人比丘林于1828年将《三字经》译成了俄文,身后还留有《四书》译本的手稿等。到了19世纪下半叶,俄国开始出现对原著进行研究的作品,如第十届传教士团成员克雷姆斯基著作完成了重点介绍孔子的伦理思想和教育思想的《孔子学说概述》。比较而言,瓦西里耶夫在这一转变过程中起了决定性作用。他的综合性研究著述《东方宗教:儒、释、道》和《中国文学史纲要》,不但成为俄国对中国思想和宗教进行深入研究的典范之作,而且对后世汉学家产生了影响深远,这主要反映在两个方面:

第一,瓦西里耶夫所开辟的对中国思想和宗教进行综合性研究的治学方法为后世学者所继承。继瓦西里耶夫之后,他的嫡传弟子、著名汉学家格奥尔基耶夫斯基在这方面取得了卓越成就。这位笃信孔孟之学的汉学家,于1888年出版了专著《中国的生活原则》(Принцины жизни Китая),该书内容涉及中国的祖先祭祀、多神宗教、儒家思想等,其中儒家学说占全书十二章中的五章,作者在书后用汉语标出了所参考的中国文献,"四书"、"五经"等儒家典籍均被列在其中,出版后引起巨大反响,被称为研究亚洲民族祖先崇拜的最好作品;1892年,格奥尔基耶夫斯基以《尚书》、《诗经》、《礼记》等为文献依据著作完成的《中国人的神话观和神话》(Мифические воззрения и мифы китайцев)出版,书中对孔子和儒家思想大加推崇。

除了亲传弟子,还有一些俄国汉学家继承了瓦西里耶夫对中国思想与宗教的研究传统:1897年,曾任沙俄驻华公使的廓索维慈著作完成的《中国人及其文明》一书出版,书中对孔子学说及其思想作了多方面的评价;1897年,卡尔亚金(К. М. Карязин)的《孔子,他的一生和其他人的格言》出版,该书记述了孔子的生平及箴言;1904年,曾任沙俄驻北京总领事的著名汉学家波波夫将《孟子》翻译成俄文,以《中国哲学家孟子》为书名在圣彼得堡出版,1910年又翻译了《论语》,他还著有《中国的宗教改革运动》等书,其著作大都极力宣扬孔子及儒家思想;1912年,伊万诺夫的《中国哲学资料引言,法家,韩非子》出版,对诸子百家之一的法家作了综合性阐述;辛亥革命后,贵族出身的汉学家盖沙令伯爵曾在中国作了题为"论儒教为中国之基础"的讲演,对孔子及其思想评价很高。

十月革命后,俄国进入苏联时期,在著名汉学家阿列克谢耶夫的领导下，汉学研究继续稳步前进。随着苏联汉学家队伍的逐渐扩大，对中国问题的研究也越来越深入而系统，一些关于中国思想与宗教的综合性著述纷纷面世，如1957年什图金（А. А. Штузин，1904～1963）的《诗经译注》，1959年什泰因（В. М. Штейн，1890～1964）的《管子译注》，1960年休茨基（Ю. К. Щуцкий，1897～1946）的《易经译注》等。另外，1937年6月休茨基的博士论文《中国古典易经》顺利通过答辩，该书于1960年面世后被誉为“欧洲汉学中无与伦比的有重大价值的学术著作”，1979年被译成英文在美国、英国出版。1976年，历史学博士托卡列夫的著作《世界各民族史上的宗教》第三版出版，论述了包括儒教在内的世界各民族的古代宗教。到了20世纪90年代，佩列洛莫夫教授的专著《孔子：生平、学说、命运》连续出版，该书在批判性分析原典的基础上，利用丰富的中国注释文献，探讨了孔子及其学说对古今中国的精神生活和政治文化的影响。1992年，佩列洛莫夫教授的另一本著作《孔子之道》出版，该书分析了中国思想的源头和内容、其科学与伦理结构——儒学对形成中国民族文化和在东亚地区的意义。同年，马列文的《孔子传》出版，这是俄国图书中第一本专门阐述中国哲人孔子生平和世界观的著作。20世纪下半叶，对中国思想和宗教进行综合性研究的俄国汉学家代表应是列·瓦西里耶夫院士，他于1970年出版的专著《中国的祭祀、宗教和传统》，详细论述了中国古代宗教、儒教、道教、佛教等的产生与发展，及各自的主要特点；1983年，他在宗教研究方面的另一本专著《东方宗教史》出版，该书是作者为莫斯科国际关系学院撰写的教材，书中详细描述和分析了东方宗教的产生和进化过程，以及对东方社会和文化的影响。

第二，挑起儒学是否为宗教问题的论战。通过前文的阐述，我们知道，在《中国文学史纲要》中瓦西里耶夫详细分析了儒学的两个发展时期，在《东方宗教：儒、释、道》一书中明确阐述了儒教产生的背景、存在的合理性以及教义理论等。瓦西里耶夫的研究对后世俄苏汉学的发展无疑有着深远的影响。继瓦西里耶夫之后，关于儒学是否为宗教的问题开始在俄国展开，十月革命后的苏联时期表现尤为明显，归纳起来，基本上可以分为两种意见：一种意见认为孔子学说本非宗教，孔子本人也绝非教主，孔子只不过是中国古代的一位思想家、教育家和政治家，他不是神，其学说是一种伦理政治学说而非宗教教义。如A. 贝柯夫在1966年出版的《中国政治和哲学思想的起源》一书中就表述过这种观点，他认为，“孔子是原始伦理政治学说的创立者,他对后来中国社会和哲学思想的发展有着深刻的影响。千百年来他的学说被看作大多数中国哲学学说不可动摇的基础,孔子的名字同中国人民千百年来精神文化的发展过程有着割不断的联系。"[①] 列·瓦西里耶夫院士也是这一观点的有力支持者,他极力反对有些学者视孔子为神、视儒学为宗教的做法,他强调指出,"孔子在中国历史上所起的作用,是很难找出相类似的……无论如何,从形式上看,他从来也没有成为神,这是他不同于佛和耶稣的地方……孔子毕竟是个伟人,他们之所以崇拜他的无限的、不可及的智慧,不是由于盲目的信仰,而是由于千百年来培育出来的、对其完美思想和理想的真诚信念。"[②] 此外,伊万诺夫也坚持认为,孔子是"人"而非神,对孔子的崇拜只是对一位具有高度智慧和完美思想的"伟人"的崇拜。

第二种意见认为儒家学说是一种宗教,持这一观点的代表是历史学博士托卡列夫,他在专著《世界各民族史上的宗教》的"中国宗教"一章中,论述了儒学成其为宗教的原因,以及儒教的特点。托卡列夫分析认为,中国学术界一向认为儒家学说是一种哲学思想体系,是国家和个人的道德规范,因而否认它是宗教,这种看法是"错误的"。按照他的观点,孔子的著作包含着超自然的力量、灵魂、彼世的学说和观念,而孔子本人虔诚地履行宗教仪式,而且他还指导别人去履行这种仪式;孔子去世后被推崇为圣人,皇帝亲自为他举行宗教仪式,所以"儒学是宗教"。只是儒教的自身特点与众不同罢了,其自身特点是没有作为特殊阶层的职业祭司,宗教仪式的举行直接由官吏、家长或族长主持。除了托卡列夫外,克雷维耶夫在1975年出版的《宗教史》中认为儒学是着重在伦理和社会政治思想领域进行说教的宗教,普茨科夫在同年出版的《现代宗教理论》中也主张儒教是中国固有的民族宗教。

由此可见,瓦西里耶夫对俄国的儒家思想与儒教研究有重大指导作用,他不但率先进入这一领域,开辟了综合性研究的治学方法,而且提出了具有较高学术价值的研究课题,为俄国儒家思想与儒教研究的进一步发展明确了方向,为后来学者的研究奠定了基础。

---

① [苏]贝柯夫:《中国政治和哲学思想的起源》,莫斯科出版社,1966年,第90页。

② Васильев Л. С. Культы религии, традиции в Китае, 1970, М.: Наука., стр. 212.

（二）对佛教研究的影响

据考证，最先向俄国社会介绍中国佛教的俄国人是第十二届俄国驻北京传教士团成员卡尔波夫和卡法罗夫，前者撰写了《中国佛教徒的戒律和传戒仪式》，后者根据汉文《大藏经》资料写出《佛陀传》，两篇文章均收入《俄国驻北京传教士团成员著作集》1852年第一辑，而卡法罗夫的"中国佛教历史概况"一文则收入1858年的第二辑。不过，瓦西里耶夫是公认的俄国汉学史上的佛教研究奠基人。奥登堡曾经指出，倘若瓦西里耶夫在北京辛勤劳作十年而著就的佛教著作能够在19世纪50年代出版，俄国整个佛教研究必然会发生更加重大的转折。[①] 即便如此，瓦西里耶夫在研究方法、研究内容的选择方面对俄国后世汉学家的佛教研究仍旧产生了一定的影响。比如，瓦西里耶夫始终强调从发展的角度阐述历史渊源关系对于佛教研究的重要性，告诫不能断章取义，仅凭一本偶然碰到的或特意选择的著作来进行佛教研究。这一研究方法和指导思想，尤其是瓦西里耶夫对藏传佛教的关注，均对后来的研究者具有指导作用。

（三）对道教研究的影响

安娜·塞德尔曾经指出，作为中国传统文化组成部分的道教，在西方是最晚被发现和被研究的，而且道教虽然源自中国，但是道教研究却首先发起于国外。[②] 有人认为，道教研究史的发起人是20世纪初涉足道教的法国汉学大家沙畹（Edouard Chavannes，1865～1918）。[③] 实际上，最早向西方报道老子、庄子和道教的是1590年在澳门出版的一本拉丁文著作，该书作者不详。而1615年出版的利玛窦的《中国传教史》和1645年出版的曾德昭的《中华大帝国史》都对道教作了简要介绍。此外，卫匡国的老师基歇尔在《中国图说》中也介绍了中国宗教的情况。

至于俄国汉学家，他们踏入这一领域的时间稍晚。1831年，俄国东正教驻北京第十届传教士团修士司祭、喀山大学汉语教研室主任西维洛夫的

---

① Ольденбург С. Ф.，Памяти Василия Павлович Васильева и о его трудах по буддизме，——ИРАН，сер. Ⅵ，1918г.，No.7.

② [法]安娜·塞德尔著，蒋见元、刘凌译：《西方道教研究史》，上海古籍出版社，2000年，第1页。

③ [法]索安著，吕鹏志等译：《西方道教编年史》，中华书局，2002年，译者前言。

专著《中国儒释道三教简述》出版，篇幅虽然不大，只有66页，但这是俄国最早对中国宗教进行简单概述的作品。此后，他还翻译了《道德经》。另外，俄国东正教驻北京第十三届传教士团修士司祭茨维特科夫（П. Цветков，？～1855）著有《关于道教》的手稿，只是由于他早在1855年就在北京病逝，而且研究内容也很庞杂，因此所产生的影响并不大。

以陶奇夫为代表的俄国汉学道教研究界普遍认为，瓦西里耶夫的观点对俄国道教研究的发展在许多方面影响很深，他是公认的俄国道教研究奠基人。[①] 这种影响主要表现在以下三个方面：

第一，瓦西里耶夫研究了道教的整个历史发展过程，是俄国汉学史上唯一一位对道教进行过深入思考的汉学家，按照陶奇夫的观点，这在世界科学史上具有开创意义，继他之后，学者们对道教史研究给予了特别关注。

第二，瓦西里耶夫翻译的《道德经》片断，以及对早期道教文献的考证，都为俄国后世道教研究奠定了资料基础。在他之后，在道教典籍研究方面，1893年，俄国文学泰斗列夫·托尔斯泰和著名汉学家波波夫共同从德文转译的《道德经》问世，前苏联著名汉学家杨兴顺在20世纪四五十年代也重新翻译了《道德经》，他的译本不同于欧洲的其他译本，其主要特点是所采取的依据不仅仅是形式语言学的原则，在一些较难理解的地方是以《道德经》本身的思想为指导的。1989年，莫斯科大学哲学博士阿·卢基杨诺夫相继发表了《道德经：前哲学和哲学》和《中国第一位哲学家（老子自传片断）》等论文，详细论述了道教的起源问题，1991年，各族人民友谊大学出版社出版了卢基杨诺夫的专著《老子（早期道家哲学）》，主要阐述了中国古代最早的哲学家老子，探讨了"道家前史"和老子的"道论"，分析了老子《道德经》的经文。论文方面，1930年，著名宗教研究者蒙泽勒（Г. О. Монзелер，1900～1959）在论文集《中国》上发表了《中国的宗教》一文，同年，弗卢格（К. К. Флуг，1893～1942）在《苏联科学院学报》第4期上发表论文《道藏》，以及1937年，休茨基的博士学位论文《中国的〈易经〉。语文学研究和翻译经验》，都是较早对道教典籍进行研究的作品。

第三，瓦西里耶夫在《东方宗教：儒、释、道》中花费大量笔墨专门介绍

---

① Торчинов Е. А.，Труды В. П. Васильева и актуальные проблемы изучения даосизма，Общество и государства в Китае，Двадцать вторая научная конференция，Часть 3，Тезисы и доклады，Москва，1991г.

道教仙人,这一新的研究课题直接被20世纪的前苏联学者所继承。如,前苏联著名汉学家、语文学博士阿列克谢耶夫就曾专门探讨了《聊斋》中的“神僧”形象,并相继于1923年和1957年出版了《聊斋。神僧》、《聊斋。神僧,异人传》。至于陶奇夫在杂志《亚非人民》1982年第6期上发表的《道教关于“妇道”的学说》一文,应该也可以追溯到是受瓦西里耶夫笔下的西王母、何仙姑等道教女仙人形象的启示。

虽然瓦西里耶夫是俄国汉学道教研究史的开创者,但他的某些观点对俄国道教研究产生了负面影响。主要表现在对晚期道教和道教文献的轻视,他曾经说过:

“一方面我们很希望有人致力于晚期道教文献研究,另一方面,又很为它惋惜,因为那只是一种胡言乱语。”①

陶奇夫认为,瓦西里耶夫之所以得出这种结论,有两方面原因,一是晚期道教门派众多,文献也五花八门,二是有关早期道教经典的注释纷繁复杂。他指出,瓦西里耶夫对晚期道教及其文献的这种评价直接导致了俄国后世汉学家大都选择早期道教作为研究对象,而晚期道教研究领域鲜有问津,从而造成直至今天还存在很多盲点。② 在俄国汉学史上,道教研究的发展现状的确可以证明这一点,比如,世界文学泰斗列夫·托尔斯泰、著名汉学家波波夫,20世纪前苏联著名汉学家杨兴顺都致力于《道德经》的翻译,卢基杨诺夫博士都将研究重点放在了论述道教的起源问题和老子身上,陶奇夫也将大部分精力放在根据大量原著资料探讨道教哲学问题,以及古代中国哲学思想的神秘主义问题上。

在陶奇夫看来,虽然1982年出版的文集《道与道教在中国》标志着俄罗斯的道教研究走上了一个新阶段,一大批杰出的汉学家在这一领域继续探索,如列·瓦西里耶夫院士、克罗尔、利谢维奇(И. С. Лисевич, 1932~?)、马列文等,但是“俄国道教研究在整体上落后于汉学和宗教学的其他领域的研究,主要是因为缺少专题性学术研究,尤其是,很多历史问题还没有解决。”③

---

① Васильев В. П. Очерк истории китайской литературы СПб., 1880г., стр. 115-116.

② Торчинов Е. А., Труды В. П. Васильева и актуальные проблемы изучения даосизма, Общество и государства в Китае, Двадцать вторая научная конференция, Часть 3, Тезисы и доклады, Москва, 1991г.

③ Торчинов Е. А., Даосизм. http://ki-moscow.narod.ru/, стр. 6.

综上所述，瓦西里耶夫是19世纪下半叶俄国最著名的中国宗教研究家，他在中国思想和宗教研究方面的贡献是不可磨灭的：他是公认的佛学研究的泰斗，其专著《东方宗教：儒、释、道》因其在中国宗教综合研究方面的开创性贡献成为该领域的集大成之作。瓦西里耶夫对中国宗教的概述性描述，对孔子、老子等中国古代哲人的评价，对儒教发生发展的分析，对道教幻想性的界定，以及对古代典籍的考证等，使身处另一完全不同宗教体系内的俄国读者对中国宗教拥有了一个整体性的概念和大致的了解，从而在客观上促进了中俄文化的交流与发展。

瓦西里耶夫所采取的综合性研究的治学方法，以及他极富学术价值的观点开创了俄国汉学史上中国宗教研究的新时代，改变了以往俄国汉学家大都只对中国古籍进行翻译和注释的解读状况。瓦西里耶夫的学术成就标志着俄国的中国宗教研究已经开始步入综合性研究阶段，具有了近代科学的某些特征，对后世针对中国思想和宗教进行研究的俄国学者有着重要的指导作用，对俄国汉学发展影响深远。

瓦西里耶夫的中国宗教研究具有一定的局限性：他对东西方宗教差异的概括，对包括中国宗教在内的东方宗教的发展前途的否定性评价，体现了作者宣扬基督教文明优越性的初衷，以及改革东方旧秩序、向中国推广基督教文明为宗旨的功利性研究目的。

第四章
中国文学研究

瓦西里耶夫在中国文学领域里的研究成果是教学实践的产物，确切地说，是应喀山大学和圣彼得堡大学东方系学生汉语教学的需要而生的。

瓦西里耶夫是全欧洲第一位在大学开设中国文学史和满语文学史的教授，时间是1850年从中国回国后、在喀山大学任编外教授期间：1851～1852年为三、四年级讲授中国史籍、文学作品和国家法令的翻译课程，1853～1854学年为一、二、三年级学生开设了中国文学史和满语文学史课程；1855年，到圣彼得堡大学工作后，继续为学生开设中国文学史、满语文学史课程及讲座。

法国学者戴密微（Paul Demieville，1894～1979）在《法国汉学研究史》一文中曾指出，1814年12月11日，法兰西学院开设汉学讲座，标志着汉学研究首次进入大学课堂，而俄国直到1851年汉学研究才在大学学科中占据一席之地。[①] 但是法兰西学院从1815年至1918年在"汉、鞑靼、满语语言与文学讲座"的名称下，由雷慕沙（Abel-Remusat，1788～1832）、儒莲（Stanislas Julien，1797～1873）等著名汉学家主讲了包括汉语语法与文献诠释在内的一些课程，其中涉及对中国小说、戏剧等文学作品的选读，但并非中国文学史课程。在法国，直到1885年，巴黎大学文学院才第一次开设中国文化史课程。[②] 至于欧洲的其他国家就更晚了。因此，瓦西里耶夫是全欧洲将中国文学史和满语文学史课程引入大学课堂的第一人。

---

① 戴密微："法国汉学研究史"，载自《法国当代中国学》，中国社会科学出版社，1998年，第24页。

② 马祖毅、任荣珍：《汉籍外译史》，湖北教育出版社，1997年，第8～9页。

一、研究成就综述

(一)《中国文学史纲要》

在瓦西里耶夫对中国语言文学进行研究的专题性著述中,《中国文学史纲要》是该领域的集大成之作。此书是应约为科尔什(В. Ф. Корш)和李克尔(К. Л. Риккер)主编的《世界文学史》(Всеобщая история литературы)而著的,与古埃及、印度文学史合成世界文学史的第一卷,于1880年在圣彼得堡由斯塔秀列维奇任编辑石印出版发行。

在世界范围内,除瓦西里耶夫的《中国文学史纲要》外,早期的中国文学史著作还有日本学者古城贞吉编写的《支那文学史》或《支那文学史要》,完成的时间是1897年至1903年;1901年出版的英国人翟理思(H·A·Giles,1845~1935)的《中国文学史》;1902年出版的德国学者葛鲁贝(Wilhelm Grube,1855~1908)的《中国文学史》;以及1904年出版的北京师范馆教习中国人林传甲和东吴大学文学教授黄人的《中国文学史》。在时间上,瓦西里耶夫的著作比中国人自己写作的《中国文学史》早出版24年。当代俄罗斯汉学家李福清(Б. Л. Рифтин, 1932~今)先生在1987年版的《中国古典文学研究在苏联》一书中,肯定了瓦西里耶夫的《中国文学史纲要》在中国文学史著述方面所作出的重要贡献,他称,"据我们所知,《中国文学史纲要》是世界上第一部中国文学通史,这一点是它的不容争辩的价值……"①

瓦西里耶夫自己在《中国文学史纲要》的序言中曾强调指出,"此前,还未曾出版过用欧洲语言创作的完整的中国文学史著作;截至目前,我们只知道,维烈亚力②曾根据《简明四库全书》整理编写了枯燥乏味的书籍清单。"③

此外,瓦西里耶夫还提到法国著名汉学家雷慕沙的作品,以及英国汉

---

① [俄]李福清著,田大畏译:《中国古典文学研究在苏联》,书目文献出版社,1987年,第2页。

② 维烈亚力——伦敦会教士,曾在华驻留30年,主要著作有1857年出版的《汉籍解显》和1880年出版的《前汉书·西域传注释》。

③ Васильев В. П. Очерк истории китайской литературы СПб. ,1880г. ,стр. 4-5.

学开创者之一理雅各(James Legge,1815～1897)的译作《中国经典》,在他看来,“前者是关于个别中国文学作品的评论,后者的优势在于翻译准确、附有完整的原文和丰富的注释,但都不属于文学史类著作。”[①]

其实,除了瓦西里耶夫所提到的维烈亚力外,被誉为“德国学术性中国学奠基人”的威廉·硕特(Schott,Wilhelm,1807～1889)曾于1840年翻译出版了《御书房满汉书广录》,于1854年又出版了《中国文学述稿》。其中,《中国文学述稿》以德文中该类著作的第一部而著名。[②] 不过,在德国汉学史上,1902年出版的葛鲁贝的《中国文学史》被认为是第一部由专家撰写的中国文学史著作。[③] 而葛鲁贝的作品比瓦西里耶夫的著作整整晚了22年。因此,可以肯定地说,瓦西里耶夫的《中国文学史纲要》是世界上第一部由专家撰写的中国文学通史性著作。

有些中国学者认为,中国文学史的写作迟至20世纪才真正开始,如2000年出版的魏崇新和王同坤合著的《20世纪中国文学史观》一书坚持,“最早的中国文学史著作是林传甲的《中国文学史》和黄人的《中国文学史》”。[④] 汉学者陈伯海也主张“中国古代没有文学史专著……20世纪初,受到日本有关典籍的影响,我们自己产生了几部中国文学史的著述,……如被视为‘开山之作’的林传甲的《中国文学史》……”[⑤]

上述著作均未提及瓦西里耶夫的《中国文学史纲要》。也就是说,中国学术界对瓦西里耶夫在中国文学史著述方面开辟草莱的功绩还缺乏了解。当然,对他的著作进行全面研究,对他的观点作出系统分析,是确立他在中国文学研究领域所占据重要位置的必要前提。

《中国文学史纲要》为32开本,全书共163页。前面以“几句开场白”作为引言,后面设有不带标题的简短结语,未列参考书目和索引,文中的脚注共82处,多是对所涉及的作者、作品,以及理解难度较大、容易产生歧义的词汇,或者一些有争议的问题的解释。全书未分章,而是以连续的15个小节构成。

全书的第一节“几句开场白”带有“引言”性质,简要概括了他所理解

① Васильев В. П. Очерк истории китайской литературы СПб. ,1880г. ,стр. 5.
② 张国刚:《德国的汉学研究》,中华书局,1994年,第24页。
③ 张国刚:《德国的汉学研究》,中华书局,1994年,第25页。
④ 魏崇新、王同坤:《20世纪中国文学史观》,西苑出版社,2000年,第38页。
⑤ 陈伯海著:《中国文学史之宏观》,中国社会科学出版社,1995年版,第178页。

的中国文学的性质、特点，中外文学渊源关系，以及中国文学在世界文学中的地位，同时强调指出儒家典籍之于中国文学的重要意义。在本部分的最后，瓦西里耶夫着重解释了本书未设文献索引的原因，他写道：

“在本次出版中，虽然有些人认为必须每部分都注明所使用的文献和最新研究成果，但是我没有这样做。因为本书的内容并非摘自欧洲学者的著作，而是本人用于教学讲座的文章和笔记的缩写，讲座所使用的参考文献只限于中国书籍，而且几乎每一本我都亲自阅读过……无论在18世纪的一些名作中，还是雷慕沙、克拉普罗特的著作中，以及以往和现在的许多杂志中，确实有大量关于某些中国典籍的专论，至于有关中国著者的介绍则随处可见，有些杂志甚至专门报道中国。但是我认为，引用那些自身尚且需要批评、解释、补充、论证的文章，对本书毫无意义。”①

第二节“中国人的语言和文字”简要介绍了汉语中书面语与口语的区别，并概述了包括广东、福建等省份在内的中国各地的方言，以及汉语在语义、语音、语法方面的特点。在这一部分中作者列举了大量汉字的字、词实例，均以俄文译文的形式出现。

第三节“关于汉字与中国文献的古代性问题——中国人对此问题所持的观点”的文字较多，主要从传说中的伏羲大帝创立八卦和黄帝时期“仓颉造字”的传说入笔，对中国文献所记载的《尚书》、《论语》、《礼记》、《春秋》等中国古籍的成书时间和作者作以考证，并对秦朝时期小篆、隶书的创立过程作了概述，他强调指出，中国人关于汉字起源的传说并不可信，有关这一问题的中国文献存在失真之嫌。②

与此同时，瓦西里耶夫在西王母的名字、“老子西行”的传说，以及汉武帝始穿西方服饰的记载中寻找古代中西交往的遗迹，并以此推测，中国和西方接触较早，他写道，“我们确实缺少史料依据来证明，在遥远的古代，中国和西方不仅在水路，而且在陆路方面已经开始往来。但是不能因此而否定，埃及人曾乘船绕过非洲到达过遥远的东方。”③ 瓦西里耶夫之所以千方百计寻找早期中西关系的证明，只是为了证明汉字起源于埃及文字，

---

① Васильев В. П. Очерк истории китайской литературы СПб. ,1880г. ,стр. 5.

② Васильев В. П. Очерк истории китайской литературы СПб. ,1880г. ,стр. 23.

③ Васильев В. П. Очерк истории китайской литературы СПб. ,1880г. ,стр. 15.

他认为，“除了埃及，世界上任何地方都不存在公元前一千年前的文字遗迹。”① 这里，瓦西里耶夫的观点正确与否我们姑且不论，值得注意的是，虽然一再对中国古代文献的可靠性提出质疑，但是对中西交往历史的考察，瓦西里耶夫的观点却恰恰建立在中国古代文献基础之上，这显然存在自相矛盾之处。

第四节“儒学的第一个时期——孔子及其功绩、儒家的三部古书：作为中国精神发展基础的《诗经》、《春秋》和《论语》”篇幅较大，包括两部分内容。首先，瓦西里耶夫简要介绍了孔子的生平。他认为，孔子“不但是中国历史上第一位运用在民间搜集的资料和官方收藏的资料进行写作的人，而且还是第一位将这种写作技能完善、将全部创作成果传达给民众之人”②；其次，瓦西里耶夫重点对《诗经》、《春秋》和《论语》三部古籍进行介绍，其中有关《诗经》的文字最多，他不但对其崇高的人民性和珍贵的史料价值作了肯定性评价，而且插入大量译文，并附有对诗中重点词汇的俄文注释，具体来说，即从“国风”中选译的一百多首诗歌的片断，分为“婚礼之歌”、“爱情之歌”两大标题。其中，在“婚礼之歌”的标题下，瓦西里耶夫摘译的诗歌依次是：“周南”中的“官雎”的第四节；“召南”中的“鹊巢”的第一节，“摽有梅”的第一节，“江有汜”的第一节；另外，还从“邶风”、“鄘风”、“齐风”、“陈风”等章中摘译了诗句，其中尤以“齐风”中的译文最多，如“著”的第一节，“南山”的第四节，“敝笱”的第一节。在“爱情之歌”的标题下，瓦西里耶夫摘译了更多内容，共包括七部分，即：“女子之歌”，如“周南”中的“卷耳”第二节和“汝坟”第一节，另外还从“召风”、“邶风”、“王风”、“齐风”等中摘译了部分诗歌，共计 28 首诗歌的片断；“男子之歌”，如“邶风”中“静女”的第二节，“卫风”中“硕人”的第二节等，共计 11 首诗歌；“嘲讽之歌”，如“王风”中“大车”的第三节等，共计九首诗歌的片断；“女子颂歌”，如“郑风”中“将仲子”的第三节，“王风”中“君子阳阳”的第一节等，共计 14 首诗歌的片断；“怨尤之歌”，如“邶风”中“柏舟”的第二节，“唐风”中“杕杜”的第一节等，共计 20 首诗歌的片断；“官吏之歌”，如“召南”中“羔羊”的第三、四节，“唐风”中“无衣”的第二节等，共计 18 首诗歌的片断；“主妇之歌”，如“周南”中的“葛覃”第二节，“唐风”中“蟋蟀”的第一节

① Васильев В. П. Очерк истории китайской литературы СПб. ,1880г. ,стр. 25-26.

② Васильев В. П. Очерк истории китайской литературы СПб. ,1880г. ,стр. 32.

等,共计12首诗歌的片断。

另外,瓦西里耶夫还对《诗经》、《春秋》、《论语》的成书时间和作者进行了考证,并指出针对《诗经》一书还有许多问题值得后世学者作进一步研究[①];至于《春秋》一书,瓦西里耶夫重点探讨了它的成书时间,引证了历代注家的解释,认为该书的成书时间应在公元8世纪左右,而《公羊传》、《谷梁传》和《左传》都是后世学者模仿《春秋》所得[②];最后,瓦西里耶夫介绍了《论语》的主要内容,并将"尧曰"一章译成了俄文,他认为《论语》内容驳杂,出自孔子的弟子或其再传弟子之手,该书不仅记录了孔子的言行,还记录了他的思想,以及他对意外事件的应对办法,甚至包括弟子们讨论问题时各自表述的观点,因此《论语》是学派内部斗争的结果。[③]

第五节"儒家的伦理道德基础《孝经》、宗教与儒家政治、体现儒家精神的治国理想的《尚书》",主要阐述了三个问题。首先,瓦西里耶夫着重介绍了被他视为儒家的伦理道德基础的《孝经》成书的历史背景。他认为战祸连绵是促使儒士对伦理道德进行深入探索的主要动因,"作为文人,足不出户的思想家,历史转折时期的见证者,在见够了文官的世俗和武将的狡诈后,他们试图寻找一种百姓得以安宁、政权得以建立的更加稳固的精神基础。而能担当此任的只能是伦理道德,因此他们便将其建构在家庭的基础之上。"[④] 同时,瓦西里耶夫还简要介绍了"礼"的含义。另外,瓦西里耶夫通过分析儒家内部不同派别的观点探讨了宗教与儒家政治思想的关系,他指出,虽然在《诗经》中已经出现了"上天"的说法,但是孔子对宗教、对神、对阴间仍旧避而不谈的根本原因在于社会政治状况,"战火连绵,穷困潦倒的百姓一心只想填饱肚子,人们对精神上的需求根本无暇顾及"[⑤],孟子对当政者进行了严厉的批判,并提出了仁爱思想。瓦西里耶夫认为,《礼记》和《大学》是儒家为顺应统治者的需要而创作的,这说明"儒士们已经意识到获得参政权的唯一途径不是自己并不擅长的武力反抗,而是实施内部改革,因此他们竭力挖掘现存制度的缺陷,目的是如何更好地建构家

① Васильев В.П. Очерк истории китайской литературы СПб.,1880г.,стр.56.
② Васильев В.П. Очерк истории китайской литературы СПб.,1880г.,стр.59-63.
③ Васильев В.П. Очерк истории китайской литературы СПб.,1880г.,стр.64-67.
④ Васильев В.П. Очерк истории китайской литературы СПб.,1880г.,стр.72.
⑤ Васильев В.П. Очерк истории китайской литературы СПб.,1880г.,стр.76.

庭、社会、国家。"[①] 第三,瓦西里耶夫通过详细分析《尚书》的第一章和第二章中有关古代帝王尧、舜治理国家、禅让帝位等内容,以及该书的流传经过后指出,《尚书》体现了带有儒家精神的治国理想。

第六节《孟子》主要介绍了孟子的生平经历,孟子与孔子的关系,并且对《孟子》一书的成书经过进行了考证。他指出,"《孟子》是经过多次修改、增加后所得。荀悦等哲学家在该书中所作的引文可以证明这一点,不过今版的《荀子》中已经找不到这些引文了。在宋朝(960~1279)之前《孟子》并未被列入儒家,宋朝的苏轼、朱熹等人对孟子给予了高度评价,从1315年开始《孟子》被列为科举考试必读书目之一。"[②] 瓦西里耶夫认为,虽然《孟子》一书浸润着前期儒家思想中所没有的宗教意识,如对天人关系的阐述,对阴间生活的描述等,以及具有鲜明入世思想的对尧、舜、禹等古代帝王功绩的赞颂等,但是那些将孟子排除于儒家之外的观点仍然是错误的。[③]

为了更好地理解《孟子》一书的思想内涵,瓦西里耶夫大量摘译了该书中关于教化方法、暴政的内容,译文共有十页左右,全书七篇内容均有涉及,翻译了其中的四十章。中间还附有三处总共不足半页的总结。译文依次为:第六篇(上)"告子章句上"的第六章、第七章、第十五章和第一章;第六篇(下)"告子章句下"的第十五章;第七篇(上)"尽心章句上"的第一章。在上述译文之后瓦西里耶夫明确指出:

"由此可见,很显然,在论述对人性的培养时,《孟子》一书提出了早期儒家学者从未涉及的与上天,甚至神秘世界有关的宗教概念。"[④]

随后的译文依次为第三篇(下)"滕文公章句下"的第九章和第十章;第七篇(上)"尽心章句上"的第二十六章和第七篇(下)"尽心章句下"的第二十六章。在上述译文之后瓦西里耶夫评述道:

"中国人所说的'霸主',一般指那些本不是王位继承者,但通过篡权得到了王位的人。商纣王统治时期国家信誉尽失,各诸侯国养精蓄锐,随时准备与他国开战。为了摆脱这种境况,出现了诸侯联盟,实力强大的诸

① Васильев В. П. Очерк истории китайской литературы СПб. ,1880г. ,стр. 79.
② Васильев В. П. Очерк истории китайской литературы СПб. ,1880г. ,стр. 93.
③ Васильев В. П. Очерк истории китайской литературы СПб. ,1880г. ,стр. 96.
④ Васильев В. П. Очерк истории китайской литературы СПб. ,1880г. ,стр. 96.

侯国的首脑担任盟主,负责管辖联盟内的一切事务。孟子就称那些盟主为'霸主'。"①

接下来的译文是第六篇(下)"告子章句下"的第七章。译文之后瓦西里耶夫做了如下总结:

"这就是有关'霸主'的全部论述,文字不多,还不足以独立成篇。我们应该想到,儒家学者删减了《孟子》对霸主们的讨伐,因为在这一章中除了五霸、三王,根本没有关于诸侯和君王的论述。"②

最后一部分译文依次为第七篇(下)"尽心章句下"的第十五章;第三篇(下)"滕文公章句下"的第二章③;第七篇(下)"尽心章句下"的第八章④、第二十八章、第二十七章和第十四章⑤;第七篇(上)"尽心章句上"的第二十三章;第六篇(上)"告子章句上"的第九章;第五篇(下)"万章章句下"的第二章;第三篇(上)"滕文公章句上"的第三章;第一篇(上)"梁惠王章句上"第三章、第四章、第六章、第五章、第七章⑥;第二篇(下)"公孙丑章句下"第一章、第二章、第四章⑦,以及该篇的第六章、第七章、第九章;第四篇(上)"离娄章句上"的第一章和第八章;第四篇(下)"离娄章句下"的第三章;第五篇(下)"万章章句下"的第四章、第九章;第六篇(下)"告子章句下"的第九章;第七篇(下)"尽心章句下"的第四章。

第七节"儒学的第二个时期"文字不多,与阐述"儒学的第一个时期"向类似,瓦西里耶夫也是从典籍入手,且首先对《易经》的作者进行了考证,他写道:

"最早的《易经》出自淮南子之手,……后来被儒家所用,……儒家将《易经》作为民间算命卜卦之书,因为在他们自己的文献中很少谈及宗教,根本没有类似的书籍。于是儒家接受了《易经》,并承认该书中首次提到的伏羲大帝的存在。"⑧

瓦西里耶夫还翻译了周敦颐《太极图说》的全文,摘译了《通书》的部

---

① Васильев В. П. Очерк истории китайской литературы СПб. ,1880г. ,стр. 97-98.

② Васильев В. П. Очерк истории китайской литературы СПб. ,1880г. ,стр. 98.

③ 译文的标注有误:将"第三篇"误写为"第八篇"。

④ 译文的标注有误:将"第八章"误写成了"第五章"。

⑤ 瓦西里耶夫将这几章的译文合在了一起。

⑥ 第一篇这几章的译文属于节译,均为翻译原文后半部分的议论。

⑦ 第二篇各章的译文也是节译后半部分的议论,而且瓦西里耶夫将这几章合在了一起。

⑧ Васильев В. П. Очерк истории китайской литературы СПб. ,1880г. ,стр. 106-107.

分语句，即第一卷第七章“师”中“惟师道可以为天下善。……性者，刚、柔、善、恶、中而已。……刚善，为义、为直、为断、为严毅、为干固。……恶为猛、为隘、为强、为梁。柔善，为慈、为顺、为异。[①]……恶为懦弱、为无断、为邪佞。……故以和为中。……天下之达道也。……”[②]，以及第一卷第十一章“顺化”中的“天以阳气生万物。……天之生物之道便是仁。……天之成物之道便是义[③]”三句。瓦西里耶夫总结道：“《易经》和《中庸》是新儒学的理论基础，……周敦颐著述中所阐述的思想与《中庸》、《易经》关系密切。”[④]

另外，瓦西里耶夫还介绍了邵雍在《观物篇》中表述的“太极生两仪，两仪生四象，四象生八卦”思想，他指出，邵雍的著作表述了“天为万物之本，创造了春、夏、秋、冬；圣人为众生之本，创造了《易经》、《尚书》、《诗经》和《春秋》”[⑤]的观点。他还简要介绍了朱熹的《易学启蒙》、《家礼》、《近思录》等著述，并对《四书集注》给予了高度评价，肯定了朱熹在中国古籍注释方面做出的重要贡献。[⑥] 最后，瓦西里耶夫概括介绍了清代编辑的《性理大全》、《性理精义》、《经义考》、《黄清经解》等与朱熹著述和思想有关的、教育天下后世的书籍，以及历代学者对古籍进行注述的作品，如王肃的《孔子家语》、陆贾的《新语》、马融的《忠经》、荀悦的《申鉴》等共 12 部典籍。

按照瓦西里耶夫的观点，儒学分为前期儒学和后期儒学两个时期，前期儒学是教育家孔子传教于民的阶段，后期儒学是儒家思想在中国的政治、思想、文化领域占据统治地位，逐渐远离人民的阶段。

第八节“儒家以外的哲学家。道教”文字不多，简要介绍了墨子、荀子的生平，重点对道家文献作了概述，如《道藏辑要》、《道德经》等。在本节的最后瓦西里耶夫总结道，“总之，中国古代的哲学家，除去主张入世的儒家，都在探寻一种新的起源，在内心深处产生出与精神世界相沟通的愿望，

---

① 瓦西里耶夫只翻译了“为慈、为顺”，漏掉了“为异”；另外，他将第七章的第一句话“问曰：何谓天下善？……周子答曰：唯师道可以为天下善”置于了译文的最后。

② （宋）周敦颐：《通书》，上海古籍出版社，1992 年，第 10 ~ 11 页。

③ （宋）周敦颐：《通书》，上海古籍出版社，1992 年，第 16 页。

④ Васильев В. П. Очерк истории китайской литературы СПб. ,1880г. ,стр. 108.

⑤ Васильев В. П. Очерк истории китайской литературы СПб. ,1880г. ,стр. 109.

⑥ Васильев В. П. Очерк истории китайской литературы СПб. ,1880г. ,стр. 110.

目的是创立一种与众不同的世界观，但是距离踏上像西方和印度那样的宗教里程还很遥远。”①

第九节“佛教”简要概括了佛教在中国的传播，佛家与儒家思想的关系，佛教对中国文化的影响，佛教文献，如《四十二章经》、《三藏法数》等。在这部分中，瓦西里耶夫突出强调了西方宗教对中国的意义，他写道，“说实话，佛教并没有给中国带来多大好处，佛寺确实建了很多，但是也花费了很大的财力，……而西方宗教却能给中国带来科学，……”②

第十节“中国人的科技发展——历史与地理著作”的文字较少，内容涉及中国历史与地理两个方面。关于中国史籍，瓦西里耶夫重点介绍了司马迁的《史记》、班固的《汉书》、郑樵的《通志》、杜佑的《通典》、司马光的《资治通鉴》等史籍的主要内容，其中还夹杂着瓦西里耶夫对中国史学家或其作品的评议，例如，他将司马迁与希腊史学家希罗多德相比较：

“司马迁被称为中国的希罗多德、中国历史之父。事实证明，作为史学家他可能还要高于希罗多德，因为他试图对各种历史问题进行解答。但是在研究方法上他与这位著名希腊史学家没有丝毫相似之处。希罗多德的叙述较为完整，一个事件跟着另一个事件，一个提示带出另一个提示，司马迁创造了一种我们完全陌生的叙述方法，他并不按照历史事件的时间顺序，而是以参与其中的历史人物为中心展开论述……”③

有关中国古代地理方面的著作，瓦西里耶夫简要介绍了唐朝李吉甫的四十卷《元和郡县志》、宋朝乐史的《太平寰宇记》，以及《三省山内风土杂识》、《历代地理志韵编》、《徐霞客游记》、《大清一统志》等，他还介绍了佛教僧人国外游历之作，如法显的《佛国记》、玄奘的《大唐西域记》。

第十一节“中国人的律法”的文字也不多，首先概述了囊括治理国家、礼仪规范等内容的儒家典籍，如《尚书》、《礼记》等。他指出，《尚书》不但是中国第一部史籍，而且是第一部治理国家的经典之作。④ 随后瓦西里耶夫介绍了被他视为中国第一部对律法进行阐释的作品——《管子》，并介绍了法家代表人物韩非子，以及杜佑的《通典》、王溥的《唐会要》、马端林

---

① Васильев В. П. Очерк истории китайской литературы СПб. ,1880г. ,стр. 119.
② Васильев В. П. Очерк истории китайской литературы СПб. ,1880г. ,стр. 121.
③ Васильев В. П. Очерк истории китайской литературы СПб. ,1880г. ,стр. 125.
④ Васильев В. П. Очерк истории китайской литературы СПб. ,1880г. ,стр. 135.

的《文献通考》、宋敏求的《唐大诏令》、赵如愚的《名臣奏议》等典籍，此外，还对《元典章》、《大清会典则例》、《京报》、《历代名臣奏议》和《皇朝经世文编》等作了简要介绍。

在这一节的最后，瓦西里耶夫对西方学者的一些错误的观点进行了驳斥，他写道：

“有人说，中国是一个了无生气的国家，那里没有智慧的潮涌、没有进步、没有发明。但是，如果拜读了《历代名臣奏议》、《名臣奏议》、《皇朝经世文编》三部著作，我们还会说从前得以确立的中国思想处于停滞状态，内部不曾有过冲突交流，没有找到新方向，没有获得新发展吗？”①

第十二节“语言学、批评、古籍”的篇幅很小，只重点概述了中国语言学、批评类典籍。在语言学方面，他主要介绍了许慎的《说文解字》，以及《康熙字典》、《渊鉴类函》等典籍；关于批评类的著作，瓦西里耶夫着重介绍了《风俗通》、《学林》、《博古通》、《图书辑成》等著述。

第十三节“中国人的农书、自然科学、兵书”的文字也不多，内容却囊括了中国农业、医学，以及花、鸟、鱼、茶、军事等诸多方面的典籍。农业方面，瓦西里耶夫通过摘译中文文献的方式，重点介绍了《农桑辑要》、陈敷的《农书》、王桢的《农书》、贾思勰的《齐民要术》、鲁明善的《农桑衣食撮要》、徐光启的《农政全书》等，甚至还介绍了《授时通考》中的农学内容。此外，陆羽的《茶经》、欧阳修的《洛阳牡丹记》，以及清朝时编写的《广群芳谱》、傅肱的《蟹谱》、张万钟的《鸽经》都被瓦西里耶夫列入了阐述范围。医学方面，瓦西里耶夫只简要介绍了李时珍的《本草纲目》，以及《黄帝内经》这两部在欧洲较为知名的著作。在这一节的最后，他还粗略介绍了包括《孙子兵法》在内的中国古代的兵书。

第十四节“中国人的美文学”对中国美文学内容之丰富作了特殊强调，他强调，“研究中国美文学，要想对其有一个完整、清晰的概念，必须把自己的一生完全奉献给她，所以我们寄希望于下一代学者能够继续这项研究，……而本书只能对其做以浅显介绍。”② 通过考察中国古代科举考试的内容、分析汉语书面语中古诗音韵的特点，瓦西里耶夫指出，中国美文学包括“诗”和“文”两部分内容，所谓的“文”，即包括“论、教、檄文、令、表、

① Васильев В. П. Очерк истории китайской литературы СПб. ,1880г. ,стр. 142-143.
② Васильев В. П. Очерк истории китайской литературы СПб. ,1880г. ,стр. 150.

诏、奏记、书、上书、吊文、祭文和墓志铭”[1]等内容，其代表作品是《昭明文选》和《渊鉴类函》；而“诗”则包括古诗和赋两种文体，瓦西里耶夫不但列举了司马相如、杜甫、李太白、苏东坡等中国古代著名诗人，而且还对俄国读者所不熟悉的“赋”作了较为详细地解释，他写道：“赋是诗的一种特殊表现形式。它与诗的主要区别在于，赋拥有特殊的音步，不受韵律的限制，对字数也没有严格的要求，并非一定要是偶数。就像我国的白话诗。”[2]最后，瓦西里耶夫还简要介绍了班固的《两都赋》，以及《再生缘》、《来生福》和《三字经》等作品。

最后一节“民间文学：戏曲、小说、章回小说”的文字也不多，重点对《聊斋志异》、《红楼梦》、《水浒传》、《三国志》、《金瓶梅》、《西厢记》、《好逑传》等小说、戏曲作品的主要内容作了概述，其间还附有从《红楼梦》、《金瓶梅》和《西厢记》中摘译的部分段落。

“结语”的原文并无标题，全文只有六句话。文中指出出版时间的紧迫是致使《中国文学史纲要》的内容过于简略的主要原因，同时呼吁俄国评论界关注汉学家们的中国文学研究，不要让他们毕生的研究成果因为缺少出版资金而束之高阁。[3]

（二）《中国文学史资料》及其他

《中国文学史资料》（Материалы по истории китайской литературы, Лекции, читанные заслуженным проф. СПб-ского университета В. П. Васильевым）于1888年在圣彼得堡石印出版，是瓦西里耶夫开设的中国文学史讲座的教学笔记，由他口述，洛维亚林（В. Ловялин）记录整理而成，为手抄影印本。另外，文中的中国典籍名称和作者名几乎都是以汉俄对照的形式出现。该书的石印编辑由伊科尼柯娃（Иконникова）和勒巴茨克（П. Рыбацк）担任，书的首页清晰注明了“圣彼得堡大学编内教授瓦·帕·瓦西里耶夫的讲座”字样，写作意图非常明显。

《中国文学史资料》为16开本，全书共679页，分为“正文”和“附录”两部分。“正文”仅占292页，“附录”占去余下的387页，也就是说，“附

---

① Васильев В. П. Очерк истории китайской литературы СПб. ,1880г. ,стр. 153.

② Васильев В. П. Очерк истории китайской литературы СПб. ,1880г. ,стр. 154.

③ Васильев В. П. Очерк истории китайской литературы СПб. ,1880г. ,стр. 162-163.

录”比“正文”的内容还多。原文的“正文”部分并无标题。纵观全篇，主要是介绍中国古代哲学、宗教方面的典籍，可以分为“中国哲学资料”、“道教资料”、“佛教资料”三项内容。

在“中国哲学资料”范畴内共包括四部分，题目依次是，纯儒家代表人物、新儒学、新儒学作品概览、儒家以外的哲学家。

在“纯儒家代表人物”一章中，简要介绍了先秦哲学之后自汉代至理学形成之前一千多年间的儒家经典，如春秋时期左丘明撰写的记录周穆王至韩、赵、魏灭智伯约五百年间史实的《国语》、西汉桓宽撰写论述王霸之争的《盐铁论》、东汉王充提出较完整的唯物主义元气论的《论衡》、东汉班固撰写的代表儒学谶纬化体系形成的《白虎通德论》、东汉末应邵撰写的杂史性著作《风俗通义》、东汉荀悦编著的《前汉纪》和《申鉴》、东汉末徐干编著的《中论》、三国时期魏国王肃编著的《孔子家语》以及北魏刘邵撰写的《人物志》、晋代崔豹的《古今注》、隋代王通撰写的《中说》、北宋袁文的《瓮牖闲评》、北宋黄朝英编辑的《靖康缃素杂记》、南宋张世南撰写的《游宦纪闻》、南宋叶大庆的《考古质疑》等共计 40 多部古籍。瓦西里耶夫列入的典籍内容涵盖了哲学、历史、文学等诸多方面，如《盐铁论》、《论衡》、《白虎通德论》等属典型的哲学著述范畴，《风俗通义》、《前汉纪》、《国语》等属历史著述范畴，而《瓮牖闲评》、《靖康缃素杂记》、《游宦纪闻》等则是宋代重要的笔记类作品，应属文学范畴。

在“新儒学”一章中，介绍了北宋周敦颐、张载、程颢、程颐、邵雍，以及南宋胡安国、张栻、朱熹、陈淳、徐谦、陆九渊等人的籍贯、名号、生平和重要著述。

在“新儒学作品概览”一章中，瓦西里耶夫首先概述了清代编纂的与朱熹哲学思想关系密切的《性理大全》、《性理精义》等典籍；之后，他详细介绍了朱熹的《太极图说解》、《通书解》、《近思录》、《西铭解义》和《周易解义》等著述的主要内容，并摘译了《家礼》中“通礼”一章的部分内容。

在“儒家以外的哲学家”一章中，瓦西里耶夫重点介绍了儒家以外先秦诸子的著述，按其叙述的先后顺序依次为：兵家，主要介绍了孙武及其著作《孙子》，吴起及其著作《吴子》等；法家，主要介绍了管仲[①]及其著作《管

① 《管子》一书系后世假托管仲之名。

子》[①]、韩非及其著作《韩非子》、商鞅及其著作《商君书》[②];杂家,主要介绍了墨家代表人物墨翟及其著作《墨子》[③]、晏婴的《晏子春秋》、荀卿的《荀子》、尹文的《尹文子》、程本的《子华子》、慎到的《慎子》,以及《公孙龙子》、《鬼谷子》、《淮南子》、《吕氏春秋》等近30部古代典籍。

在"道教资料"范畴内共包括三个标题,即"道教"、"道教史之补充"、"道教传说中的知名人物";在"佛教资料"范畴内,虽然只有一个标题"佛教",但其内容却占了整个"正文"部分的二分之一左右。因瓦西里耶夫关于"道教资料"和"佛教资料"的介绍与《东方宗教:儒、释、道》基本一致,其内容已在"中国宗教研究"一章中作了详细论述,这里不再赘述。

"附录"部分共包括三项内容:"附录I佛教史"、"附录II"、"附录III书目"。"附录I佛教史"部分由"历史"、"佛教在中国南方的传播"、"佛寺的修建"、"神话传说"、"经书的翻译"、"印度之行"和"元朝时期"七个小标题组成;在"附录II"的范畴内瓦西里耶夫概括介绍了"中国古代地理书籍"、"中国人的律法"、"中国农业书籍及自然科学"三方面内容;在"附录III书目"中瓦西里耶夫共列出中国古代典籍,这15个小标题的题目分别是:佛教书籍,道教书籍,儒家典籍,儒道以外的诸子百家典籍,历史书籍,地理和统计方面的书籍,律法和治理国家方面的书籍,书籍目录和辞典及其他,类书,医学和农业书籍及其他,散文和诗歌类美文学作品,图集和音乐、绘画及其他作品,短篇小说、中篇小说、长篇小说、歌曲和戏剧作品,文集,地图及其他。

除《中国文学史资料》外,1857年,瓦西里耶夫在《俄国通报》上发表了《圣彼得堡大学东方书籍简介》(Записка о восточных книгах в С-Петербургском университете)一文。如果说,前者是对中国各个领域的古典文献进行系统梳理的作品,那么后者则是一篇精炼的概述性文章。《圣彼得堡大学东方书籍简介》篇幅不大,为32开本,共37页左右。全文分为三部分,主要内容是介绍圣彼得堡大学收藏的汉语版的中国古籍。第一部分主要介绍了圣彼得堡大学图书馆东方书籍部的创立过程,包括科瓦列夫斯基、扎哈罗夫等人为此所做出的重要贡献,以及包括《甘珠尔》和

① 《汉书·艺文志》将其列入道家,《隋书·经籍志》后俱列入法家。
② 该书是法家假托商鞅之名所为。
③ 这里,瓦西里耶夫将墨家、纵横家皆并入了杂家。

《丹珠尔》在内的中国宗教书籍;第二部分简要介绍了包括“四书”、“五经”在内的中国古代典籍的主要内容,并对其中部分作品的作者进行了考证;第三部分重点介绍中国历史书籍,如《春秋》、《史记》、《资治通鉴》、《大清一统志》等,瓦西里耶夫不但对这些史籍的内容作了简要概括,发表了评论,而且还对作者和成书过程作了介绍。此外,在该部分中,瓦西里耶夫还介绍了包括《金瓶梅》、《西厢记》、《水浒传》等在内的中国小说、戏剧、诗歌作品。

《中国文学史资料》和《圣彼得堡大学东方书籍简介》的问世,一方面充分展示了作为欧洲早期开设中国文学史课程教授之一的瓦西里耶夫的授课内容;另一方面,也说明他的中国文学研究建立在殷实的中文文献基础之上。

《中国文学史纲要》与《中国文学史资料》关系非常密切,不但有些小节的名称一样,而且少数章节的文字甚至完全一致,如“中国古代地理书籍”、“中国人的律法”等。两书的最大不同之处在于,在《中国文学史资料》一书中有关佛教的内容占据了绝对篇幅,而在《中国文学史纲要》中对佛教只作了极为简略的介绍。而且通过对比可以看出,《中国文学史资料》的很多内容都是提纲性的,结构上缺乏紧凑性,叙述也很零散,很多是材料的堆积,与其教学笔记的身份甚为相符;至于《中国文学史纲要》,应该是在《中国文学史资料》基础上,经过选材、润色、加工整理而得,是一部观点明确、结构严谨、论据充分、论述合理的著作。

(三)《汉字分析》

瓦西里耶夫对中国语言文字进行了深入研究,发表了一系列的著述和文章。其中,专著《汉字分析》(Анализ китайских иероглифов)是最具代表性的作品。该书的第一部分最早是在1866年作为圣彼得堡大学东方系汉满语专业学生的教材石印出版的,当时总共只有94页。18年之后的1884年,《汉字分析》的第二部分《汉字的部首》(Элементы китайских иероглифов)问世,32开本,共106页,由马·阿里索夫负责石印工作,圣彼得堡的阿·格里戈里耶夫印刷所刊印出版。俄文使用的是打印的书面字体,汉字的部首部分是手写上去的。前有序言,瓦西里耶夫用九页半的篇幅对汉字部首作了简要介绍。目录在篇尾,所谓的目录,即汉字部首按照一定顺序的纵向排列,且均是工整的手书小楷。另外,在每种部首的右侧还标出了该种部首所组成的汉字在书中的页码，从这个意义上讲，《汉字的部首》是一部按照部首检索的汉语字典。

随着教学与研究的进一步深入，瓦西里耶夫在汉字研究方面又取得了新成就，这就是应教学需要《汉字分析》的第一部分在1898年得以再版。此次的出版地也是圣彼得堡，由瓦西里耶夫的学生、著名汉学家伊万诺夫斯基担任责任编辑，石印工作由B.别扎波拉佐夫负责，页数增至133页。该书的首页是两行横向排列的俄文字——1897年11月25日经东方系确认准予刊印秘书B.茹科夫斯基。

其后是伊万诺夫斯基书写的序言，全文只有短短的一页，概括介绍了《汉字分析》再版的原因及主要内容。序言中写道，"对汉字进行分析，无论是对字形进行分析，还是对部首进行分析，这都是我们尊敬的老师、教授——瓦西里耶夫院士长期研究的课题。1866年，在该书的第一部分问世之后，瓦西里·帕甫洛维奇·瓦西里耶夫又对这一问题进行了新的研究。随着时间的推移，他在汉字分析领域里又积累了很多新成果、新收获。鉴于虽然对这一课题的系统研究需要大量的时间，但是目前东语系的学生急需教材，因此，我们在征得瓦西里·帕甫洛维奇同意后将其研究成果的一部分刊印出版。"①

在序言之后是目录和对全书打印错误的更正。以上四项内容是打印的俄文书面字体，而正文部分皆由俄文和汉字的手写体共同构成。全书共四章，即"前言"、"文字"、"汉字的造字条例"和未列标题的第四章。

在第一章"前言"中，瓦西里耶夫概述了汉语在发音方面的主要特点；在第二章"文字"中，简要介绍了汉字的部首体系；比较而言，第三章"汉字的造字条例"是全书的重点，在篇幅上占全文的五分之三。瓦西里耶夫介绍了汉字的"六书"，即象形、会意、指事、形声、假借和转注，并指明所参考的中国文献为许慎的《说文解字》。他不但对每种造字条例的特点作了详细介绍，而且列举了大量实例。另外，还附加了一份他自己创造的"汉字排列表"，举例如下：

---

① Васильев В. П., Анализ китайских иероглифов, Ч. 1, второе издание, под. ред. А. О. Ивановского, СПб., тип. В. Безобразова, 1898г., предисловие.

Ко	科	урок, экзамен	颗	шарик, числит круглых вещей	骒 课	кобыла, экзаменовед	廓 阔	обширный широкий
Коу	抠	поднимать	口	рот	叩 扣	клоняться пуговица		
Ку	枯	сухое дерево	苦	горький	寇 库 裤	разбойник кладавая штаны	哭	плакать①

该表格的纵向按俄文字母的先后顺序排列，横向是对应的同音的汉字，每个汉字的后面都配有俄文标注的释义以及相应的说明，最后是与此发音相近的字组。很显然，瓦西里耶夫所创立的这种汉字排列系统是应教学需要而生的，俄语读音的标注以及与俄语词典排列顺序相同的特点，不但大大提高了俄国学生查词的速度，而且在记忆汉字方面也使他们有规律可循。不过，瓦西里耶夫的汉字排列系统尚存在的不足之处，其中纳入的汉字数量之有限和偶尔的读音错误是最明显的两个方面。当然，瑕不掩瑜，事实表明，该系统不但对当时的俄国汉语教学具有一定的帮助，即便在今天，也没有丧失其存在价值。

最后一章的文字不多，瓦西里耶夫简要介绍了汉字的语义特点。

除了专著，在汉语语言、文字研究领域瓦西里耶夫还发表了一些文章，如 1867 年在《呼声》(Голос)杂志的第 273 期上刊载了《论俄国开展东方语教学的必要性》(О необходимости распространения у нас восточного языкознания)，以及 1886 年在《东方评论》(Восточное обозрение)杂志第七期、第八期上连载了《论俄国东方语教学》(О преподавании восточных языков в России)等。在这些文章中，瓦西里耶夫通过分析介绍东方语言的历史与特点，突出强调了包括汉语在内的东方语言在人类发展中的重要性，这既在理论上对俄国的东方语教学起到了宣传强化作用，同时也在一定程度上增加了俄国民众对汉语的了解。

① Васильев В. П., Анализ китайских иероглифов, Ч. 1, второе издание, под. ред. А. О. Ивановского, СПб., тип. В. Безобразова, 1898г., стр. 72.

二、瓦西里耶夫的中国文学观

瓦西里耶夫对中国文学的观点、看法和评价充分体现在以《中国文学史纲要》为代表的著述中。他的中国文学观主要表现在对中国文学性质和特点的概括、文学内涵的界定,以及中外文学渊源关系的提出三个方面。

(一)中国文学的异质性

瓦西里耶夫采用宏观对比的方法,对中国文学的性质和特点给予了总体上的概括:

"中国文学拥有两千多年的悠久历史,是世界上古老的文学种类之一。然而,中国文学不属于世界上已经消亡了的古代文学范畴,虽然在创造精神、规范的科学阐述方法方面逊色于希腊和罗马文学,但是在规模和内容的多样性方面无论是希腊文学、罗马文学,还是伊斯兰教文学和中世纪西欧各民族文学都无法与之匹敌。……不过,由于在科学性和批判性方面的欠缺,中国文学也不应列入新文学之中,因为中国文学的主要特点是发展人类在公元前就已经掌握的文学方法。"①

这里,瓦西里耶夫提到了"古代文学"和"新文学"两个概念,当时俄国对古代文学的定义问题,俄国著名文艺理论家别林斯在《"文学"一词的一般意义》一文中曾经有过论述。按照他的观点,并不是任何一个民族都具有文学,只有在"人民的民族性发展中表现出人类的发展,因而,支配万物的命运要托付他们在全世界历史的伟大戏剧中扮演人类代表的崇高角色"②的民族,才拥有文学。从这一观点出发,别林斯基得出的结论是"在所有古代民族中,只有希腊和罗马人曾经有过自己的文学,这种文学直到现在还没有丧失其崇高意义,而是作为弥足珍贵的遗产,流传给新的民族,促成他们的社会的、学术的和文学的生活的发展。"③ 也就是说,在别林斯基看来,希腊文学因希腊人精神生活的丰富内容而成为全人类的财富,它奉献给人类的是"全部宗教的、神话的以及美育的、公民的生活,而且并没

① Васильев В. П. Очерк истории китайской литературы СПб. ,1880г. ,стр. 8.

② [俄]别林斯基著,满涛译:《别林斯基选集》第三卷,上海译文出版社,1980年,第131页。

③ [俄]别林斯基著,满涛译:《别林斯基选集》第三卷,上海译文出版社,1980年,第131页。

有随着希腊人一同死亡；罗马文学中诗意的、历史的、长成了的拉丁文学……直到现在还跟希腊文学一样被人们所称颂”[1]，它的精神生活的丰富内容是“共和主义的勇敢和热诚”。另外，别林斯基指出，印度文学和埃及文学因为宇宙观是全世界历史性发展阶段的表现，也具有全世界历史性的意义，只是其高度远远逊色于希腊文学。至于在其他古代民族中，这种全世界历史性意义则“显得含混不清、紊乱不齐、畸形怪状”，不像在希腊艺术和希腊文学中那样“显得鲜艳明媚、酣畅淋漓、优雅谐婉”。

虽然瓦西里耶夫对中国文学的悠久历史、规模和内容的多样性给予了充分肯定，但是在本质上，他的表述与别林斯基的观点在某种程度上存在相通之处，即他们都把中国文学排除在了古代文学范畴之外，虽然依据不同，但结论一致：别林斯基是以人民的民族性能否体现人类的发展为依据，瓦西里耶夫的理由是中国文学在“创造精神、规范的科学阐述方法方面的欠缺”。与此同时，在瓦西里耶夫看来，因在“在科学性和批判性方面的欠缺”中国文学也不属于新文学。也就是说，在他眼里，中国文学是异质的，其独特性就体现在她既不属于西方世界，也不属于伊斯兰教世界；既不属于古代文学范畴，也不属于新文学范畴。实质上，瓦西里耶夫的观点生动地说明作为东方文化代表的中国，在欧洲人眼中“非我异己”的传统形象和尴尬处境在文学领域中的体现。

西方对中国的了解与认知，经历了漫长的历史时期以及期望、失望、肯定、否定的起起落落：16、17 世纪西方人眼中强大的、中央集权的中国形象，18 世纪随着兴起于法国的“中国热”而产生的对中国的仰慕情绪，以及从孟德斯鸠开始，由伏尔泰、布朗杰实现，并经黑格尔加以巩固的否定中国的传统。在这一认知过程中，实际上，中国本身并没有发生本质上的变化，变化的是作为认知者的西方人根据自己的好恶、需求创建的中国形象，正如美国学者爱德华·萨义德在《东方学》中所阐述的，西方对东方的认识与研究是“东方学家—诗人或学者—使东方说话、对东方进行描述、为西方展现东方的神秘。”[2] 事实是，对西方人来说，远东的中国始终是代表非我异己的传统形象，是存在于西方文化体系之外的“他者”，而处于西方文化

① [俄]别林斯基著，满涛译：《别林斯基选集》第三卷，上海译文出版社，1980 年，第 143 页。

② [美]爱德华·W·萨义德著，王宇根译：《东方学》，生活·读书·新知三联书店，1999 年，第 27 页。

背景下，以彼种文化系统所决定的思维方式来阐述此种文化系统下所产生的文学现象，隔膜之处在所难免，瓦西里耶夫也不例外。其实，对中国文化的这种定位在瓦西里耶夫之前已有先例，黑格尔在《历史哲学》一书中，从哲学发展的角度出发，就曾认为希腊罗马文明、封建世界和欧洲世界是人类三个主要历史发展形态或阶段，而中国思想则被他置于这一庞大的哲学体系之外。

(二)文学的内涵

在中国传统文学理念和欧洲文学理论双重作用下瓦西里耶夫所界定的文学内涵显示出庞杂的特点。《中国文学史纲要》一书的内容充分反映了这一点。

如上文所述，在《中国文学史纲要》中儒道释学占据了绝对篇幅，在全书163页中有106页都用于对儒道释学的阐释，其中仅儒学一项就占去83页，被分为"儒学的第一个时期——孔子及其功绩"、"儒家的三部古书：作为中国精神发展基础的《诗经》、《春秋》和《论语》"，"儒家的伦理道德基础《孝经》"，"宗教与儒家政治"，"体现儒家精神的治国理想的《尚书》、《孟子》"，以及"儒学的第二个时期"等内容进行了详细介绍。其实，瓦西里耶夫对儒家思想和典籍所给予的特殊关注，在"几句开场白"中他就已经有所交待，文中写道：

"代表一个民族本质特点的文学内容能够引导这个民族在未来发展道路上走得更远，所以文学史的创作就应该把代表民族性、体现文学本质的作品放在第一位。儒学是整个中国文明的基础，而儒家典籍是中国文学异常珍贵的内容。"①

瓦西里耶夫对儒学的特殊重视，一方面，是其中国文学观的一个重要特征，另一方面，也是时代语境的鲜明反映。美国学者史景迁教授曾经说过，"我们所谈到的大多数作家都是在他们感到自己所处的文化前途未卜的时候开始研究中国的。对于那些身怀不安全感和焦虑感的西方人来，中国在某种程度上成了他们的一条出路或退路。"②而瓦西里耶夫所生活的

---

① Васильев В. П. Очерк истории китайской литературы СПб. ,1880г. ,стр. 3.

② ［美］史景迁著，廖世奇、彭小樵译：《文化类同于文化利用——世界总体对话中的中国形象》，北京大学出版社，1990年，第145页。

19世纪中叶的俄国，正是处于这样的一个历史时期。1855年，沙皇亚历山大二世继位，当时正值俄国军队在克里米亚战争中惨遭失败，战争带来的国耻和灾难彻底暴露了农奴制俄国的腐败和无能，国内一时群情激愤，要求进行自由主义改革的呼声日渐高涨，农民因生活贫困不断发动暴动，沙皇政权面临生死存亡的危险。1861年，亚历山大二世下令废除农奴制度，着手改革。改革虽然暂时缓解了社会矛盾，但是农民的处境并没有获得彻底的改善，反而引发了部分进步知识分子的革命行动。与此同时，他们进入为俄国发展寻找新的出路的探索之中，其中以列夫·托尔斯泰为代表的一些文化名人为了重新建立一套思想理论体系，开始把目光转向"宁静"的东方，试图从东方古典哲学，特别是老子、孔子等人的学说中去寻找生活的真理。这一时期，中国思想，尤其是儒家治国思想因社会发展的需要在俄国受到关注。而作为对中国文化进行专门研究的汉学家——瓦西里耶夫对儒学的重视程度更上一筹，把它视为中国文明的基础。因此，他在《中国文学史纲要》中放入了大量思想史的内容，认为这是必须介绍给俄国读者的问题。这种情况同样反映在格鲁贝的《中国文学史》中，他在"先秦文学"一章中也对儒道作品作了详细介绍。由此可见，瓦西里耶夫以及后来的格鲁贝等人的著作，充分反映了当时语境下欧洲学者对中国文学内容在界定上的共同特点，即不但将思想资源列入文学范畴，而且对思想文化成分表现出相当的兴趣，将其作为文学的重要组成部分介绍给本国读者。

另外，在《中国文学史纲要》中，除了儒道释学的内容，瓦西里耶夫还对中国诗歌、戏曲、小说同样给予了高度重视，他将其称为民间文学，从中挖掘出许多珍贵的历史资料。瓦西里耶夫尤其对《诗经》给予了特别关注，他认为，《诗经》"比任何文章都优秀，它传达的是两千多年前的中国古代文化，体现了中国人民的才智。"[①] 所以，他不但选译了《诗经》中大量抒发情感、反映社会现实的诗歌，将其归纳为"爱情之歌，怀春的少女之歌，向心上人倾诉心曲、邀约见面的情郎之歌，分离的夫妻、情人、亲人的哭诉之歌"[②]来介绍，并加注了注释，而且还分析了《诗经》的艺术魅力，他强调指出："我们发现，《诗经》对全人类都具有极为重要的意义。在距离我们如此遥远的年代，世界上还有哪个民族能够如此鲜活生动地表达人类的情

① Васильев В. П. Очерк истории китайской литературы СПб. ,1880г. ,стр. 33.
② Васильев В. П. Очерк истории китайской литературы СПб. ,1880г. ,стр. 32.

感,表达这个所谓从事农耕劳作的民族的情感呢?"[1] 而且,瓦西里耶夫对《诗经》的历史认识价值给予了充分肯定,用他的话说,"这本诗集是对人民历史的补充,是习俗和礼仪的见证。"[2] 瓦西里耶夫在《诗经》研究中所作出的重大贡献,曾得到前苏联汉学家、专门从事中国文学研究的艾德林(Л. З. Эйдлин, 1909~1985)的赞赏,他高度评价了瓦西里耶夫对《诗经》民族性的阐述,认为这项工作是俄国汉学史上的一个开拓性的进步。他认为,从瓦西里耶夫开始,俄国学者开始关注中国民间文学,一些以中国民间文学为阐述对象的研究作品随之相继诞生。

除了《诗经》,瓦西里耶夫还对中国戏曲和小说给予了关注,作了较为客观、公正的评价。其中,有关戏曲他认为,《锦上花》、《再生缘》、《来生福》等剧目没有受到中国学者的足够重视,不仅由于情节不够好,语言的陈腐也是一个方面。[3] 在中国古代戏曲作品中瓦西里耶夫对《西厢记》评价最高,他不但简要介绍了该部作品的主要内容,而且强调"《西厢记》的情节和叙事可以和俄国最优秀的戏剧作品相提并论。"[4] 虽然所用文字不多,但瓦西里耶夫的这一评价不但涉及语言、情节,以及内容与现实的关系等戏剧创作的主要方面,而且还兼顾到欧洲学者和中国人自己的观点,其表述言简意赅,其观点不仅在当时的俄国,甚至欧洲都具有进步性和独创性。而这也从另一个侧面证明了将学术研究建立在中文原典基础之上的瓦西里耶夫在中国文学方面的深厚功底。

至于小说,瓦西里耶夫介绍了《水浒传》、《三国志》、《红楼梦》、《金瓶梅》[5]以及《聊斋志异》等几部代表作品。他认为,与上述作品相比,在欧洲广泛流传的《好逑传》、《玉姣梨》等并不能真正反映中国人的现实生活。[6] 其中,他对《红楼梦》给予了较高评价,这一点清晰反映在阅读资料中:除此书外,还列有《补红楼梦》、《续红楼梦》、《后续红楼梦》、《红楼圆梦》、

---

① Васильев В. П. Очерк истории китайской литературы СПб. ,1880г. ,стр. 33.

② Васильев В. П. Васильев В. П. , Записка о восточных книгах в С-Петербургском университете, ——《Русский вестник》, 1857г. , Т. XI. , стр. 334.

③ Васильев В. П. Очерк истории китайской литературы СПб. , 1880г. , стр. 155.

④ Васильев В. П. Очерк истории китайской литературы СПб. , 1880г. , стр. 158.

⑤ 文中,虽然瓦西里耶夫明确指出,小说名《金瓶梅》与"三个女主人公的名字有关",但他在直接作了音译的同时,又注明"意即插在金色瓶中的玫瑰"。值得一提的是,这一误译至今还保留在俄罗斯科学院远东所图书馆的书目检索卡片上。

⑥ Васильев В. П. Очерк истории китайской литературы СПб. , 1880г. , стр. 162.

《增红楼梦》和《红楼复梦》。[1] 而且，瓦西里耶夫还对《红楼梦》的故事情节作了简要概括。他写道：

“小说的男主人公宝玉相貌俊美，是女娲娘娘补天时剩下的一块石头，他既聪明、善良，又任性、喜怒无常……宝玉出生时口里含着一块玉，他降生在一个人口众多的富贵人家；他的未婚妻王姑娘[2]聪明、矜持，也住在这个家里，但是宝玉更倾心于身体多病的林表妹……”[3]

另外，瓦西里耶夫对中国小说所反映的社会现实和内含的中国形象作了重点强调，如他在介绍蒲松龄的《聊斋志异》时，特别提及第四卷中的一篇名为《罗刹海市》的短篇小说。其实，《罗刹海市》全文不到五千字，故事情节也很简单，描写了一位长相俊美、才华横溢的马姓书生行商至罗刹国所亲历的美丑颠覆的怪异风俗，以及在海市上被龙女看中、选为驸马的奇异经历。对此瓦西里耶夫认为，“一个落难书生只因为精通文墨就娶到了龙王的女儿，这其中的重要内涵绝不是才子佳人得成眷属的故事本身，而是小说所传达的中国人的一个重要性格特征——自信，这种自信，还体现在被中国人视为英雄的唐代僧人玄奘身上，他在西行取经途中所到之处皆受欢迎就是最好的明证。”[4]

与此同时，瓦西里耶夫注意到，中国正统观点对小说、戏曲等纯文学作品极为鄙视，他认为，“中国人十分轻视美文学作品，在学术性书籍中根本没有它的容身之地，所以这类作品的作者和源头很难考证。虽然近年来有些作家已经享有了一定的知名度，但是出版时却不敢署上自己的真名，因为他们羞于承认自己居然从事在学究们眼里如此低级的事情。”[5]

综上所述，在中国文学史创作过程中，瓦西里耶夫对文学内涵的界定是特定时代、中西文学理论双重作用下的产物。众所周知，19 世纪，在文学史的草创时期，学术界对文学的内涵还没有一个明确的界定，而文学定义直接决定了文学史研究的范畴。所以，早期中国文学史的作者在正文开始之前，都不得不花费笔墨对“文学”的概念作一番解释。《中国文学史纲要》没有直接涉及文学的定义问题，但是通过材料的选择和内容的安排可

---

① Васильев В. П. Материалы по истории китайской литературы СПб., стр. 370-371.

② 即薛宝钗。

③ Васильев В. П. Очерк истории китайской литературы СПб., 1880г., стр. 159.

④ Васильев В. П. Очерк истории китайской литературы СПб., 1880г., стр. 158.

⑤ Васильев В. П. Очерк истории китайской литературы СПб., 1880г., стр. 156.

以间接体现出，瓦西里耶夫对文学内涵的理解深受中国传统学术思想和欧洲文学理论的双重影响，换言之，瓦西里耶夫的文学史观是在欧洲文学理论的基础上，与中国传统文学理念相融合而形成。

"文学"一词，来自于西方，最早出自于拉丁语"Litera"，后逐渐衍变为"Literature"，其内容按照中国学者顾实在《中国文学史大纲》(1926年版)中的解释，包括三层含义：一指学问学识，二指书籍文库，三指文学诗文。俄语中"литература"的词形与拉丁语相近，并且清楚地标注了词源，根据2002年圣彼得堡出版的《大百科辞典》的注释，主要词义为两个，一是具有社会意义的文字作品，一是图书、文献。

在汉语中，"文学"一词古已有之，只是与今天的文学观念相距甚远。据中国学者柳存仁在《中国大文学史》一书中的考证，"文学"二字最早出现在《论语》"先进篇"中有"文学子游、子夏"一句，这里的"文"指"古之遗文"，"文学"的意思是《诗》、《书》、《礼》、《乐》，即典籍文献之意。随着时代的发展，"文学"一词的含义也不断处于发展变化之中，两汉时期，"文学"泛指一切学术而言，在《汉书·儒林传》中有"公卿大夫士吏，彬彬多文学之士"。从宋文帝开始，"文学"与"玄"、"儒"、"史"分列四科，开始作为一个独立的学科出现。一些学者也结合自身所处的时代，对"文学"的内涵发表看法，北宋学者周敦颐在《通书》中写道："文所以载道也，不知务道德，而第以文辞为能者，艺焉而已"，这一观点明显是对当时一些华而不实文章的批评。近代学者张炳麟认为"文学者，已有文字著与竹帛，故谓之文，论其法式，谓之文学"，在他看来，文学的作用是启发人的思维，增加情感。

中国传统学术思想在瓦西里耶夫身上留下了清晰的烙印，主要表现为，《中国文学史纲要》所叙述的内容已经大大超出文学的范围而与传统的经、史、子、集混淆在一起。书中在论及中国古代文体的分类问题写道，"中国文学包括论、教、檄文、令、表、诏、奏记、书、上书、吊文、祭文和墓志铭。这种分类方法起源于汉朝，大量的作品被搜集成册，编成了多卷本的文集，第一部文集是6世纪梁太子萧统的《昭明文选》。"① 虽然瓦西里耶夫所列出的中国文学的12种文体类型并不全面，与《昭明文选》所囊括的39种文体相比相去甚远，但是根据瓦西里耶夫在《中国文学史纲要》一书

① Васильев В. П. Очерк истории китайской литературы СПб., 1880г., стр. 153.

中材料的选择和篇章布局的安排，以及所阐述的一些观点来看，他对“文学”二字所下的定义与《论语》中的含义很接近，只是将典籍的范围扩大了许多。所以，在他的《中国文学史资料》中涵盖了中国各类典籍。全书共15类、675种，其中佛教书籍16种，道教书籍5种，儒家经典47种，儒家以外的其他诸子百家书籍28种，史籍107种，地理方面的书籍108种，法律、政令、条例、会典25种，字典24种，类书15种，医学书籍57种，诗词、散文类作品32种，音乐、绘画及其他方面书籍15种，包括小说、戏剧、演义在内的民间文学作品132种，文集19种，地图25种，内容非常丰富。

由此可见，无论是对文学内涵的界定，还是文学史材料的选择，瓦西里耶夫的文学观都受到中国传统文学理念的影响，文学史观表现出杂驳陈旧的一面。俄罗斯学者也注意到了这一点，其中李福清在《中国古典文学研究在苏联》一书中曾指出过，“在瓦西里耶夫他眼里，文学就是一切文章典籍的总和。从这个概念出发，他力图把中国各类文籍都一一地介绍给俄国读者。这样一来，在他的《中国文学史纲要》中，既谈到名正言顺的儒家经典《诗经》、《春秋》、《论语》，也谈到一般中国文学史著作所不论的《孝经》；既有体现儒家治国思想的《尚书》，也有道家经籍和他本人精通的佛教文献。此外还有律法、地理、农书、兵书之类，最后一部分才是诗文和民间文学——戏剧、小说。”① 也就是说，瓦西里耶夫在论述过程中所提到的“中国文学”概念，并非是该词的现代意义，而是囊括了中国古代全部的文章典籍，即中国文献的总和。

在承认瓦西里耶夫受中国传统文学理念影响的同时，但同时，《中国文学史纲要》一书还体现了欧洲文学理论对瓦西里耶夫文学观的影响，主要表现在两个方面：一是对当时中国正统思想所不齿的戏剧、小说文体的重视，二是受19世纪欧洲颇为流行的文化史派思想熏陶，体现为在编写方法上将文学史与文化史等同视之。

“文学”一词传入俄国是在18世纪，而俄国文学理论则早在其传入前就存在，并且一直处于发展变化之中。俄国学者阿·库里洛夫认为，在俄国，最早关于文学理论和文学史的特性的见解出于12世纪的《伊戈尔远征记》，因为作者在述及艺术手法时提倡“按照当代的事实”和“遵照鲍扬的

① ［俄］李福清著，田大畏译：《中国古典文学研究在苏联》，书目文献出版社，1987年，第2页。

构思”。16~17世纪俄国文学理论的主要观点是以拉丁系的诗学和修辞学为依据的，主要代表作品有斯莫特里斯基的《诗韵学》，马卡利主教的《修辞学》等，但是书中“关于格律”、“关于诗韵学”、“关于三类语体”的观点与俄国文学的艺术经验都不相符，在文学实践和文学理论之间出现了严重脱节。到了18世纪，罗蒙诺索夫的《修辞学》极大地促进了俄国民族文学理论的发展，他的文体学说既表明了当时俄国对文学种类的观念，又从另一个侧面反映了俄国文学的范畴。罗蒙诺索夫根据作品的语言风格把文学的种类和样式分成“高雅的”、“中间的”和“低级的”三类。“高雅的”一类包括英雄长诗、颂诗和描写重大题材的散文作品；“中间的”一类包括戏剧作品、与朋友的诗体通信、讽刺、田园诗和哀歌，以及“记述值得纪念的事件和高尚的学说”的散文；“低级的”一类包括喜剧、娱乐性的题词、歌曲、和朋友的散文体通信，以及“记述普通事件的叙述文”。通过罗蒙诺索夫的划分，我们对当时俄国文学的范畴大致有一个了解，包括诗歌、散文、戏剧、通信、娱乐性题词等，其中“散文”的内涵与今天不同，是在写法与文体上与诗歌相对的一种艺术形式，小说、传记等都应该包括在内。

19世纪，随着俄国民族文学理论的进一步发展，“文学”一词的定义被进一步明确。俄国著名文艺理论家别林斯基在《文学一词的一般意义》一文中，对其作了详尽的解释。他分析了文辞（словесность）、文录（письменность）、文学（литература）之间的关系。按照别林斯基的观点，文辞包括一切书写的东西，包括文录与文学，是一个内涵极为宽泛的概念。文录指一些有价值的文字记载。而文学，是与印刷术的概念联在一起的，得到公众支持的，并以个别人的创造为标志，这类作品主要指美文学，诗意的、艺术性的作品。另外，别林斯基按照亚里士多德在《诗学》研究中所留下的将文学称为诗歌的传统在“诗歌”的名义下讨论了各种小说、诗歌、戏剧。在《诗歌的分类和分科》一文中，他写道，“诗歌是艺术的整体，是艺术的全部机构，他网罗艺术的一切方面，把艺术的一切差别清楚而且明确地包含在自身之内。”① 别林斯基指出，诗歌分为叙事诗歌、抒情诗歌、戏剧诗歌。长篇史诗、长篇小说、田园诗、寓意故事和寓言被归入叙事诗歌中；抒情诗歌包括赞美歌、酒神歌、圣歌、赞神歌、短歌、十四行诗、绝句、抒情曲、哀诗、献诗和讽刺诗；戏剧诗歌的体裁可分为悲剧、喜剧和正剧。在别

---

① ［俄］别林斯基著，满涛译：《别林斯基选集》第三卷，上海译文出版社，1980年，第2页。

林斯基看来，“戏剧诗歌是诗歌发展的最高阶段……，是已经拥有成熟文明的民族，在其历史发展蓬蓬勃勃的时期中，才会有的。”[①] 别林斯基对文学的分类与今天的划分方法还有一定的距离，一方面说明当时俄国对文学种类还没有具体细化。不过同时证明，小说、戏剧在俄国文学当中已经稳稳地占据了一席之地，并受到足够重视。

瓦西里耶夫在写作《中国文学史纲要》时，俄国的文学史研究已经日臻成熟，文学史著作接连问世，如阿·尼基金科教授于1845年出版的《俄国文学史初稿》，历史文化学派代表佩平于1857年出版的《古代俄罗斯故事与童话文学史纲》等。而且，从1835年开始，许多大学里开始教授文学史，1836年莫斯科大学成立了语言文学系。另外，19世纪30年代俄国文学界对民间文学的兴趣大增，开始收集和研究民间文学。综上所述，19世纪的俄国文学，无论是在理论上，还是在实践上都远远走在了中国前面。

而之所以称瓦西里耶夫的文学观受到俄国文学理论的影响，主要因为在《中国文学史纲要》中，瓦西里耶夫将小说和戏剧单独列为一章，称其为民间文学，篇幅虽然不长，却足以说明与中国传统文学史观的不同。30年后，1910年版的中国人林传甲的《中国文学史》依然是对中国语言文字学、文章、问题的论述，关于小说、戏曲、诗歌等文学的内容几乎没有涉及，相比之下距今天的文学史观更远。

此外，应该指出，19世纪的欧洲，历史文化学派的思想对文学史观的影响很大，历史文化方法是19世纪下半期主要的文学史研究方法。作为这一派别在俄国的主要代表人物——佩平的主导思想是：文学同现实之间有必然的联系，文学作品是历史文化发展中某个时代的文献，其中必然反映该时代。按照佩平的观点，文学是社会历史的一部分，是历史文化的见证。[②] 俄国学者阿·格利舒宁认为，与其说佩平是一位文学史家，不如说他是俄国社会生活的历史学家。而在他的四卷本的《俄国文学史》中根本没有美学的、纯文学的分析，都是关于教育史、科学史、政论史、宗教与教会史的知识，他显然把文学史视为社会生活、教育、道德史。有人指出，文化史派学者一方面认为文学必须是社会生活、社会问题的反应，另一方面把

① ［俄］别林斯基著，满涛译：《别林斯基选集》第三卷，上海译文出版社，1980年，第77页。

② ［俄］尼古拉耶夫等著，刘宝瑞译：《俄国文艺学史》，生活·读书·新知三联书店，1987年，第132页。

文学研究变成是对社会、政治、宗教、意识等现象的文学说明。

瓦西里耶夫的《中国文学史纲要》体现了在当时颇为流行的文化史学派思想影响的痕迹。首先,他的著作比佩平的《俄国文学史》还要包罗万象,除了今天意义上的文学内容,语言、文字、思想、宗教、科技、律法、自然科学、兵书、农业等诸多方面都被涵盖其中。其次,瓦西里耶夫认为,通过文学,尤其是小说,可以了解一个民族的生活、思想和情感,以及这个民族所处时代的政治和社会制度[①],也就是说,这位汉学家在将中国文学纳入自己的研究视野时,首要目的是通过虚拟的文学世界来认知中国文化的真实内涵,了解中国社会的政治状态和中国人民的精神生活。他的这一观点体现了历史文化学派的主导思想——文学与现实之间有必然的联系,文学作品是历史文化发展中某个时代的文献,其中必然以反映该时代为前提,否则就丧失了理论基础。

总之,受俄国和欧洲文学理念的影响,同时在中国传统文学理念的作用下瓦西里耶夫的文学史观表现出陈旧驳杂的一面。正如俄罗斯著名汉学家李福清先生所讲,“瓦西里耶夫毕竟不是文学理论家,因此他的文学观落后于俄国文学理论,同这个词本身所表现出来的现代意义存在很大的差别。”[②] 何况,中国文化本身迥异于欧洲文化的“他者”形象,又在一定程度上促使瓦西里耶夫有理由不完全遵照欧洲文学理论去阐述中国文学。可见,瓦西里耶夫的中国文学观是在多种因素并行作用之下的产物。此外,瓦西里耶夫的文学史观之所以与今天的文学史概念存在一定的距离,还因为《中国文学史纲要》是由专家撰写的世界上最早的中国文学通史性著作,他在中国文学史的著述方面基本上可算作前无古人可鉴,无模式可循。

(三)中外文学渊源关系

中国学者曹顺庆在《世界文学发展比较史》一书中指出,“文学发展,既是纵向的,又是横向的。纵向发展是各民族文学内部的继承性发展,横向发展是世界各民族互相之间的影响、冲突和交汇。这一纵一横的经线与

① Васильев В. П. Очерк истории китайской литературы СПб., 1880г., стр. 162.

② [俄]李福清著,田大畏译:《中国古典文学研究在苏联》,书目文献出版社,1987 年,第 2 页。

纬线，织成了多姿多彩的各民族文学与世界文学。”① 同时，他还批评了一些文学史著作中只谈纵向的历史发展、缺乏横向交流和影响关系论述的做法。而早在一百多年前，俄国汉学家瓦西里耶夫针对中国文学的发展就曾经提出过类似的观点，他在《中国文学史纲要》中写道：

“中国的戏剧如果不是受到希腊的影响，那也有可能来自于印度，至于小说的产生，也应该得自于外部因素的推动”②，以及“正是由于中国文学的存在半个亚洲大陆才能被研究和理解；朝鲜、日本和越南文字均来源于汉语，而且倘若没有汉字我们也无法了解中亚和北亚的信息；印度本土已经失传的、珍贵的文化研究资料也保存在中国文学当中；印度某些历史阶段的划分也得益于中国文学。”③

瓦西里耶夫这两段论述清晰地阐明了中外文学渊源关系，前文指出外来文化对中国文学的影响，后文强调中国文学向外辐射的成果。因此，可以认为，瓦西里耶夫是较早对世界文学的横向交流，即对文学比较有所认识的少数外国学者之一，他的论述在当时的学术界具有超前的进步意义。

众所周知，作为一门独立的学科，比较文学诞生于19世纪末的法国，早期的法国比较文学前辈有布吕纳季耶、戴克斯特、贝茨、巴登斯伯格、梵·第根等。但是，比较文学作为一门学科形成的主要标志之一，却是1886年出版的英国学者波斯奈特的专著《比较文学》；1895年法国学者戴克斯特完成了比较文学学科史上的第一篇学位论文《卢梭和文学的世界主义的起源》；同年，另一位法国学者贝茨完成了博士论文《海涅在法国》以及1899年第一部比较文学目录学著作——贝茨的《比较文学书目集》问世。也就是说，瓦西里耶夫早在比较文学学科诞生前就提出了中国文学与外部世界的渊源关系，这应该视为他为世界文学研究所作出的重大贡献。

在中国，比较文学兴起于20世纪初，经历了从作为一门独立学科的比较文学名目与观念的引进到比较文学基本理论的译介、比较文学的观念与理论走进高校课堂并占据一席之地、从以中印为中心的东方文学关系比较研究拓展到中西文学关系比较研究的发展轨迹。正如季羡林先生所指出的，在中国，广义的文学，远在六朝以前就已经受到印度文学的影响。据史

① 曹顺庆：《世界文学发展史》（上），北京师范大学出版社，2001年，第1页。

② Васильев В. П. Очерк истории китайской литературы СПб., 1880г., стр. 157.

③ Васильев В. П. Очерк истории китайской литературы СПб., 1880г., стр. 3.

料记载，自六朝起，印度的语言、童话、小故事大量流入中国。这期间出现的志怪故事，如张华的《博物志》、王嘉的《拾遗记》、干宝的《搜神记》、陶潜的《搜神后记》、刘敬叔的《异苑》、刘义庆的《幽冥录》等，以及释氏辅教的书籍里的一些奇闻异事、鬼怪故事，都与佛教有直接的关系。我们发现，在瓦西里耶夫的《中国文学史资料》中，列有《搜神记》、《太平广记》、《聊斋志异》、《封神演义》、《列仙传》、《异谈可信录》、《夜谈随录》等大量该类文学作品的详细注释，说明作者对此类书籍作过认真研读。也就是说，瓦西里耶夫在对中国文学与世界文学作横向比较时，印度是他关注的焦点，而这与后世中国学者对中印文学关系的梳理不谋而合。

1. 印度文学对中国文学的影响

瓦西里耶夫关于印度文学对中国文学影响的论述应属于中印文学关系的渊源学研究。而中国学者开始关注印度文学对中国文学的影响是在20世纪上半叶，随着新文化运动的展开而进行的，这一时期所从事的主要是渊源学研究，主要研究人员有胡适、陈寅恪、许地山、季羡林等知名学者。1921年胡适在《〈西游记〉考证》一文中，详细论证神通广大的孙悟空形象并非中国自产，而是来自于印度。《〈西游记〉考证》在当时的中印文学关系研究领域的影响影响很大，一些知名学者，如陈寅恪、郑振铎、季羡林等都支持并引用这一研究成果。而在《文学进化观念与戏剧改良》等文章中，胡适进一步阐述了印度与西域文学对中国文学的影响与好处。1931年，胡适曾做过一次《中国文学的过去与来路》的讲演，在谈到印度文学对中国文学的影响时，他称："中国受了印度不少的影响，如小说、诗歌、记事之故事等，都是受了她的熏染与陶冶的。我们中国不受她的影响，也许会有小说、诗歌、戏曲，但没有她，决不能给我们以巨大力量的进展……总之，如无印度文学，绝不能产生像《西游记》、《封神榜》这一类有价值的东西。她是在直接间接的给予吾人以各种丰富的想象，吾人才会产生好的文学来。"①

另一位中国学者许地山(1893～1941)也是中印文学关系的渊源学研究的主要从事者之一。他的《中国文学所受印度文学的影响》(1925)、《梵剧体例及其在汉剧上底点点滴滴》(1926)是该领域的力作。尤其是论文《梵剧体例及其在汉剧上底点点滴滴》，主要论述了中国戏剧与印度文学

① 胡适："中国文学的过去与来路"，载天津《大公报》，1932年1月5日。

的关系。

许地山先生认为，葱岭以西和以南的中亚，印度、伊朗高原至阿拉伯为近西，而中国同近西的路径为两条，即水路的南海和陆路天山路，两者之中天山路使用的频率更高。认真考证了东方与近西的商贸交通后，许地山先生得出结论："大食人贩到中国底货物，自唐至元都是从上举水陆两条路运来底，因为他们底货船要经过波斯和印度底海口，然后能到中国，故往来中，除传教士和商人以外，自然还有不少印度人和伊栏人（今译伊朗人——笔者注），在陆路方面也是越过伊兰高原才能到帕米尔和天山一带；所以从水陆两方面，印度、伊兰乃至天方底文物直接或间接地输入，少有停止。"① 按照许地山先生的观点，中国与印度的戏剧联系就是通过这两条商路发生的。为了证明中印歌舞的关系，他引用了西方学者的一段话，"中国剧的理想完全是西拉（今译希腊——作者注），其面具、歌曲、音乐、柯白、出头、动作都是西拉的。"② 随后，他又引经据典，详细阐述了西域乐器的传入和歌舞所受西域的影响，尤其指出"唐时西方乐舞传入中国以突厥所属底地方为最多"，至于他通过音韵学和词源学对中国戏剧体例、名称来源的考察，其说服力更强。

关于中国戏剧，瓦西里耶夫虽然没有详细的论述，但在《中国文学史纲要》的序言中他写有这样一段话：

"中国戏曲出现的时间应该是在宋朝末年或者唐朝时期，无论如何不可能早于公元6世纪下半叶。在这一时期中国和西方接触频繁，而关于唐玄宗在位期间的历史，记录了他引入土耳其和印度的音乐和歌曲的情况，因此可以推断，所谓的由唱腔和唱词组成的戏曲应该是从宋朝开始在民间流行，而后传入宫廷的。……那么中国人了解戏曲应是通过对土耳其产生影响的印度。"③

这里，瓦西里耶夫明确了中国戏曲产生的时间、所受的外来影响以及途径。瓦西里耶夫的这些论述与中国学者的观点基本一致。

记录中国古代乐舞和戏剧起源的古代典籍主要有《史记》、《太平御

---

① 许地山："梵剧体例及其在汉剧上底点点滴滴"，载《中印文学关系源流》，湖南文艺出版社，1987年，第22页。

② 许地山："梵剧体例及其在汉剧上底点点滴滴"，载《中印文学关系源流》，湖南文艺出版社，1987年，第22页。

③ Васильев В. П. Очерк истории китайской литературы СПб.，1880г.，стр. 157.

览》、《隋书》、《旧唐书》和《唐会要》等。其中，在《史记》中记录了印度古老的乐器之一箜篌（Vina）的传入情况，汉武帝“塞南越，祷祠太一后土，始用乐舞，益如歌儿作二十弦及空侯，自此始”。[①] 而在《太平御览》中有关于乐器羌笛的记载，胡笛，“汉武帝时，工人丘仲所造，本出羌中。”[②]中国学者沈福伟认为，羌笛来源于印度。[③] 另外，在《隋书》中详细记录了苏祗婆将龟兹乐传入中原内地的情况。现在已经得到证实，苏祗婆介绍的龟兹乐“七调”源自印度。此外，《隋书》中还介绍了公元6世纪，西域音乐再一次东渐的情况。关于舞蹈的情况在《唐会要》中留有记载，“天宝十三载七月十日，太乐署供奉曲名，及改诸乐名……婆罗门改为霓裳羽衣。”[④] 而婆罗门曲则源自印度，是在开元年间经中亚传入中原内地的。

在瓦西里耶夫的《中国文学史资料》一书中，上面提到的几部中国典籍都有详细的记录。其中，关于《史记》的注释文字最多，他写道：

“作者司马迁。他之前的史学家，在接受朝廷的委派编写历史时，都或多或少模仿了中国古代典籍《春秋》、《诗经》。《史记》中记录皇帝历史的‘本纪’占据最重要位置，后面依次是‘表’、‘书’、‘世家’、‘列传’，以及对外族史的评论。这种编写方法（指纪传体——笔者注）主要缺陷在于，对所录同一历史事件的阐述没有集中在一处，一部分出现在皇帝们的生平记录中，另一部分却出现在与该事件无关的其他历史人物的传记中……唐朝的司马贞和张守节，以及宋朝的裴骃都曾为《史记》作注。”[⑤]

瓦西里耶夫关于《隋书》的记述也很详细，他这样写道：

“记录的是取代北周、首次统一（589）了秦灭亡后处于分裂状态的中国隋朝的历史。书中第一次出现了对隋朝书目进行总评的文章。全书分为典、史、经和文集。目前编撰详细的书目也采用这种分类方法。《隋书》的作者是唐朝的魏征。”[⑥]

针对《唐会要》，瓦西里耶夫的注释是：

“作者是宋朝人王溥（书中有他的生平介绍）。目前保存下来的这部

---

① （汉）司马迁：《二十四史》第一册《史记》卷28，《封禅书》，1997年，中华书局。

② （宋）李昉：《太平御览》卷580，《风俗通》，上海古籍出版社，1990年。

③ 沈福伟：《中西文化交流史》，上海人民出版社，1985年，第76页。

④ （宋）王溥：《唐会要》卷33，“诸乐”条，上海古籍出版社，1991年。

⑤ Васильев В. П. Материалы по истории китайской литературы, СПб., стр. 240-242.

⑥ Васильев В. П. Материалы по истории китайской литературы, СПб., стр. 248-249.

著作有些篇章已丢失，有些篇章是其他一些不知名的作者补充进来的。属官方出版物，用草书写成。”①

由此可见，瓦西里耶夫所推断的中国戏剧产生的时间不早于公元6世纪是有文献根据的，他是在认真阅读和研究了中国古代典籍之后才做出判断的，对《史记》所采用的纪传体编写方法优缺点的评论、对《隋书》内容的分析，以及对《唐会要》章节的考证都充分证明了这一点。

中国学者胡适、许地山、陈寅恪在对中印文学渊源关系进行研究时，无论是对《西游记》的考证，还是对中国戏曲渊源以及中国文学形象来历的考察，最终几乎都追溯到印度佛教文学故事中。而在瓦西里耶夫的所有学术成就中，佛学研究，尤其是印度佛教研究是最主要的、成果最大的研究方向。因此，佛教研究是瓦西里耶夫早于中国学者几十年认识到印度文学对中国文学所产生的深刻影响的主要媒介，虽然他关于这方面的论述多数是粗线条的，并未具体展开，也没有明确指出观点的出处，但是他的研究成果在中印文学关系方面、比较文学研究方面的功绩是具有开创性的。

2. 中国文学对周边国家文化的影响

瓦西里耶夫在关注印度文学对中国文学的影响的同时，他对中国文学向周边一些国家的辐射也给予了客观的评价。如前文提及的他的论述，“正是由于中国文学的存在，半个亚洲大陆才能被研究和理解；朝鲜、日本和越南文字均来源于汉语，而且倘若没有汉字我们也无法了解中亚和北亚的信息；印度本土已经失传的、珍贵的文化研究资料也保存在中国文学当中；印度某些历史阶段的划分也得益于中国文学”。这段文字包含两层含义，一是汉字在东亚文化圈中的广泛应用，二是中国文献中保存了重要的印度文化资料。他的观点在今天都一一得到了证实。

据史料记载，6~13世纪是中国文学开始对东亚其他国家在整体上产生影响的时期，同时也是与南亚、西亚、欧洲产生广泛交流的时代，此时东亚文化圈的核心是中国文化，而汉字在这一时期的文化交流过程中起到了举足轻重的作用：朝鲜从很早就开始使用汉字，2~6世纪的“乡扎标记法”便是利用汉字的音、义标记新罗民族语言。7世纪末，新罗统一朝鲜半岛上的三国后，在原有的“乡扎标记法”的基础上，系统地制定了借用汉字的音和义来标记朝鲜语的“吏读”方法，从而使汉字在朝鲜的应用更加方便。

① Васильев В. П. Материалы по истории китайской литературы, СПб., стр. 284-285.

而且,朝鲜人在汉语语言文化方面造诣颇深,其中书法艺术、诗词歌赋都表现出一定的水平,而用汉字抄写经书还曾经是朝鲜文人一项极富情趣的社会活动。直到15世纪,朝鲜才在长期使用汉字的基础上创造出自己的文字——“谚文”。至于日本,随着公元3世纪《千字文》、《论语》等中国文化典籍的输入而出现了汉字,7~8世纪,利用汉字的音创造了“万叶假名”。假名的出现,使汉字与日本民族语言有机地结合起来,从此汉字在日本社会更加普及,使用更加广泛。经过长期的变迁,逐步形成了日本语言文字,而且日本语文学的记述中也混进了汉语,更为重要的是,在这一时期,朝鲜和日本的文学家里用汉语写作诗文,如于751年集成日本最早的汉文诗集《怀风藻》就是一个代表。19世纪大批遣唐史开始到中国学习,于是中国文学、医术、绘画、建筑、医学、科技、生活习俗等都涌进了日本。在越南,1009年建立第一个独立王朝后,李公蕴尊佛教为国教,大力提倡儒学,而且规定汉语为全国通用文字,从此中国的方块字成为越南的官方文字,时间长达一千多年,后来越南人根据汉字的结构,并采用汉字的形声、会意、假借等造字方法,创造出记录民族语言的“字喃”(意为“南国之字”),但汉字仍为官方文字,直到近代才被拉丁化文字所取代。由于汉字的广泛使用,在越南文坛上曾经非常流行汉诗。据研究,越南的语言几乎有一半源于中国,政论性的论文源于中国的则高达六成以上。因此,确实如瓦西里耶夫所说,在当时,半个亚洲大陆都在使用汉语。

在《中国文学史纲要》中,瓦西里耶夫没有具体指出他获取汉字在东亚传播情况的资料来源,但是根据他在《中国文学史资料》中所汇总的中国书目,及他曾经专门作出的“每本书都亲自读过”的强调,大致可以推断出其出处。《三国志》被瓦西里耶夫列在历史方面的典籍中,他在下面的注释为,“内容是关于汉朝灭亡后中国分裂形成的三个国家的历史。时间跨度从公元220年到280年(如果从截止到晋朝开始,或者应到公元265年)。三个国家是魏、蜀、吴,作者是晋朝的陈寿,由裴松作注。”[①]而《三国志·倭国传》中记载了中日信函往来:公元240年,魏国带方太守派人持魏明帝诏书和礼物前往倭国,“倭王因使上表答谢恩诏”。中国学者陈上胜认为,“倭王能够接受魏明帝的诏书,并上表作答,说明汉字已经传入日本

---

① Васильев В. П. Материалы по истории китайской литературы, СПб., стр. 244.

列岛。"[①]

至于汉字在朝鲜的传播情况，瓦西里耶夫应该是从被他列在《中国文学史资料》中的《旧唐书》等典籍中获悉的，他对此书的注释是，"从公元620年到907年的唐朝旧史，作者是五代时期后晋的刘向。自从欧阳修的《新唐书》问世之后长时间受到冷落。全书共6部，200卷"。[②] 在《旧唐书·高句丽传》中，清楚地记载了汉字教育在高句丽上层贵族阶层中的普及情况。原文是高句丽人"俗爱读书，至于衡门厮养之家，各于街衢造大屋，谓之扃堂。子弟未婚之前，昼夜于此读书习射。其书有五经及《史记》，《汉书》，范晔《后汉书》，《三国志》，孙盛的《晋春秋》、《玉篇》、《字统》、《字林》，又有《文选》，尤宠爱之。"[③]

另外，瓦西里耶夫所说的中国文献中保存了重要的印度文化资料是有文献依据的。这些信息应该主要是通过其译著《玄奘游记》来获得的。《玄奘游记》是唐代僧人玄奘的《大唐西域记》的全译本。而瓦西里耶夫翻译完成的时间要早于英国人毕尔、瓦特斯，因为"如果《玄奘游记》当时能够出版，那么第一个将这部重要著作译成欧洲文字的荣誉桂冠必然会戴在瓦西里耶夫头上……"[④] 也就是说，与法国汉学家斯达尼拉斯·儒莲（Julien，Stanislas，1797～1873）一道，瓦西里耶夫属于世界上最早将《大唐西域记》翻译成欧洲文字的汉学家，只可惜保存在档案馆中的译文直至今天仍是一卷发黄的手稿。

20世纪一些著名历史学家对玄奘为印度历史所作出的贡献给予了高度评价，如印度著名历史学家马宗达（R. C. Majumdar）在孟买印度科学院出版的《印度人民的历史和文化》第一卷中对中国赴印的三位高僧法显、玄奘、义净有过如下评价，"（他们）把自己的经历写成了相当厚的书籍，这些书有幸都完整地保存了下来，并且译成了英文。三个人都在印度呆了许多年，学习了印度语言，法显和玄奘广泛游览，几乎游遍全印。在这些方面，他们比希腊旅行家有无可怀疑的有利之处。"[⑤] 印度著名历史学家阿里也曾经做出过这样的评价，"如果没有法显、玄奘等人的著作，重建印度

① 李喜所主编：《五千年中外文化交流史》第一卷，世界知识出版社，2002年，第193页。
② Васильев В. П. Материалы по истории китайской литературы, СПб., стр. 249.
③ （晋）刘向：《旧唐书·高句丽传》卷193上，中华书局，1997年。
④ 张国刚等：《明清传教士与欧洲汉学》，中国社会科学出版社，2001年，第449～450页。
⑤ 季羡林等校注：《大唐西域记校注》，中华书局，1985年，第137页。

史是完全不可能的。”[①] 不过无论是英国史学家(如史密斯),还是印度史学家(如马宗达等),对中国史料之于印度历史的重要性的关注都是在20世纪二三十年代开始的,而俄国汉学家瓦西里耶夫早在19世纪80年代就提出了这一观点,整整早了三四十年,只是他的《玄奘游记》没能出版,他的开创性的见解也没有引起世人的足够重视。

另外,瓦西里耶夫所作的“印度某些历史阶段的划分也得益于中国文学”的论断,也得到了后世学者的证实。众所周知,印度文化是世界上最古老的文化之一,印度民族也是公认的伟大而智慧的民族,对世界文化做出了巨大的贡献。但是,关于它的历史马克思在《不列颠在印度统治的未来结果》一文中却有这样一句话,“印度社会根本没有历史,至少是没有为人所知的历史。”[②] 这是因为,印度民族是一个不大重视历史的记述的民族,“对时间和空间这两方面都难免有幻想过多、夸张过甚的倾向……现在要认真研究印度历史,尤其是古代史,就必须依靠外国人的记载。”[③] 而季羡林先生认为,虽然外国人关于印度的著作很多,但是“在玄奘以前的那一些著作都比较简略,不能帮助我们全面了解印度。在玄奘以后的那一些著作,当然都详细多了。但是它们都无法代替《大唐西域记》,要想了解古代和7世纪以前的印度,仍然只能依靠这一部书。”[④] 也就是说,《大唐西域记》对印度历史研究的重要意义是不可取代的,而瓦西里耶夫在翻译过程中能够了解到大量的信息也就不足为奇了。

瓦西里耶夫关于中外文学渊源关系的论述较为简略,没有单辟章节作以论述,仅仅是在《中国文学史纲要》的“几句开场白”中加以阐明,零散而不系统,这说明瓦西里耶夫的研究重点是向俄国读者介绍中国文学,中外文学渊源关系只是顺带引出的一个研究课题。虽然瓦西里耶夫对此问题已有所认识,但仅限于笼统地、泛泛地介绍,并未进行深入具体的研究。

三、意义与影响

关于瓦西里耶夫的著作在中国文学研究方面的重要意义,以及所产生

① 季羡林等校注:《大唐西域记校注》,中华书局,1985年,第137页。
② [德]马克思、恩格斯著:《马克思恩格斯选集》第二卷,人民出版社,1972年,第69页。
③ 季羡林等校注:《大唐西域记校注〈序言〉》,中华书局,1985年,第124页。
④ 季羡林等校注:《大唐西域记校注》,中华书局,1985年,第126页。

的重大影响，可以从两个方面来把握，一是在中国文学界，作为世界上最早由专家撰写的中国文学通史性著作的《中国文学史纲要》与黄人和林传甲的著述的比较，二是在俄国汉学界，瓦西里耶夫对后世中国学家在中国文学研究方面的指导作用。

（一）《中国文学史纲要》与20世纪初的两部中国文学史著作

包括瓦西里耶夫《中国文学史纲要》在内的早期的中国文学史，受时代发展的限制明显带有观点陈旧、材料庞杂、文学与非文学的界限不清晰的缺陷，但无论是外国学者翟理思、葛鲁贝、川端康成的著述，还是中国人林传甲和黄人的作品，学术界依旧承认其在中国文学史上的开创性价值的。有些学者一直强调，中国人自己的文学史著作是在外国学者的影响下产生的，“文学”观念也是在西方文学思潮的冲击下逐渐明晰，并由传统走向现代的，那么作为生长在欧洲的汉学家，瓦西里耶夫的著作除了诞生的时间较早外，与其他两部早期的中国文学史相比，它的特点是什么，价值何在？下面将瓦西里耶夫的《中国文学史纲要》与林传甲、黄人的著作作以比较。

首先，从他们各自的写作目的上来看。林传甲（1877～1921）于1904年应聘到京师大学堂教授国文，在开设中国文学史课程时，因缺乏现成的教材而“奋笔疾书”，用了不到四个月的时间完成了该书的写作，1910年在《广益丛报》上连载，同年六月由武林谋新室出版；黄人（1866～1913）的文学史是他在美国教士孙乐文创办的东吴大学任文学教授期间，因教学需要，由他自己口授，另一位教授金鹤冲记录，以讲义的形式，边讲边编，于1909年前后完成，后由国学扶轮社以铅字油光纸印行；瓦西里耶夫的《中国文学史纲要》虽是应约为柯尔什和李克尔主编的《世界文学史》而著，但实际上，这本书是由为圣彼得堡大学东方系汉满语专业学生讲授文学课的讲义演变而来，1880年出版。比较之后可以发现，林传甲、黄人和瓦西里耶夫，三位中外学者作为高校教师，写作目的和著作用途几近相同。

其次，从内容上比较。林传甲的著述不足10万字，共16章23节，其内容主要阐述了汉字字体的发展史和文体的演变史，以及文章写作方法等。

黄人的《中国文学史》在篇幅上要远远多于其他两部著述，全书共29册，前三册是全文重点，以总论、略论和分论为题，是对中国文学的一个总体概述，也是黄人中国文学观的集中体现；剩下的26册是作者对中国文学史上至先秦、下至明末的作家所进行的评论和一些作品摘录。按照黄人的观点，文学和专制制度之间的矛盾是中国文学发展史上的一对主要矛盾，根据这对矛盾的强弱关系中国文学分为四个发展时期：先秦时期——文学的强盛时代；两汉至元时期——文学的华丽期；元代——文学发展受专制制度严重摧残的第一暧昧期；明代——文学发展受专制制度严重摧残的第二暧昧期。

而瓦西里耶夫的《中国文学史纲要》未分章，全书共由15小节构成，所述内容包括汉语语言文字，诸子百家的著述，以及科技、律法、农业、自然科学等方面的典籍，第十四和十五小节简要介绍了中国的诗歌、戏曲、小说。

将上述三部著作进行比较之后发现，虽然同为中国早期的文学史，但是其内容差别却很大。林传甲的著作主要是对中国语言文字学、文章、问题的论述，关于小说、戏曲、诗歌等文学的内容几乎没有涉及，它是三者之中离今天的文学史观最远的一部。黄人的著作中有关中国文学的内容最多，不但将中国正统思想所不齿的小说、戏曲列为专章论述，而且对古代小说的社会功能和审美价值给予了极高的评价，尤其是作家和作品考证、注释、点评的编撰方法的运用，将史的叙述与作家、作品融为一体，从而达到了条理清晰，富有逻辑性的效果。只是书中也列入了制、诰、策、文字、音韵、金石碑帖等在今天开来非文学的内容。在瓦西里耶夫的著作中，现代意义上的文学内容较少，从全书的篇章结构来看，哲学、宗教、科技、文字、地理、历史、文献学等内容占了绝对篇幅，因此，从这一角度出发，《中国文学史纲要》在内容上的庞杂是一个不争的事实。但是，瓦西里耶夫和黄人的著作与林传甲的著作相比，其优势在于，不但关注了戏剧、小说等现代意义上的文学内容，而且采用了批评研究和比较研究的阐述方法，都注意到了中国正统观点对纯文学作品的轻视。

三部书在内容上的差别，一方面生动地说明了处于草创期的中国文学史对“文学”的外延和内涵还没有一个明确的限定，所以材料的选择比较庞杂；另一方面，也反映了作者的写作目的和自身的学术观点。同为高校教材，林传甲作品的编写完全是按照官方对大学课程设置的规定与要求进行的，体现的是正统的官方思想。据史料记载，1902年颁布的《钦定京师大学堂章程》仿照日本大学的体制，规定设立政治、文学、格致、农艺、工艺、商务、医术七科，其中文学又分为经学、史学、理学、诸子学、掌故学、词章学、外国语言文字学七个子学科。1903 年颁布的《奏定优级师范学堂章程》规定中国文学学科“讲历代文章源流义法，间亦练习各体文”，同年颁布的《奏定大学堂章程》，虽然将经学与理学从文学中分离出来，但仍然包括史学与文学两大内容，而且对中国文学研究的内容作了详细规定，涉及文字、音韵、训诂、文章修辞、写作、文体文法等 41 条。因此可以理解为何林传甲文学史的内容大多是非文学的，即使是涉及文学的内容，也只列入了古代的散文罢了。

作为教会学校老师的黄人，由于与西方文化的大量接触，与林传甲相比，思想更为开放，知识结构也比较宽泛，在资产阶级改良思想的影响下，再加上忧国忧民意识的勃生，所以在写作过程中，他把封建专制制度看作束缚文学发展的主要障碍，大胆列入历来被排斥的小说、戏曲内容，目的是与封建正统思想相对抗，行文中洋溢着浓烈的反封建气息。根据黄人对文学所下的定义，以及对文学六大特征的描述中所包括的“文学者虽亦因乎垂教而以娱人为目的”、“文学者摹写情感”、“文学者以发挥不朽之美为职分”，充分说明黄人已经认识到文学抒发情感、娱人、审美的本质特点。

至于瓦西里耶夫，与黄人和林传甲相比，他的写作目的更多体现在，站在他者的角度介绍中国、解读中国方面。作为一名随东正教使团来华的留学生，瓦西里耶夫所肩负的众多使命可以简单归纳为“了解中国”，而在他看来，“如果你想了解至今对于我们来说仍然陌生的中国，最好通过小说，尤其是当代小说。”① 可见，在瓦西里耶夫眼里，小说是了解中国的最好途径之一，换言之，研究中国文学被瓦西里耶夫看作是认知中国的一种重要途径。因此，他在将中国文学纳入自己的研究视野时，更多注重的是文学作品所传达和反映的中国人的现实生活，即通过虚拟的文学世界来体现中国文化的真实内涵，了解中国社会的政治状态和中国人民的精神生活。法国学者朗松在《论文学史的方法》一文中也提出过类似的说法，他称，“一个民族的文学，便是那个民族生活的一种现象，在这种民族长久富裕的发展之中，他的文学便是叙述记载种种在政治的社会的事实或制度之中，所掩藏所寄托的情感与思想活动，尤其以未曾实现的想望或痛苦的神秘的内

① Васильев В. П. Очерк истории китайской литературы СПб., 1880г., стр. 160.

心生活为最多。"[1] 由此可见，将文学作为了解一个国家、一个民族的重要途径，在当时已经存在理论依据。

同样作为早期的中国文学史著者，与代表中国官方思想的林传甲相比，瓦西里耶夫和黄人的文学观均受到中西文化的双重影响，这主要表现在对小说、戏曲的重视，对外国文学理论的接受和应用，对中国正统思想的批判性论述方面。不过，由于两人身份立场的不同，瓦西里耶夫和黄人的中国文学观恰恰体现了中外学者对中国文学的论述在切入点、关注点、评价和发展前景方面所存在的差异。

首先，瓦西里耶夫与黄人的身份不同，所以对中国文学持有不同的情感和态度。以学生身份来到中国的瓦西里耶夫，如大多数欧洲来华人员一样，是作为一个外来的旁观者将中国文化纳入自己的研究视野，介绍给本国读者的，中国文化之于瓦西里耶夫，是一种有别于本国文化的客观存在，是他阐述和研究的对象。黄人则不同，他在中国文化的浸润下长大，始终置身其中，对中国文学的分析如同在解剖自我一样，彼此之间血肉相关，有着斩不断的联系。所以，虽然同样面对 19 世纪下半叶满清政府统治下中国日渐衰落的社会状况，瓦西里耶夫与黄人对中国文学却表现出不同的情感，对其发展前景也有不同的看法。从 1840 年来到北京到 1850 年离开中国，瓦西里耶夫在华十年，当时中国是一派衰落景象。

因此，瓦西里耶夫将中国文学纳入世界文学体系之中进行阐述时，他对中国文学的性质、特点的评价，与黄人相比在某种程度上更为客观一些。比如，在《中国文学史纲要》序言中瓦西里耶夫介绍了中国的科举制度，在他看来，中国人单凭死记硬背"四书"、"五经"的取仕制度是荒谬的，"这种操作方式与我国的伪古典主义的卫道士一样。"[2] 另外，他还指出，"中国人对其他知识没有概念，从而坚信，除了四书、五经之外人类不再需要其他科学。"[3] 针对同样的问题，黄人的看法却截然相反。光绪二十四年(1898)，作为科举制度应试的文体八股文被宣布废除，对此，梁启超认为"民之愚，国之弱皆由于此"，但是黄人却不这样认为，发出了"石破天惊的

---

① [美]拜尔·昂利编，徐继曾译：《方法、批评及文学史——朗松文选》，中国社会出版社，1992 年，第 1 页。

② Васильев В. П. Очерк истории китайской литературы СПб. ,1880г. , стр. 151.

③ Васильев В. П. Очерк истории китайской литературы СПб. ,1880г. , стр. 151.

议论”。按照黄人的观点，八股文和传奇是明代文学中唯一值得记录的两种文体，中国知识分子在八股文所存在的三百年间，从中提取精华，“化臭腐为神奇”，从而使八股文在中国文学史上独树一帜，成为一种绝妙的文体，成为无数知识分子抒怀泄愤的一种文字工具。从黄人对八股文的评价来看，他确实堪称清末民初之际敢于开风气之先的奇人知识分子，只是单就八股文对中国文人思想的禁锢来说，黄人的论断过于偏激，未免有失公允。

其次，关注点不同。1840年，在瓦西里耶夫动身前往北京前夕，得到了他此次中国之行的任务清单，其中主要任务是学习藏语、汉语和梵语，“教育部希望瓦西里耶夫能够成为一名优秀的藏语教师和在地理、历史、宗教和东亚古代民族研究方面的资深专家。”① 此外，瓦西里耶夫还身负一系列的、与专业无直接关系的附加任务，如为喀山大学博物馆搜集种子，以及陆地植物、动物、鸟类、昆虫、矿物等标本，甚至包括“注意中国工业、农业发展状况，获取农业生产的各种工具”，可见，为俄国提供有关中国的各种信息是瓦西里耶夫所肩负的出使任务的一部分，发现并阐述中国文学与西方文学的迥异之处，自然成为瓦西里耶夫关注的重点。

黄人则不同，列强的欺凌、满清政府的无能，使他心中充满了对民族存亡的焦虑感和挽救中国的使命感，所以常常发出这样的感叹，“咫尺江湖行不得，处处愁风愁雨”（《和草庵见寄》），以及“割地和亲公案在，魑魅应代圣神羞”（《怀古》）。另外，黄人与同在东吴大学任文学教授的章太炎交情笃深，尤其在反满排满的革命问题上意见一致。所以，他在著作中将专制制度看作中国社会和中国文学发展的最大绊脚石，将划分文学的分期以专制制度力量的消长为基准，全书充满了对专制制度的控诉和讨伐。黄人将专制制度对文学的摧残作为编写文学史的一条重要纲领，一方面体现了当时处身黑暗的社会现实的中国进步人士的忧国忧民思想，同时说明他对文学自身的发展规律没有给予足够重视，存在片面之嫌。而黄人编写文学史的另一个目的，是针对当时社会上弥漫的“厌家鸡爱野婺之风”的崇洋情绪的批判，他认为编写文学史既可以保存国粹，又可以树立爱国情绪。

由此可见，作为外国学者的瓦西里耶夫，站在旁观者的立场上，目的是

---

① Винасин А. А., Хохлов А. Н., Шаститко П. М. История отечественного востоковедения, (с середины XIX века до 1917 года), Восточная литература РАН, Москва, 1997г., стр. 238.

将包括中国文学在内的整个中国文化，纳入世界文化体系之中去阐述、研究。而黄人编写中国文学史的目的是“爱国保种”，是通过此书激发民族自豪感和民族自信心。

第三，瓦西里耶夫和黄人对中国文学未来的发展前景持有不同的看法。关于中国文学的未来，瓦西里耶夫认为，随着时代的发展她的内容将变得更加丰富，面貌也会焕然一新，只是必须在一个特定前提之下，那就是一定要加注一个外在推动力，而这个推动力，按照瓦西里耶夫的观点，就是欧洲文化大潮的冲击，欧洲思想、知识、精神的引进。[①] 换言之，中国文学必须在与欧洲文化的碰撞中，在欧洲观念、思想、知识的引导下才能获得进一步的发展。瓦西里耶夫从文学上为中国指出的发展道路，实质上都是对中国文化发展潜力的怀疑，对欧洲文化过于自信的表现，在一定程度上带有欧洲文化强势论的色彩。

黄人的观点恰恰与此相反，他对中国民族文学评价颇高，曾发出“三黄之书，时全世界方居草昧”的议论，在黄人看来，距今已有五千年历史的中国文学早在三皇五帝时期就达到了辉煌，而那时世界上其他地方还处于蒙昧时期，中国文学是值得中华民族骄傲的。针对当时那些“世界各国皆后来居上，独我国则今不如古”的论调，黄人认为根本不必为此烦恼，根据“进化之公理”，“安有能生存而不能进化者”，中国虽然在局部之处是不进化的，但是总体上“进化之机故未尝少息也”。至于外国人所提出的“黄祸”之说，在黄人看来，恰恰源于中国有着特别强盛的文化和文学，现在白人来侵略我们，首先想消灭的就是我们的语言文学，所以才故意贬低我们的文化。

综上所述，瓦西里耶夫的《中国文学史纲要》虽然在时间上比中国人自己的著述早了二十几年，但其学术价值却丝毫不逊色于后者，而且真实反映了 19 世纪下半叶外国学者对中国文学的态度、看法和评价，其中的一些观点在今天仍具有学术研究价值。

(二) 对俄国中国文学研究的影响

有人曾经指出，俄国汉学从诞生之日起截至 20 世纪初共经历了三代汉学家：第一代是受到沙俄政府直接影响的学院派和僧侣派相混合的汉学

---

① Васильев В. П. Очерк истории китайской литературы СПб. ,1880г. , стр. 1.

研究阶段，主要代表人物是比丘林；第二代是俄国汉学走上职业化、专业化发展道路的阶段，主要代表人物有三个，他们是卡法罗夫、瓦西里耶夫和扎哈罗夫；第三代是俄国汉学“承居领导世界学术成就的地位”[①]的发展阶段，在这一时期，卡法罗夫、瓦西里耶夫和查哈罗夫又以自己的研究成就成为第三代俄国汉学家的先导性人物。在俄国汉学史上，瓦西里耶夫不但在19世纪下半叶占据举足轻重的地位，而且因其高校教师的特殊身份，对下一代汉学家仍具有重要的指导作用。瓦西里耶夫在中国文学研究方面的重要意义主要表现在两个方面，其一，承接前代汉学家的成果，推动俄国汉学从以翻译、介绍中国文学作品为主的阶段向综合性研究阶段的过渡；其二，在研究课题、研究方法等方面对以亲传弟子阿列克谢耶夫为代表的后代汉学家的引导。

在瓦西里耶夫之前，俄国汉学界在中国文学方面的成就主要停留在对包括小说、戏曲、诗歌、寓言等在内的中国古代文学作品的翻译、介绍阶段，并没有真正进入综合性研究阶段。而瓦西里耶夫在中国文学研究方面的成就已经突破了译介范围，向综合研究范畴迈进。换言之，瓦西里耶夫对俄国中国文学研究起到了深化作用，加快了迈向近代化的步伐。

除了深化中国文学研究的作用，瓦西里耶夫对俄国后世中国文学研究的意义更加深远，这主要表现在对自己的学生阿列克谢耶夫、伊万诺夫斯基等在研究领域、研究方法、研究课题等方面起着重要的引导作用。

阿列克谢耶夫是瓦西里耶夫的亲传弟子，是20世纪上半叶苏联著名汉学家、翻译家、科学院院士。1898年，阿列克谢耶夫考入著名的圣彼得堡大学东方语言系汉满语专业学习，1902年大学毕业后作为预备教师留校。1904年通过硕士课程考试后前往伦敦、巴黎等地访学。1907年随法国著名汉学家沙畹的远东考察队来到中国，考察过东北、北京；1909年访问华中、华东，来到上海；1912年，访问中国南方。回国后撰写中国文学硕士学位论文《中国诗人司空图的叙事长诗〈诗品〉》；1919年，应高尔基之邀出任《世界文学》出版社东方部书记，创办《东方》杂志；1926年第四次访华；1929年当选为苏联科学院院士；1935年，成为美国社会和政治科学院东方协会会员；1945年，成为华盛顿民族地理学会会员；1951年离世。

阿列克谢耶夫院士在圣彼得堡大学就读期间，虽然年事已高的瓦西里

① 忻剑飞：《世界的中国观》，学林出版社，1991年，第307页。

耶夫院士已经脱离了实际教学工作，但他的教学思想、所编撰的教材，以及在汉学研究方面所取得的成就，对阿列克谢耶夫的研究活动产生了很大影响。这主要表现在以下几个方面：

第一，师生二人的研究领域都极为宽泛。我们知道，瓦西里耶夫精通蒙、满、藏、汉语，还通晓日、朝、突厥语和梵文，是俄国汉学史上著名的语言学家、语音学家、文学家、文化学家、地理学家、历史学家、民族学家、宗教学家、哲学家、地理政治学家、政论家，被后世尊称为"博物学家"；阿列克谢夫精通汉、英、法、日等语言，在文学、宗教学、史料学、铭文学、民俗学、古钱学等众多领域造诣颇深。

第二，瓦西里耶夫和阿列克谢耶夫都选择了教学实践工作，前者从1850年开始先后在喀山大学和圣彼得堡大学任教50年，后者从1902年开始先后执教于圣彼得堡大学、圣彼得堡东方学院、圣彼得堡文哲学院、莫斯科东方学学院，也多年从事教学实践工作。

第三，共同的研究课题的选择。阿列克谢耶夫多年致力于蒲松龄和《聊斋志异》的研究，在俄国，虽然1878年出版的《新作》杂志195期刊登了莫纳斯迪列夫翻译的《水莽草》，但对俄国读者产生重大影响的却是瓦西里耶夫。这是因为，有关《聊斋志异》的综述性介绍最早出现在瓦西里耶夫的《中国文学史纲要》中，他曾说过，"《聊斋》中的一些著名的短篇小说在语言的优美性、叙述得紧凑性方面成就卓著"①，这种简略却高度肯定性的评价对后代研究者的吸引力可想而知。尤其是瓦西里耶夫还注意到中西文学形象之间的关系，他指出，"《聊斋志异》中的狐仙一般以美女现身，该形象在世界神话故事里早就存在了，是随着《伊索寓言》传入东方的，只不过中国人对这个古老的形象进行了改造，赋予她变换身形的特点，对其评价很高。"② 另外，1883年在圣彼得堡出版的《汉语文选》的第一册中，瓦西里耶夫还列入了自己翻译的蒲松龄的六篇小说：《阿宝》、《庚娘》、《水莽草》和《毛狐》等。

虽然阿列克谢耶夫同样涉足于中国文化的许多领域，但他的主要精力还是放在中国文学研究上。而瓦西里耶夫对阿列克谢耶夫的先导性影响也主要体现在该领域，整体反映在阿列克谢耶夫院士沿着自己老师所开辟

---

① Васильев В. П. Очерк истории китайской литературы, СПб., 1880г., стр. 159.

② Васильев В. П. Очерк истории китайской литературы, СПб., 1880г., стр. 159.

的学术道路所取得的巨大学术成就上。阿列克谢耶夫一生勤于著述，笔耕不辍，著作颇丰，共发表论文129篇。在文学方面，中国古代的诗歌、散文、诗论，以及蒲松龄的短篇小说是阿列克谢耶夫的主要研究对象，其关于中国古典文学研究的主要著作被收入1978年苏联科学院出版社出版的《中国文学》一书中。

具体说，体现在对蒲松龄作品的翻译和研究成为阿列克谢耶夫中国文学研究的重点内容上。他用十年的时间翻译完成了蒲松龄的小说集《聊斋志异》的翻译工作，从1922年到1937年从《聊斋志异》中选译出的共150篇短篇小说，组成了1922年出版的《狐妖集》(Лисьи чары)，其中就包括《聊斋志异》第二卷中的《婴宁》、《胡四姐》、《潍水狐》和第六卷中的《狐惩淫》四篇小说；1923年《神僧集》(Монахи-волшебники)问世；之后，由于20世纪20年代高尔基主编的《世界文学》(Мировая литература)杂志停刊，另外两部译文集《志怪集》(Странные истории)和《异人集》(Рассказы о людях необычайных)分别于1928年、1937年才出版。阿列克谢耶夫围绕《聊斋志异》所著作的文章有：1922年的《〈狐妖集〉前言》，完成于1923年，迟至1978年才发表《〈神僧集〉前言》，以及1934年发表的《〈聊斋〉小说中儒生个性与士大夫意识的悲剧》、《〈聊斋〉小说》和1937年的《〈异人集〉前言》、1935年的《中国历史上的优伶英雄》等。

阿列克谢耶夫对《聊斋志异》的翻译和研究充分展示了他的学术水平，同时他还向俄国读者详细介绍了作者蒲松龄的生平、从事创作的时代背景，而且他的译文贴切、恰当、生动、自然，发表后一版再版，这也从另一个侧面说明了阿列克谢耶夫深厚的汉语功底，以及对中国文化的深刻理解。

另外，在研究方法上瓦西里耶夫对阿列克谢耶夫的影响也很大。如阿列克谢耶夫在对中国文学进行研究时，将其视为世界文学的一个组成部分加以阐述的，他认为"中国文学在世界文学中的地位，不是一段插话，不是一套丛书中孤立的一册。如果可以说为欧洲现代文学打下基础的希腊罗马古典文学是具有世界意义的文学，如果可以说在古希腊罗马文学影响下成长和繁荣起来的欧洲各国文学由于彼此相互影响而成为了世界性文学，那么，同样可以断言，中国文学是具有世界意义的文学。"① 这与瓦西里耶

① Алексеев В. М. Китайская литература, РАН., 1978г., стр. 54-55.

夫对中国文学的研究存在相通之处。

综上所述,瓦西里耶夫的一些富有开创性意义的观点和研究成就为阿列克谢耶夫的学术研究指明了方向。不过,随着时代的进步、文学理论的进一步发展,文学作为一门学科也在逐步细化,与瓦西里耶夫相比,阿列克谢耶夫的研究更加深入系统,更具科学性。因此,有人指出,瓦西里耶夫代表了19世纪下半叶整个俄国汉学研究水平,是承先启后的先导性人物;而阿列克谢耶夫则代表了20世纪上半叶整个苏联的汉学研究水平,是苏联中国学的奠基人。

其实,瓦西里耶夫对俄国后世中国文学研究的影响并不仅仅局限于阿列克谢耶夫一人身上,比如他的另一个亲传弟子伊万诺夫斯基同样继承了老师的衣钵,他以《中国文学史纲要》为模式,创作完成的《满语文学史纲要》(Очерки маньчжурской литературы)就是最好的明证;而1925年刊登在《银幕》杂志上、由瓦西里耶夫的另一个学生波兹德涅耶娃从《诗经》中选译的《七月》、《硕鼠》等诗篇,最早也应该追溯到瓦西里耶夫的《中国文学史纲要》中对《诗经》的介绍和摘译,以及在《汉语文选》第三册中选译和注释的若干诗篇所起的启迪作用。

综上所述,在世界范围内,瓦西里耶夫的中国文学研究意义重大:他的《中国文学史纲要》比中国人自己的著述早问世了20多年;他对中国文学性质和特点的概括,以及中外文学渊源关系的提出,在当时语境下具有超前的进步意义。

在俄国中国文学研究界,瓦西里耶夫的研究成就影响深远,他不但对19世纪下半叶俄国中国文学研究起到了深化作用,而且对以阿列克谢耶夫为代表的俄国后代汉学家在研究方向、研究材料的选择、研究方法方面起了重要的指导作用。换言之,没有瓦西里耶夫多年的教学实践,以及卓越的研究成就和丰硕的材料积累,就不可能有20世纪俄国汉学在中国文学研究领域所取得的骄人成就。

附录一
瓦西里耶夫著作

瓦西里耶夫的专著：

1. Васильев В. П. , История и древности Восточной части Средней Азии от X до X111в. , СПб. , 1857г.
2. Васильев В. П. , Буддизм и его догматы, история и литература ч. 1 Общее обозрение, СПб. 1857г.
3. Васильев В. П. , Сведения о маньчжурах во времена династий Юань и Мин, СПб. , 1863г.
4. Васильев В. П. , Маньчжурская хрестоматия для первоначального преподования, СПб. ,1863г.
5. Васильев В. П. , Анализ китайских иероглифов, Составлен для руководства студентов, СПб. , лит. Тиблена, 1866г.
6. Васильев В. П. , Маньчжурско-русский словарь, составленный для руководства студентов проф. СПб-ского университета В. П. Васильевым, СПб. , 1866г.
7. Васильев В. П. , Графическая система китайских иерографов. Опыт первого китайско-русского словаря. Составлен для руководства студентов, СПб. , 1867г.
8. Васильев В. П. , Китайская хрестоматия, изданная для руководства студентов професором Васильевым В. П. , СПб. , 1868г. ; Примечание к 1-ому выпуску, 1896г. ;к 2-ому вып. 1884г. ;к 3-ому выпуску 1882г.
9. Васильев В. П. , Религии Востока:Конфуцианство, буддизм, даосизм, СПб. , 1873г.
10. Васильев В. П. , Три вопроса (Улучшение сельской общины, Ассиг-

нации-деньги, Чему и как учиться), СПб., 1878г.

11. Васильев В. П., Очерк истории китайской литературы СПб., 1880г.
12. Васильев В. П., Анализ китайских иероглифов, Ч. 2, Элементы китайской письменности, СПб., печатня А. Григорьева, 1884г.
13. Васильев В. П., Материалы по истории китайской литературы, Лекции, читанные заслуженным проф. СПб-ского университета В. П. Васильевым, СПб., 1888г.
14. Васильев В. П., Записка о необходимости установления основной азбуки для фонетической транскрипции текстов, СПб., 1888г.
15. Васильев В. П., Открытия Китая и другие статьи академика В. П. Васильева, СПб., 1900г.
16. Васильев В. П., Анализ китайских иероглифов, Ч. 1, второе издание, под. ред. А. О. Ивановского, СПб., тип. В. Безобразова, 1898г.
17. Васильев В. П., Воспоминание о Пекине, СПб., 1861г., — Открытие Китая, СПб., 1900г.
18. Васильев В. П., Материалы для истории факультета восточных языков, т. 1, 1851-1864гг., СПб., 1905г.

瓦西里耶夫的译作:

19. Васильев В. П., Описание Маньчжурии, СПб., 1857г. (《Записки имп. Русского географического общества по общей географии》[ЗИРГО], 1857г., Т. X11.)
20. Васильев В. П., Записки о Нингуте, СПб., 1857г. (《Записки имп. Русского географического общества по общей географии》[ЗИРГО], 1857г., Т. X11.)
21. Васильев В. П., Описание больших рек, впадающих в Амур, ——《Вестник Русского географического общества》, 1857г., №. Ⅱ, 1858г., №. Ⅴ., стр. 31-36.
22. Васильев В. П., Изучение восточных языков в России, ——《Голос》, 1867г., №. 186.
23. Васильев В. П., Приведение в покорность монголов при начале Дайцинской династии, СПб., 1868г. (отд. оттиск из зап. имп. Русск.

географ. общество, т. Ⅵ).

24. Васильев В. П., Буддизм и его догматы,история и литература ч. 3 История буддизма в ИндииСПб. 1869г.

25. Васильев В. П., Дорожник члена государственного совета Масыха в походе на север до границы, ——《Отчет Русского географического общества за 1880г.》, СПб., 1881г.

26. Васильев В. П., Франко-китайское столкновение, ——《Восточное обозрение》, 1884г., №. 47, Перевод Манифеста китайского богдыхана.

27. Васильев В. П., География Тибета,СПб., 1895г.

瓦西里耶夫的文章：

28. Васильев В. П., Центральная Азия и главные хребты гор в китайских владениях, ——《Журн. Министерства народного просвещения》, 1852г., №. 10, стр. 245-252.

29. Васильев В. П., О некоторых книгах, относящихся ко истории буддизма, в библиотеке Казанского университета, ——《Уб. зап. АН по 1—3 отдел.》, 1855г., Т. 111, вып. 1.

30. Васильев В. П., Графическая система китайских иероглифов, ——《Журн. Министерства народного просвещения》, 1856г., №. 12.

31. Васильев В. П., Выписки из дневника, веденного в Пекине, ——《Русский вестник》, 1857г., т. IX, №. 10 и №. 12.

32. Васильев В. П., Записка о восточных книгах в С-Петербургском университете, ——《Русский вестник》, 1857г., Т. XI.

33. Васильев В. П., Земляной бал, ——《Записки имп. Русского географического общества по общей географии》[ЗИРГО], 1865г., Т. 1, отд. Ⅱ.

34. Васильеве В. П., О движении магометанства в Китае, ——《Годичный торжественный акт в С-Петерб. Университете》, 1867г.

35. Васильев В. П., О необходимости распространения у нас восточного языкознания, ——《Голос》, 1867г., №. 273.

36. Васильев В. П., Об отношениях китайского языка к среднеазиатским, ——《Журн. Министерства народного просвещения》, 1872г.,

т. CXIII, отд. II.

37. Васильев В. П., Две китайские записки о падении Кульджи, ——《Русский вестник》,1872г., №. 26.

38. Васильев В. П., Россия и Средняя Азия, ——Рыночный вестник, 1873г., №. 335.

39. Васильев В. П., Известия из Китая, ——《Новое время》, 1875г., №. 324.

40. Васильев В. П., Азия в 1876г., ——《Новое время》, 1877г., №. 332.

41. Васильев В. П., Настоящий восточный вопрос, ——《Голос》, 1877г., №. 64, 1878., №. 25 и 1879г., №. 3.

42. Васильев В. П., О замечательной китайской монете конца X или X1 века, приобретенной в селе Болгарох в августе 1877г., ——《Изв. Об-ва истории, археол. и этногр. При Казанском университете》, 1878г., т. 1.

43. Васильев В. П., Китайские посольство в Россию, ——《Голос》, 1878г., №. №. 351, 354, 355.

44. Васильев В. П., Следует ли уступать Китаю Кульджу, ——《Новое время》, 1878г., №. 720.

45. Васильев В. П., Одавать или не отдавать Кульджу, ——《Голос》, 1879г., №. 3.

46. Васильев В. П., Китай, ——《Голос》,1879г., №. 155 и 216.

47. Васильев В. П., Спор между Японией и Китаем за обладание о Льюкью, —Отголоски, 1880г., №. 33.

48 Васильев В. П., Известия из Китая, ——《Голос》, 1880г., №. 91, 114, 328.

49. Васильев В. П., О нигилистах в Китае, ——《Новое время》, 1880г., №. 1444.

50. Васильев В. П., Китайский вопрос, ——《Голос》, 1880г., №. 328.

51. Васильев В. П., Договор России с Китаем, ——《Новое время》, 1881г., №. 1014.

52. Васильев В. П., Восток и Запад, ——《Восточное обозрение》,

1882г., №. 1.

53. Васильев В. П., Наши отношения к Китаю, ——《Восточное обозрение》, 1882г., №.8.

54. Васильев В. П., Франко-китайская война, ——《Восточное обозрение》, 1883г., №. 46, 1884г., №. №.36, 37, 46 и 47.

55. Васильев В. П., Китайский прогресс, ——《Восточное обозрение》, 1884г., №. 40.

56. Васильев В. П., Китайцы——новые подданные России, ——《Восточное обозрение》, 1884г., №. 2.

57. Васильев В. П., По вопросу о полезной дороге в Сибири, ——《Восточное обозрение》, 1884г., №. 49.

58. Васильев В. П., О существовании огедышащей горы в Маньчжурии, ——《Вестник Русского географического общества》, XV, 1885г., стр. 31-36.

59. Васильев В. П., О преподавании восточных языков в России, ——《Восточное обозрение》, 1886г., №.7, №. 8.

60. Васильев В. П., К хронологии Чингиз-хана и его преемников, ——《Зап. Вост. Отд. Русск. археологич. об-ва》, 1889г., т. 4.

61. Васильев В. П., Вопросы и сомнения, ——《Зап. Вост. Отд. Русск. Археологич. Об-ва》, 1889г., т. 4.

62. Васильев В. П., Буддизм в полном развитии по Винаям, ——Сб. 《Востобные заметки》, СПб. 1895г.

63. Васильев В. П., Записка о надписях, открытых на памятниках на скале Тыр близ Амура, ——《Известия АН》, 1896г., Т. 1V, вып. 4, стр. 365-367.

64. Васильев В. П., Китайские надписи на орхонских памятниках в Кошо Цайдаме и Карабалгасуне, Сб. трудов экспедиции, III, СПб., 1897г., 36 +23с.

65. Васильев В. П., Вейхайвейский вопрос, ——《С-Петербургские ведомости》, 4 октября 1898г.

66. Васильев В. П., Заметки по буддизму, ——《Известия Академии наук》, 1899г., №. №. 4,6.

参考文献

一、俄文部分

(一)专著与文集

1. Алексеев В. М. , Наука о Востоке, М. :Наука, 1982г.
2. Алексеев В. М. , Китайская литература, РАН. , Москва, 1978г.
3. Бартольд В. В. , Материалы для истории факультета Восточных языков, т. I-IV, СПб. , 1905-1909гг.
4. Березин И. Н. , Русский энциклопедический словарь, СПб. ,1875г.
5. Бродский Н. Л, Ранние славянофиты, М. , 1910г.
6. Васильев Л. С. , Культы религии, традиции в Китае, М. , Наука, 1970г.
7. Васильев Л. С. , История религий Востока, М. , Высшая школа, 1983г.
8. Георгиевский С. М. , Важность изучения Китая, СПб. , 1890г.
9. Ермаков М. Е. , Мир Китайского буддизма, СанктПетербург, Андреевисыновья, 1994г.
10. Леонтьев А. Л. , Обстоятельное описание происхождения и состояния манджурского народа и войска в осми знаменах состоящего совместно с И. К. Россохиным, СПб. , 1784г.
11. Ломоносов М. В. , Полные собранные сочнения. т. 6, М——Л. 1952г.
12. Малявин В. , Конфуций, М. :Молодая гвардия, 1992г.
13. Никитенко А. В. , Записки и дневник, СПб. , 1893 г.
14. Переломов Л. С. , Конфуций:жизнь, учение, судьба, М. , Наука, 1993г.
15. Радищев А. Н. , Полные собранные сочинения, т. 3, М——Л. 1952г.
16. Сидихменов В. Я. , Китай:страницы прошлого, Смоленск Русич, 2000г.
17. Скачков П. Е. , Очерки истории русского китаеведения, 1977г.

18. Тертицкий К. М. , Китайцы: традиционные ценности в современном мире, часть Ⅰ Ⅱ, М. , МГУ. , 1994г.
19. Титаренко М. Л. , Древнекитайский философ МоДи и его учение, М. , Наука, 1985г.
20. Толстой Л. Н. , Полные собранные сочнения. т. 25, 29, 36, 49, 85, М. , 1928 – 1958гг.
21. Торчинов Е. А. , Даосизм, http://ki-moscow.narod.ru/.
22. Хохлов А. Н. , Винасин А. А. , Шаститко П. М. , История отечественного востоковедения, (с середины XIX века до 1917 года), Восточная литература РАН, Москва, 1997г.
23. Чивилихин В. , Память. Роман-эссе. М. , 1982г.
24. Шубина С. А. , Русская православная миссия в Китае (XVIII——начало XXвв.), Ярославль, 1998г.
25. Библиографический словарь профессоров и преподавателей Императорскго С-Петербургского Университета за истекшую третью четверть века его существования. СПб. , 1896г.
26. История и культура Китая, Наука, Москва, 1974г.
27. Китайская цивилизация и мир: История, современность, перспективы, Четвертая международная научная конференции, Москва, Часть2, Тезисы и доклады, 1993г.
28. Конфуцианство в Китае: проблемы теориии практики, М. , 1982г.
29. Материалы 13-й международной конференции молодых ученых 26-30 декабря 2002 г. , СПб. , 2002г.
30. Общество и государства в Китае, Двадцать вторая научная конференция, Часть 3, Тезисы и доклады, Москва, 1991г.
31. Общество и государства в Китае, Двадцать пятая научная конференция, Часть 3, Москва, 1994г.

（二）论文

32. Архим. Августин , Личность в церкви и обществе: Протоиерей Федор Сидонский——философ и богослов, http://www.sfi.ru.
33. Бартольд В. В. , Исторические и географические труды Васильева В.

П. ,——ИРАН, сер. ,1918г. , №. 7.

34. Васильев Л. С. , Корифей русскоого китаеведения, ——《История и культуры Китая》, Наука, Москва, 1974г.

35. Гончаров С. Н. , Цзинь чжи в переводе В. П. Васильева, ——Общество и государство в Китае, Двадцать вторая научная конференция, Часть 3, Тезисы и доклады, Москва, 1991г.

36. Горбачева З. И. , Перов Н. А. , Смыкалов Г. Ф. , Панкратов Б. И. , Русский китаевед академик В. П. Васильев(1818—1900)——《Очерки истории русского китаеведения》, Москва,1956г.

37. Григорьев В. В. , Императорский Санкт-Петербургский университет в течение первых пятидесяти лет его существования, ——Историческая записка, СПб. , 1870г.

38. Гроховский П. Л. , Буддологическое наследие В. П. Васильева, ——Материалы 13-й международной конференции молодых ученых 26-30 декабря 2002 г. , СПб. , 2002г.

39. Завадская Е. В. , В. П. Васильев——родоначальник буддологии в России , История и культура Китая, Наука, Москва, 1974г.

40. Иванов А. И. , В. П. Васильев как синолог, ——ИРАН, сер. VI, 1918г. , №. 7.

41. Илларионов В. Т. , О значении трудов В. П. Васильева, ——Русский синолог В. П. Васильев,1900г.

42. Кожин П. М. , Щелковый путь и кочевники, ——Общество и государство в Китае, Двадцать вторая научная конференция, Часть 3, Тезисы и доклады, Москва, 1991г.

43. Лукин А. , Китайский образ в России, ——Проблема Дальнего Востока, 1998г. , №. 5.

44. Мельников П. И. , Первый магистр могольской словесности——《Отечественные записки》, т. IX, 1840г.

45. Минаев И. П. , О книге В. П. Васильева《Религии Востока. Конфуцианство, буддизм и даосизм》, ЖМНП(Журнал Министерства народного просвещения), 1874г.

46. Никольская С. В. , Очерк истории китайской литературы В. П. Васи-

льева и роман У Чэн-Эня “Путешествие на запад”,——Общество и государство в Китае, Двадцать вторая научная конференция, Часть 3, Тезисы и доклады, Москва,1991г.

47. Ольденбург С. Ф., Памяти В. П. Васильева,——Русский синолог В. П. Васильев,1900г.

48. Ольденбург С. Ф., Василий Павлович Васильев как исследователь буддизма——ЖМНП, 1902г.

49. Ольденбург С. Ф., Памяти Василия Павлович Васильева и о его трудах по буддизме,——ИРАН, сер. Ⅵ, 1918г., №.7.

50. Самойлов Н. А., Публицистика академика В. П. Васильева и некоторые вопросы общественно-политического развития Китая второй половины XIX в.,——Историография и источниковедение истории стран Азии и Африки, XI, 1988г.

51. Светлов Э., Жизнь конфуция, Зарубежом, 1990г., №.40.

52. Семенас А. Л., Значение трудов В. П. Васильева по китайской лингвистике, Общество и государство в Китае, Двадцать вторая научная конференция, Часть 3, Тезисы и доклады, Москва, 1991г.

53. Симоновская Л. В., Академик В. П. Васильев и его эпоха,История и культура Китая, Наука, Москва, 1974г.

54. Смолин Г. Я., В. П. Васильев и преподавание истории Дальнего Востока в Петербурском университете во второй половине XIX в., История и культура Китая, Наука, Москва, 1974г.

55. Торчинов Е. А.,Труды В. П. Васильева и актуальные проблемы изучения даосизма, Общество и государства в Китае, Двадцать вторая научная конференция, Часть 3, Тезисы и доклады, Москва, 1991г.

56. Тубянский М. И., Предварительное сообщение о буддологическом рукописном наследии В. П. Васильева и В. В. Горского, ——Сообщение Академии наук СССР, часть В, №.3, 1927г.

57. Тубянский М. И., Буддолог В. П. Васильев, ——《Очерки истории русского китаеведения》, Москва,1956г.

58. Хафизова К. Ш., Россия, Китай и народы туркестана в публицистике В. П. Васильева, История и культура Китая, Наука,

Москва, 1974г.
59. Хохлов А. Н. , Внешняя политика Китая в публикациях В. П. Васильева, Общество и государства в Китае, Двадцать пятая научная конференция, Часть 3, Москва, 1994г.
60. Хохлов А. Н. , В. П. Васильев о характере традиционного китайского права, Китайская цивилизация и мир: История, современность, перспективы, Четвертая международная научная конференции, Москва, Часть2, Тезисы и доклады, 1993г.
61. Хохлов А. Н. , Пекинский дневник В. П. Васильева, Общество и государство в Китае, Двадцать вторая научная конференция, Часть 3, Тезисы и доклады, Москва, 1991г.
62. Хохлов А. Н. , Российские китаеведы и деятели русской культуры, Общество и государство в Китае, шестнадцатая научная конференция, Часть 2, Тезисы и доклады, Москва, 1985г.
63. Хохлов А. Н. , В. П. Васильев в Нижнем Новгороде и Казани, История и культура Китая, Наука, Москва, 1974г.
64. Хохлов А. Н. , К 100-летию со дня смерти выдающегося китаеведа Георгиевского С. М. , Общество и государства в Китае, Двадцать пятая научная конференция, Часть 3, Москва, 1994г.
65. Чжао Чуньмэй, Л. Н. Толстой и китайскя классическая философия, Философия региона Восточной Азии и цивилизация мира, Восьмая научная конференция, 2002г.
66. Чжао Чуньмэй, Китайская классическая литература в России, Тетенция развития литературы XX века, Междунородная научная конференция, 2002г.

二、中文部分

(一)典籍

1.(先秦)李耳:《老子》,中国国际广播出版社,1992年。
2.(先秦)孔子:《诗经·国风》,四川人民出版社,1982年。
3.(先秦)孔子:《礼记》,岳麓书社,2004年。
4.(先秦)孔子:《孝经》,上海古籍出版社,2004年。
5.(先秦)孔子:《尚书》,广州出版社,2001年。
6.(先秦)庄周:《庄子》,吉林文史出版社,2004年。
7.(先秦)孟子:《孟子》,江西人民出版社,1985年。
8.(汉)司马迁:《史记》,中华书局,1997年。
9.(汉)桓宽:《盐铁论》,天津人民出版社,1983年。
10.(汉)班固:《白虎通德伦》,上海古籍出版社,1990年。
11.(汉)王充:《论衡》,上海古籍出版社,1990年。
12.(汉)荀悦:《申鉴》,山海古籍出版社,1990年。
13.(汉)徐干:《中论》,辽宁教育出版社,2001年版。
14.(汉)应邵:《风俗通义》,天津人民出版社,1980年。
15.(东晋)崔豹:《人物志》,辽宁教育出版社,1998年。
16.(东晋)葛洪:《神仙传》,上海古籍出版社,1990年。
17.(东晋)葛洪:《抱朴子内篇》,中华书局,1985年。
18.(南朝·宋)范晔:《后汉书》(上),岳麓书社,1997年。
19.(梁)慧皎:《高僧传》,中华书局,1992年版。
20.(南朝·梁)萧统:《昭明文选》,中州古籍出版社,1990年。
21.(北齐)魏收:《魏书·释老志》,上中华书局,2003年。
22.(隋)王通:《中说》,内蒙古人民出版社,1999年。
23.(唐)刘知几:《史通》(下),上海古籍出版社,1978年。
24.(唐)玄奘:《大唐西域记》,中华书局,1985年。
25.(宋)张君房:《云笈七籤》,中华书局(全五册),2003年。
26.(宋)邵雍:《观物篇》,上海古籍出版社,1992年。
27.(宋)周敦颐:《通书·太极图说》,上海古籍出版社,1992年。

28.（宋）黄朝英:《靖康缃素杂记》,上海古籍出版社,1986 年。
29.（宋）朱熹:《朱子全书》,上海古籍出版社,安徽教育出版社,2002 年。
30.（宋）孟珙:《蒙鞑备录》,商务印书馆发行,1939 年。
31.（宋）赵昇:《朝野类要》,上海古籍出版社,1992 年。
32.（宋）叶隆礼:《契丹国志》,上海古籍出版社,1985 年。
33.（宋）宇文懋昭:《大金国志》（上、中、下）,商务印书馆,1936 年。
34.（宋）张世南:《游宦纪闻》,中华书局,1981 年。
35.（元）脱脱等:《辽史》（第一、二、三卷）,中华书局出版,1974 年。
36.（明）宋濂:《元史》,中华书局,2005 年。
37.（明）尹真人:《性命圭旨》,蓝天出版社,1998 年。
38.（明）俞安期:《唐类函》,团结出版社,1993 年。
39.（明）逍遥子:《逍遥子导引诀》,人民体育出版社,1990 年。
40.（清）蒲松龄:《聊斋志异》,上海古籍出版社,1979 年。
41.（清）吴振臣:《宁古塔纪略》,黑龙江人民出版社,1985 年。
42.（清）齐召南:《水道提纲》（四库全书珍本十一集）,台湾商务印书馆,1983 年。
43.（清）阿桂:《满洲源流考》,辽宁民族出版社,1988 年。
44.（清）阿桂等:《盛京通治》（上）,辽海出版社,1997 年。
45.（清）秦蕙田:《五礼通考》,江苏书局重刊,1911 年。
46.（清）松筠:《绥服纪略》,书目文献出版社,1998 年。
47.（清）魏源:《圣武记》（上）,中华书局,1984 年。
48.（清）张 英、王士祯等:《渊鉴类函》,中国书店,1985 年。
49.（清）志刚:《初使泰西记》,云麓书社,1985 年。
50.（清）张德彝:《航海述奇》,云麓书社,1985 年。

（二）专著

51.［印］阿布·赛义德撰:《中国印度见闻录》,中华书局,1983 年。
52.［俄］阿列克谢耶夫著,阎国栋译:《1907 年中国纪行》,云南人民出版社,2001 年。
53.［法］安田朴著,耿昇译:《中国文化西传欧洲史》,商务印书馆,2000 年。
54.［美］安德鲁·马洛泽莫夫著:《俄国的远东政策（1881 ~ 1904）》,商务印书馆,1977 年。

55. [法]安娜·塞德尔著，蒋见元、刘凌译：《西方道教研究史》，上海古籍出版社，2000 年。
56. [美]爱德华·W. 萨义德著，李琨译：《文化帝国主义》，生活·读书·新知 三联书店，2003 年。
57. [美]爱德华·W. 萨义德著，王宇根译：《东方学》，生活·读书·新知三联书店，1999 年。
58[美]拜尔、昂利编：《方法、批评及文学史——朗松文选》，中国社会出版社，1992 年。
59. [俄]别林斯基著，满涛译：《别林斯基选集》第三卷，上海译文出版社，1980 年。
60. [俄]尼·别尔嘉耶夫著，雷永生等译：《俄罗斯思想》，生活·读书·新知三联书店出版社，1995 年。
61. 蔡鸿生：《俄罗斯馆纪事》，广东人民出版社，1994 年。
62. 蔡美彪等：《中国通史》（第六、七、八卷），人民出版社，1983 年。
63. 曹天生主编：《19 世纪中叶俄罗斯驻北京布道团人员关于中国问题的论著》，中华书局，2004 年。
64. 曹顺庆主编：《世界文学发展史》（上、下），北京师范大学出版社，2001 年。
65. 曹琦、彭耀编著：《世界三大宗教在中国》，中国社会科学出版社，1991 年。
66. 陈鼓应：《老子著译及评价》，中华书局，1984 年。
67. 陈鼓应主编：《道教文化研究》第二辑，上海古籍出版社，1992 年。
68. 陈耀彬、杜志清：《西方社会历史观》，河北教育出版社，1990 年。
69. 陈建华：《20 世纪中俄文学关系》，学林出版社，1998 年。
70. 陈伯海：《中国文学史之宏观》，中国社会科学出版社，1995 年。
71. 陈铨：《中德文学研究》，辽宁教育出版社，1997 年。
72. [日]大隈重信著，卞立强 、[日]依田熹家译：《东西方文明之调和》，中国国际广播出版社，1992 年。
73[法]戴密微：《法国当代中国学》，中国社会科学出版社，1998 年。
74. 杜家骥：《清朝简史》，福建人民出版社，1997 年。
75. 都兴智：《辽金史研究》，人民出版社，2004 年。
76. 范文澜：《范文澜全集》第八卷，《中国通史简编》（下），河北教育出版社，2002年。
77. [美]费正清编：《剑桥中国晚清史(1800～1911)》，中国社会科学出版社，1985年。
78. 冯天瑜、何晓明、周积明：《中华文化史》，上海人民出版社，1990年。
79. 傅郎云、杨旸：《东北民族史略》，吉林人民出版社，1983年。
80. 复旦大学历史系《沙俄侵华史》编写组编：《沙俄侵华史》，上海人民出版社，1986年。
81. 傅刚：《〈昭明文选〉研究》，中国社会科学出版社，2000年。
82. 戈宝权：《中外文学因缘》，北京出版社，1992年。
83. 郭圣铭：《西方史学史概要》，上海人民出版社，1983年。
84. 何光沪、许志伟主编：《对话二：儒释道与基督教》，社会科学文献出版社，2001年。
85. 黄人：《中国文学史》，国学扶轮社印行，1910年。
86. 黄忏华：《中国佛教史》，上海文艺出版社，1990年。
87. 黄心川：《沙俄利用宗教侵华简史》，辽宁人民出版社，1980年。
88. 侯杰、范丽珠：《世俗与神圣——中国民众宗教意识》，天津人民出版社，2001年。
89. 侯外庐等主编：《宋明理学史》(上卷)，1984年。
90. 季羡林等主编，郝际陶等：《世界文化史知识》第二卷，辽宁大学出版社，1996年。
91. [法]加斯东·加恩著，江载华等译：《彼得大帝时期的中俄关系》，商务印书馆，1980年。
92. 康有为：《论语注》，中华书局，1984年。
93. [英]R. G. 柯林武德：《历史的观念》，中国社会科学出版社，1986年。
94. [美]克利福德·格尔茨著，韩莉译：《文化的解释》，译林出版社，1999年。
95. [美]J. M. 肯尼迪著，董平译：《东方宗教与哲学》，浙江人民出版社，1988年。
96. 匡亚明：《孔子评传》，齐鲁书社出版社，1985年。
97. 赖永海主编：《中国佛教百科全书》，上海古籍出版社，2000年。
98. 梁启超：《梁启超全集》，北京出版社，1999年。
99. 梁韦弦：《儒家伦理学说研究》，吉林人民出版社，1994年。

100. 李喜所主编:《五千年中外文化交流史》(1~5卷),世界知识出版社,2002年。
101. 李明滨:《中国文化在俄罗斯》,新华出版社,1993年。
102. [俄]李福清著,田大畏译:《中国古典文学研究在苏联》,书目文献出版社,1987年。
103. [俄]李福清著,李明滨译:《古典小说与传说(李福清汉学论集)》,中华书局,2003年。
104. 李申:《儒学与儒教》,四川大学出版社,2005年。
105. 李宗邺:《中国历史要藉介绍》,上海古籍出版社,1982年。
106. 李建才:《明代东北》,辽宁人民出版社,1986年。
107. 林传甲:《中国文学史》,武林谋新室出版,1910年。
108. 林继中:《文学史新视野》,北京大学出版社,2000年。
109. 刘大杰:《中国文学发展史》(上、下),百花文艺出版社,1999年。
110. 刘国梁:《道教精粹》,吉林文史出版社,1991年。
111. 柳存仁等:《中国大文学史》(上、下),上海书店出版社,2001年。
112. 卢明辉等编:《蒙古史研究论文集》,中国社会科学出版社,1984年。
113. [俄] H.O.洛斯基著,贾泽林等译:《俄国哲学史》,浙江人民出版社,1999年。
114. 马肇椿:《中欧文化交流史略》,辽宁教育出版社,1993年。
115. [美]M.G.马森著,杨德山等译:《西方的中华帝国观》,时事出版社,1999年。
116. [德]马克思、恩格斯著:《马克思恩格斯选集》第二卷,人民出版社,1972年。
117. [德]马克斯·韦伯著,康乐、简惠美译:《韦伯作品集》第五卷,《中国的宗教 宗教与世界》,广西师范大学出版社,2004年。
118. 马祖毅、任荣珍:《汉籍外译史》,湖北教育出版社,1997年。
119.《满族简史》编写组编:《满族简史》,中华书局,1979年。
120. 孟祥才主编:《中华魂丛书 开放卷》,山东人民出版社,1992年。
121. [德]G.F.米勒、彼得·西蒙·帕拉斯著,李雨时译:《西伯利亚的征服和早期俄中交往、战争和商业史》,商务印书馆,1979年。
122. 牟钟鉴等:《中国宗教通史》(上、下),社会科学文献出版社,2003年。
123. 内蒙古社科院历史所《蒙古族通史》编写组编:《蒙古族通史》(上册),

民族出版社,1989 年。
124.[俄]尼古拉·班蒂什—卡缅斯基著:《俄中两国外交文献汇编(1619~1792)》,商务印书馆,1982 年。
125.[俄]尼古拉耶夫等著,刘宝瑞译:《俄国文艺学史》,生活·读书·新知三联书店,1987 年。
126.潘雨廷:《道教史发微》,上海社会科学院出版社,2003 年。
127.[日]卜松山著,张国刚等译:《与中国作跨文化对话》,中华书局,2000 年。
128.启良:《西方文化概论》,花城出版社,2000 年。
129.启良:《神论》,花城出版社,2002 年。
130.钱念孙:《文学横向发展论》,上海文艺出版社,2001 年。
131.钱中文:《文学发展论》,经济科学出版社,1998 年。
132.[英]乔治·古奇:《世纪历史学与历史学家》(上、下),商务印书馆,1989 年。
133.秦惠宾:《中国的伊斯兰教》,商务印书馆,1997 年。
134.任继愈主编:《中国佛教史》(第二卷),中国社会科学出版社,1985 年。
135.[印]提婆著,强昱释译:《百论》,佛光文化实业有限公司出版,台北,1997 年版。
136.[日]山本新、秀村欣二编,周颂伦等译:《中国文明与世界——汤因比的中国观》,东方出版社,1988 年。
137.[美]史景迁著,廖世奇等译:《文化类同于文化利用——世界总体对话中的中国形象》,北京大学出版社,1990 年。
138.施舟人:《中国文化基因库》,北京大学出版社,2002 年。
139.[俄] Вл. 索洛维约夫等著,贾泽林、李树柏译:《俄罗斯思想》,浙江人民出版社,2000 年。
140.[法]索安著,吕鹏志等译:《西方道教研究编年史》,中华书局,2002 年。
141.孙以楷等:《老子外传》,安徽人民出版社,1995 年。
142.汤一介主编:《中国宗教:过去与现在》,北京大学出版社,1991 年。
143.汤哲声、涂小马编著:《黄人》,中国文史出版社,1998 年。
144.[意]图齐著,耿昇译:《西藏宗教之旅》,中国藏学出版社,2005 年。
145.[苏]С. Я. 托卡列夫著,魏庆征译:《世界各民族历史上的宗教》,中国社会科学出版社,1985 年。
146. [苏]Л. С. 瓦西里耶夫著,郝镇华等译:《中国文明的起源问题》,文物出版社,1989 年。
147. 王鸿编著:《道教故事》,陕西旅游出版社,2001 年。
148. 王辅仁编著:《西藏佛教史略》,青海人民出版社,1982 年。
149. 王明:《道家和道教思想研究》,中国社会科学出版社,1984 年。
150. [俄]维谢洛夫斯基编,北京第二外国语学院俄语编译组译:《俄国驻北京传道团史料》(第一册),商务印书馆,1978 年。
151. 魏崇新、王同坤:《20 世纪中国文学史观》,西苑出版社,2000 年。
152. 忻剑飞:《世界的中国观》,学林出版社,1991 年。
153. 徐浩、侯建新:《当代西方史学流派》,中国人民大学出版社,1996 年。
154. 徐扬尚:《中国比较文学源流》,中州古籍出版社,1998 年。
155. 杨焕英编著:《孔子思想在国外的传播与影响》,教育科学出版社,1987 年。
156. 姚曼波:《〈春秋〉考论》,江苏古籍出版社,2002 年。
157. [荷]伊兹勃兰特·伊台斯、[德]亚当·勃兰特著,北京师范学院俄语翻译组译:《俄国使团使华笔记(1692~1695)》,商务印书馆,1980 年。
158. [英]以赛亚·柏林著,彭怀栋译:《俄国思想家》,译林出版社,2001 年。
159. 郁龙余编:《中印文学关系源流》,湖南文艺出版社,1987 年。
160. 郁龙余:《中国印度文学比较》,中国社会科学出版社,2001 年。
161. 于沛等:《斯拉夫文明》,中国社会科学出版社,2001 年。
162. 詹剑峰:《老子其人其书及其道论》,湖北人民出版社,1982 年。
163. [俄]泽齐娜·M. P. 等著,刘文飞等译:《俄罗斯文化史》,上海译文出版社,1999 年。
164. 张国刚:《德国的汉学研究》,中华书局,1994 年。
165. 张国刚等:《明清传教士与欧洲汉学》,中国社会科学出版社,2001 年。
166. 张维华:《明清之际中西关系简史》,齐鲁书社,1987 年。
167. 张羽新:《清政府与喇嘛教》,西藏人民出版社,1988 年。
168. 张宗舜、李景明:《孔子大传》,山东友谊出版社,2003 年。
169. 张吉良:《老耽〈老子〉太史儋〈道德经〉》,齐鲁书社,2001 年。
170. 张西平:《中国与欧洲早期宗教和哲学交流史》,东方出版社,2001 年。

171. 中国社会科学院文献情报中心编:《俄苏中国学手册》(上、下),中国社会科学出版社,1983 年。
172. 中国社会科学院世界宗教所道教研究室编:《道教文化面面观》,齐鲁书社,1990 年。
173. 周一良主编:《中外文化交流史》,河南人民出版社,1987 年。
174. 周一良主编:《中国古代史史料学》,福建人民出版社,1994 年。
175. 周燮藩、沙秋真:《伊斯兰教在中国》,华文出版社,2002 年。

(三)论文

1. 曹维安:“俄国的斯拉夫派与西方派”,载《陕西师范大学学报》(哲学社会科学版),1996 年第 3 期。
2. 陈翠芳:“道教的发展与‘三教合一’”,载《厦门大学学报》(哲社版),1996 年第 1 期。
3. 戴密微:“法国汉学史研究”,载《法国当代中国学》,中国社会科学出版社,1998 年版。
4. 戈宝权:“中俄文字之交”,载《中外文学因缘》,北京出版社,1992 年版。
5. 关嘉禄:“中国大陆满学研究的回顾与展望”,载《社会科学辑刊》,1998 年第 6 期。
6. 洪修平:“老子、老子之道与道教的发展——兼论‘老子化胡说’的文化意义”,载《南京大学学报》(哲学·人文·社会科学),1997 年第 4 期。
7. 李明滨:“俄编首部文化典籍史——瓦西里耶夫院士著·中国文学史纲要”,载《汉学研究》,1999 年第 3 辑。
8. 李秋梅、孙德佩:“学贯中西的前苏联汉学大师阿列克谢耶夫”,载《石家庄经济学院学报》,1999 年第 6 期。
9. 李平民:“中西史学思想变革比较”,载《信阳师范学院学报(哲学社会科学版)》,1994 年第 1 期。
10. 刘守华:“略谈道教传说故事”,载《高师函授学刊》,1994 年第 6 期。
11. 任继愈:“论儒教的形成”,载《中国社会科学》,1980 年第 1 期。
12. [苏]斯卡奇科夫·П. Е.:“俄国著名汉学家瓦·巴·瓦西里耶夫”,载《黑龙江社会科学》,1995 年第 3 期。
13. 孙庆忠:“论杨庆堃先生的中国宗教观”,载《中山大学学报》(社会科学版),2001 年第 4 期。

14. 徐万民:“关于清季俄国汉学史的几点思考”,载《中俄关系的历史与现实》,河南大学出版社,2004 年。
15. 阎国栋:“瓦西里耶夫与中国语言文学研究”,载《汉学研究》,2000 年第 5 期。
16. 阎国栋:“瓦西里耶夫与中国地理历史研究”,载《中国史研究动态》,2001 年第 8 期。
17. 阎国栋:“瓦西里耶夫与中国汉学”,载《国际汉学》,2002 年第 7 期。
18. 于怀彦:“中西宗教观演进的比较”,载《世界宗教研究》,1994 年第 1 期。

后记

2001年秋，借赴莫斯科访学之机，着手搜集瓦西里耶夫院士的著述文章，从此便开始了对其人、其作、其学术思想的阅读与研究工作。春秋寒暑，五六个年头倏然而逝，对笔者而言，这是一条漫长、艰涩，同时又充满挑战的学术之路。有时，确曾坚定地以为捕捉到了学者的思想脉搏，有时又仿佛两手空空，一无所获。

写完最后一行字，合上书稿，伫留在笔者头脑中的瓦西里耶夫，既是一位品学兼优的学者，又是一个充满矛盾和困惑的鲜活个体。

他学识渊博、著述浩繁、执著坚韧、富有批判精神；他既不是东正教传教士，也不是外交官，而是一位通过五年大学专业培养、精通汉、满、蒙等多种东方语言的学生，一位在中国生活十余年、对中国及其文化具备亲身体验经历的研究者，一位终生立身高校、从事教学实践工作、身后桃李满天下的教师，一位勤勤恳恳从事汉学研究、成就卓著的学者。毋庸置疑，对于19世纪下半叶的俄国而言，瓦西里耶夫是当之无愧的成就最大的汉学家，被蔡鸿生先生赞为“讲学著书，满门桃李，开宗立派，罗曼诺夫王朝末年一颗光彩夺目的学术明星。”①

可是，无论在生活中，还是在学术著作中，瓦西里耶夫时常是矛盾的、困惑的：为了摆脱贫困低微的处境，他曾顽强地与命运进行抗争，甚至不舍万里，远赴异国，与此同时，在他的人生履历中，也不乏委曲求全、甚至恳乞他人垂怜的经历；他极度敏感、自尊，又夹杂着少许自卑心理，哪怕转系这样的小事也会令他心灵受伤；他曾小心翼翼奉迎在俄国官方场所，也曾有过神采飞扬，对中俄关系高谈阔论的时刻。这种矛盾与困惑，尤其表现在学者对中国及其文化所怀有的复杂情怀中，简言之，他既对自己的研究对

① 蔡鸿生：《俄罗斯馆纪事》，广东人民出版社，1994年，第80～81页。

象充满了热爱,又浸润着深深的失望情绪。

通读学者的著述,不难发现,瓦西里耶夫对中国古代曾取得的科技成就,以及古典哲学、文学等经典作品与思想作了肯定性评述,尤其是对中国人的评价充满了溢美之词。在他笔下,中国人"有自己独特的兴趣爱好——他们喜欢绘画、雕刻、音乐、戏曲等",他们"隐忍、勤劳",而且他们还"吃苦耐劳、认真负责、不知疲倦,……中国士兵勤奋勇敢、身手敏捷、武艺高强","中国工匠心灵手巧、技术精湛",中国人不但"渴望欧洲先进的科学知识",而且"有能力掌握欧洲最先进的科学技术,根据国情利用并发展欧洲文明的先进成就,使中国成为世界强国"。此外,瓦西里耶夫对中国未来发展潜力的分析,对否认中国具有掌握欧洲先进科学技术能力观点的批驳,表明了对中国命运的关注之情。

与此同时,我们不得不承认,关于中国,瓦西里耶夫更多表述的是一种难掩的失望。被其称作"异族"的满清王朝的野蛮、落后,官员的腐败无能,政府的妄自尊大,鸦片泛滥之际中国社会的灰暗现实……,这种失望从北京的建筑物、街道、饭馆,一直延伸到中国人身上。

瓦西里耶夫曾这样描述对北京的第一印象,"头脑中早已塞满了关于北京的种种美妙图画的欧洲旅游者,倘若真来到这座城市,一定期待着某种不同寻常的、前所未见的东西所带来惊喜;梦想着北京典雅别致的建筑会令你欣喜若狂;想往着《一千零一夜》中所描绘的神秘东方即将展现在眼前;但是,当你真的来到北京的大街上,环顾左右,走过的地方越多,失望的情绪越大。……"①

瓦西里耶夫对北京的建筑印象不佳,他写道:"一眼望去,(那座塔)竟使人的心头一沉,随即让人产生笨重、难看、缺乏品位的感觉,就像平地上竖起的一面陡峭悬崖。"②

至于北京城尘土飞扬的街道,以及街道两旁肮脏的店铺、小饭馆,更是令瓦西里耶夫失望至极,他这样写道:

"虽然中国商人很喜欢装饰自己的店铺,但是它们根本无法与豪华的欧洲商店相比,一般来说,临街的药铺和私人店铺因门脸上的雕花和镶金被认为是最体面的,但是,由于气候原因镶金很快会退色,至于雕花,只有

① Васильев В. П. Воспоминание о Пекине, Открытие Китая, СПб., 1900г., стр. 23-32.

② Васильев В. П., Воспоминание о Пекине, СПб., 1861г., стр. 15.

走到近前仔细端详才能发现其价值所在,……下层百姓经常出入的公共场所更是肮脏不堪,让人反感。比如戏院,根本没有门,只挂着帘子,如果一不小心触到了门帘,那么你会觉得一整天手都是脏的。……我们曾经去过北京最好的饭馆,用餐的不仅有年轻人,还有一些达官显贵,客人的数量不逊于欧洲一些城市的饭店,但是,这些餐馆的不洁环境去令其大打折扣:厨房在最前面,到处弥漫着热浪和各种炒菜的味道。即使来到最上等的包房,你也难免会问,豪华到底表现在哪里呢?光秃秃的桌子摆在最显眼的地方,窗户上糊着窗纸,几把靠背椅,扎着围裙的店小二用脏乎乎的木制托盘端上各种食物,托盘上放着一沓吃东西时用来擦嘴的纸。难道中国人就是以这种我们所熟悉的方式来展示自己对豪华的理解?

当你逐渐走进中国人的生活,慢慢习惯这种随处可见的肮脏与不洁,那么毫无疑问,能够让你产生好感的东西数量之稀少,可以与在欧洲最好的城市里的落伍东西相提并论。”①

此外,瓦西里耶夫对中国人的精神生活也进行了批判,在他眼里,乏味、了无生气是中国人整体精神面貌的反映,他这样写道,“来到北京的街头,凝神四看,你会发现,中国精神就在于此,行人如没有生命的机器般匆匆走过。世界上任何国家都希望拥有可以炫耀的东西,因此,埃及人建造了金字塔。……那么,在中国你能寻找到什么古迹呢?他们既不为现在,也不为将来生活,他们将自己全部的智慧投注到对历史的关注中,从而导致自身在现实生活中更加畏缩不前。”②

因此,瓦西里耶夫对从前俄国人关于中国的美好描述嗤之以鼻,他说:“我国著名旅行家季姆科夫斯基③竟然写下了这样的话:‘我是多么幸运啊:终于来到了北京!’可是,这个在北京生活了十年的俄国人……却无数次因绝望而诅咒这种幸运。”④ 其实,这种失望情绪不仅浸润在瓦西里耶夫的文字中,稍后,西欧学者也得出了同样的直观感受:“如果仅仅是寺庙看上去残破不堪的话,还认为是由于人们对宗教产生的冷漠或怀疑情绪所

---

① Васильев В. П. Воспоминание о Пекине, Открытие Китая, СПб., 1900г., стр. 23-32.

② Васильев В. П., Воспоминание о Пекине, СПб., 1861г., стр. 24.

③ 即 Егор Федорович Тимковский(1790-1875),又译为丁柯斯基。俄国东正教驻北京第十届传教士团监督官,曾任俄国外交委员会亚洲司长,著有《1820 年和 1821 年经过蒙古的中国游记》(Путешествие в Китай через Монголию в 1820 и 1821 годах)和《回忆录》(Воспоминания)。

④ Васильев В. П., Воспоминание о Пекине, СПб., 1861г., стр. 23.

致。但是,这些衰落的景象几乎在这个国家的每个地方都俯拾皆是。”①

不难发现,瓦西里耶夫对中国文化的评述,字里行间渗透着当时颇为流行的欧洲文化强势论色彩,比如,他关于中国文学的“异质”性,以及中国宗教的冷漠主义现象等的论述,代表了当时绝大多数西方人的观点,而他对以西方宗教和科技为招牌的欧洲文明的崇拜之情,以及对中国及其迥异于西方的中国文明的轻慢之意暴露无遗。而且,无论是对中国文学未来发展的预测,还是对作为世界宗教组成部分的中国宗教的特点以及发展前途的忧虑,都与瓦西里耶夫理论上改革东方旧秩序、推广欧洲文明的终极目标是一致的,即通过对比,最终证明西方宗教的强大有力和基督教文明的优越性,否定东方宗教发展、甚至存在的可能性,从而达到在东方推广欧洲文明的终极目标。

不过,在19世纪下半叶,时值清政府在同西方各国接触中屡屡失利,以及经济落后,俄国社会对中国整体印象欠佳之际,在“中国性”、“中国制度”成了停滞不前、统治不力、贪污受贿、骄傲自大、吹捧权术的同义语②和“黄祸论”泛滥之时,相对于索洛维约夫(Вл. С. Соловьёв, 1853~1900)提出的东西方对立、“东方野蛮人”、抵制中国文明的理论,和普热瓦尔斯基(Н. М. Пржевальский, 1839~1888)提出的欧洲霸权主义理论,作为俄国汉学研究的集大成者,在对中国文化进行直观体验的基础之上,瓦西里耶夫在坚持欧洲文明优越论的同时,也承认中国文明曾经取得过的辉煌成就,并且认为它拥有光明的发展前景,而且通过高校教学实践把自己的思想与主张传播开去。因此应该说,瓦西里耶夫的研究成就及其对中国文化的评述对俄国社会认识和了解中国影响深远、意义重大。

如,瓦西里耶夫的大学同学、曾担任过俄国财政部经济问题咨询专家的Д. И. 门捷列夫就曾深受瓦西里耶夫的影响。他阅读了瓦西里耶夫关于中国的大量著作,不但一直关注中国问题,对中国教育、农业状况进行过详细研究,还发表了一系列有关中国问题的文章,来详细分析并强调了中国对俄国的重大意义。他主张发展同中国的友好关系,反对干涉中国内政。按照他的观点,中国人口众多,历史悠久,中国人爱好和平、勤劳友善,对俄国人非常友好,而且思想道德体系高度发达,而且,中俄两国有着漫长的边

① [美]M. G. 马森著,杨德山等译:《西方的中华帝国观》,时事出版社,1999年版,第99页。

② Лукин А. Китайский образ в России, Проблема Дальнего Востока, 1998г., №.5.

界线相连，两国关系源远流长，拥有发展互利互惠双边关系的重要条件。门捷列夫指出，历史上，中国在科学技术方面曾取得过辉煌成就，目前的停滞不前应归咎于落后的清王朝的残酷统治，同时，他对中国未来发展充满信心。他认为，19世纪的中国在物质领域里确实落后于欧洲国家，但是在精神领域中却远远高于欧洲。俄国的优势在于早于中国打开了通往欧洲的大门，而中国的优势在于拥有完善的道德体系[①]，所以，在他看来，中俄相互交流经验、建立友好关系对两国的发展都大大有利。不难发现，门捷列夫的观点与瓦西里耶夫如出一辙。

另外，俄国著名外交家Ф.Ф.马尔代斯也是瓦西里耶夫观点的支持者。受瓦氏的影响，他在坚持欧洲文明优越论的同时，强调指出，欧洲列强在中国领土上丧失理智的侵略行径，充分暴露了欧洲文明的残酷性、无道德性和自私性，中国人的反抗行为只是对抗外来侵略的自然反应，他甚至对将中国人视为野蛮人、不发达民族的说法进行了批判。另外，马尔代斯还对西欧列强的治外法权、耶稣会士的传教活动和英国的鸦片贸易进行了激烈抨击，他认为，中国有权维护自己的民族传统，有权按照自己的意愿选择国家体制和生活方式。他反对俄国加入到瓜分中国领土的行列，建议政府承认中国领土的完整性，认为欧洲列强的侵略行径只能引起中国人的仇视和反抗，结果必定使自己在中国的利益受损。

此外，瓦西里耶夫的学生，如格奥尔吉耶夫斯基等，始终视批判认为中国社会停滞不前的说法为己任，格氏曾说过，"我们国家的一些中国学家认为中国停滞不前的观点完全是受西欧人的影响，因为缺乏竞争对手使得一些欧洲哲学家的虚荣心急剧膨胀，他们任意支配历史材料，不惜扭曲事实，通过臆想推断的手段使这些材料符合自己的要求。"[②]

由此可见，虽然本质上，瓦西里耶夫的中国观带有欧洲文明优势论色彩，而且主张发展与中国友好关系的最终目的是为了维护俄国的既得利益，不过，与整个19世纪俄国社会对中国的评述相比，他的观点既未像比丘林一样将中国理想化，又与普热瓦尔斯基等完全否定中国文明的主张尖锐对立。当然，与欧洲霸权主义、领土扩张主义者们的浩大声势相比，应该说，瓦西里耶夫等人的声音还很微弱，对中俄关系并未产生实质性的影响。

---

① Лукин А. Китайский образ в России, Проблема Дальнего Востока, 1998г., №.5.

② Георгиевский С.М. Важность изучения Китая, СПб., 1890г., стр.15.

但是，无论如何，在直观体验和系统研究的基础上瓦氏较为客观地表述了自己的观点，向俄国读者描述了一个千疮百孔、伤痕累累、急需救治的中国。而笔者认为，这并不意味着他对自己的研究对象毫无热爱之情，相反，面对当时的中国，批评、指责与忧虑、关心融汇在一起的复杂情怀应该更加真实可信。

如果说，比丘林激发了俄国社会了解中国的热情，那么，瓦西里耶夫的功绩则表现在帮助俄国社会将中国认识得更清楚。在对中国文化诸多领域进行深刻、系统、批判性研究的基础上，清晰、透彻地阐述中国和中国文明，在一定程度上动摇和冲击了普热瓦尔斯基等人否定中国和中国文明的观点，基本上达到了向俄国社会真实、客观地展示、介绍中国和中国文化的目的。

本书完成的过程中，得到了俄罗斯人文大学教授阿·霍赫洛夫老先生，以及俄罗斯科学院远东所研究员阿伊达·谢苗纳夫娜女士的真诚帮助，也曾得到国内众多学者的批评指正，所提意见和建议大多被采纳，并反映在本书的内容中。另外，本书得以顺利出版，与阎纯德老师的辛勤奔波，以及学苑出版社的支持是分不开的，在此一并表示诚挚的感谢。